JN085687

佐藤龍三郎
松浦 司
編著

人口学ライブラリー　23

SDGsの人口学

原 書 房

は し が き

　2022年11月，世界人口は80億人の大台に達した。半世紀前（1972年）の世界人口（38億人）から倍増したことになる。しかし一方では，日本を始め多くの国が激しい人口減少に直面している。まさに21世紀は地球上で人口膨張と人口縮減が併存する時代と捉えることができる。このことは世界の政治・経済・社会・環境の長期的な諸問題を考えるうえで常に念頭に置くべきことといえよう。

　今日，世界と日本の人々にとってSDGs（持続可能な開発目標）は最大の合言葉の一つとなっており，すでに日本でも多くの優れた関連書が出版されている。しかし，いずれの本でも「人口」への言及は極めて少ない。地球システムの持続可能性にとって世界人口の安定が必須の要件であり，国あるいは地域社会の持続可能性にとって人口動向が土台をなすのは明白なのに，なぜ「人口」は敬遠され無視されるのだろうか。

　おそらく，それは2つの理由によるのであろう。一つは「人口問題」や「人口政策」という設定が抱える非常にセンシティブな一面のゆえであろう。下手をすると，誰かを悪者にして，レイシズム，女性差別，排外主義などをあおる危険がこれらの語に潜むことは確かである。たとえば，貧困人口の増加は無知・無学の人々の多産のせいだとか，経済が発展した国での少子化は女性がわがままになって子どもを生まなくなったからだとか，社会が不安定になったのは移民のせいだといった偏見と結びつきやすい一面がある。とりわけ1960年代後半から1970年代にかけて世界の「人口爆発」が叫ばれ，対策として人口コントロールが唱えられたことの反動という面もあるだろうし，今日移民問題が先鋭な政治課題となっていることも与っているであろう。

　もう一つは，人口といえば，人口学の専門家以外の方は，もっぱら人口の総数を想起することであろう。人口学は，もっぱら人数を扱う学問と思われてい

るかもしれない。確かに人口学の基礎的な関心事は集団としての人口の規模とその構造や動向であり，それは，人口総数，性・年齢構成，人口分布（地域人口，都市化），人口増加，出生・死亡・移動の動向といったことである。また世帯や家族の変動の構成要素に関心をもつ。それは，結婚・離婚・死別のような配偶関係に変化をもたらす事象や同居・別居などである。ここまでは狭義の人口研究であるが，人口学者の関心は当然ながら人口変動と直結した教育，労働，健康など（いわゆる人的資本）の観点に向けられる。最近では，人口学の関心はさらに一段と広がり，人と人の関係性や集団としての意識といったことにも向かっている。すなわち，格差，ジェンダー関係，人権，社会の一体性（分断・分極化／統合・結束），政治（支配・被支配／連帯），満足度・幸福度といった幅広いテーマが人口システムとの関連で議論されるようになりつつある。世界あるいは一国の開発問題を考えるうえで人口学の視点が必須であることがご理解いただけるであろう。

　それゆえ「開発」に「人口」の視点を取り入れることは，「人口」につきまといがちな上記のネガティブな視点を強調することではなく，欠乏と抑圧からの解放，ジェンダー平等，女性のエンパワーメント，子どもの権利，世代間の相互扶助，性と生殖の健康，さらには世界のすべての人々の自由と人権擁護といったポジティブな視点を支える強力な援軍であることを本書で示したいと思う。「人口」の視点を踏まえることは，SDGs に込められた地球社会の理想の実現に向けての人類協同の取り組みを下支えするものであると本書の編者・執筆者は確信している。

　本書は，SDGs を切り口に「人口と持続可能な開発」という広範に及ぶテーマに人口学の観点から取り組んだ研究書である。筆者らが集う人口学研究会の叢書「人口学ライブラリー」としては，シリーズ12『世界の人口開発問題』（阿藤誠・佐藤龍三郎編，2012 年）の後継にあたる。同書では主に 20 世紀後半の世界人口の動向に目を向けたが，本書では主に 21 世紀の世界人口の動向に目を向けることとする。

　各章の概要は次の通りである。

　第1章（世界人口の動向と「人口・開発」問題）では，国連世界人口推計（2022年7月に3年ぶりに公表された最新版）を基に世界人口の動向について解説するとともに，21世紀の世界が抱える諸課題への取り組みにあたって「人口」の視点が不可欠であることを総括的に論じる。人口動向の要因と今後の予測に関しては「人口転換」理論の応用と見直しが鍵を握る。人口転換の進行は「人口ボーナス」次いで「人口オーナス」をもたらすため，社会経済システムの対応が課題となる。また人口転換の先発国と後発国の間には時間差があり，様々な面で国際関係に流れを生じている。

　第2章（SDGsとは何か：起源と概要，達成状況）では，まずSDGsの成り立ち，その理念と特徴を概説する。SDGsは，ローマクラブ報告「成長の限界」とストックホルムで開催された国連人間環境会議（いずれも1972年）を源流とする「持続可能な開発」の潮流，ミレニアム開発目標（MDGs）に代表される「人間開発」の潮流という2つの流れが合流して策定されたものであるが，「人口」の視点も絡んでいることが論じられる。次に各目標の達成状況について，新型コロナ感染症の影響を含めて，いくつかの論点から議論が展開される。とりわけ経済成長と目標別達成度の関係を見ることは重要であり，各目標の実現に向けての課題が浮き彫りになった。

　第3章（「成長の限界」からSDGsへ：人口・開発・資源・環境から見た可能性と課題）は，「成長の限界」で開発されたワールドモデル（World Model）によるマクロシミュレーションを再考し，それが提示した「成長の限界」の今日的意義を考える。またワールドモデルを人口，開発，資源，環境の4分野について再検討したうえで，「成長の限界」からSDGsに向う進化の流れを考察し，SDGsの特色と課題について指摘する。すなわち，SDGsの目標モデルは，1970年代に登場したワールドモデルの制約をはるかに超え，2020年代にふさわしい柔軟さと実効性を示しているが，目標モデルとしての制約も抱えているという。

　以下の章は各論に当たり，SDGsの目標のいずれかに対応する。

　第4章（家族計画とリプロダクティブ・ヘルス：サブサハラ・ルワンダの事例より）は，SDGsの目標3のうち，開発途上地域のリプロダクティブ・ヘル

ス（性と生殖に関する健康）に関することを扱う。目覚ましい経済発展と出生力転換の両面でサブサハラ・アフリカの優等生とも目されるルワンダであるが，広く普及したホルモン避妊法の副作用が女性の労働の妨げとなり，ジェンダー関係（女性の従属や家事と労働の二重負担といった問題）の悪化をもたらしていることを指摘する。ルワンダは極めて人口稠密な農業国であり，このジレンマは資源制約の下での伝統的農村社会における人口・開発問題の一つの典型例ともいえる。

第5章（ジェンダーと開発：シンガポールの事例より）は，ジェンダー平等（女性活躍）の面でも経済成長の面でも一見好調に見えるシンガポールが一皮むくと様々な矛盾を抱えていること，それが超少子化と外国人労働力への依存という人口問題として現れていることを示す。外国人女性が家事・育児・介護など人口再生産に関わる労働（家族・世代間のケア）を担うことにより，シンガポール人女性の社会進出が下支えされる一方で，ジェンダー化した移民の増加は伝統的なジェンダー差別を補強するという矛盾を指摘する。

第6章（水・衛生と地域開発：フィリピンの事例より）では，貧困にかかわる問題領域の中で，特にSDGsの目標6（水と衛生）と目標11（持続可能な都市および人間居住）がいかに関連しているのかを，目標3（健康）との関連で検討した。事例として取り上げたフィリピンは，着実に疫学的転換が進行中の国であるが，依然として水系感染症が大きな保健問題となっている。人口保健調査（DHS）などの分析により，特に安全で安価な水へのアクセスと下水・衛生施設へのアクセス，また居住する地域環境の改善がいかに乳幼児死亡率と感染性疾患罹患率の改善をもたらすかを示す。

第7章（SDGsから見る人口と経済）では，成長と分配のマクロ経済と人口問題という2つの観点から，SDGsのそれぞれの目標の相互関係を議論する。すなわち，マクロ経済学の成長会計という手法を用いることで，SDGsの各目標が相互補完的に人々のウェルビーイングを改善することを目的にしていることを明らかにする。マクロ経済モデルと人口問題を繋げるキーワードとして，物的資本と人的資本が特に注目される。また指標としてのGDP（国内総生産）の

意義と限界を考察し，ESG 投資の現状と可能性についても論及する。

　第 8 章（人口・開発と地球環境の持続可能性）では，SDGs の 17 目標の中で特に直接的に人間に関わりの深い，エネルギー，消費と生産，気候変動と環境保全，海と陸の生物多様性と生態系について，世界人口との関わりから概観し，問題の所在を示す。有史以来増加を続けてきた世界人口は，長期的な将来においては減少へ転じることも想定されるが，その間地球環境が破綻を免れることができるのかどうか難問が突きつけられている。また人口と生態系の関係を論じるとき，人口の規模や増加率だけでなく，都市化が重要な意味をもっていることを注意喚起する。

　第 9 章（人権と人権指標としての SDGs 指標）では，SDGs のグローバル指標を人権および人権指標の視点から考察する。開発と人権は表裏一体であり，社会の発展にとってどちらも不可欠なものである。人口学は，これまで様々な開発指標を計測する上で主要な役割を果たしてきた一方で，人権とはさほど接点を持ってこなかった。SDGs が開発と人権を単一のアジェンダに置いた事で，長年開発指標の測定に貢献してきた人口学の持つ知見が人権の進捗状況の計測に活かされる道が拓かれたと考えられる。とりわけ本章では，SDGs の目標 3（健康）と健康権の関わりに焦点を当てる。

　以上，各章の要点を述べた。SDGs の 17 目標と本書の章とのおおまかな関係としては，目標 1・2 は 7 章，目標 3 は 4・6・9 章，目標 4 は 7 章，目標 5 は 5 章，目標 6 は 6 章，目標 7 は 8 章，目標 8・9 は 7 章，目標 11 は 6 章，目標 12・13・14・15 は 8 章，目標 16 は 9 章に各々対応している。目標 10・17 については 2 章と 9 章を参照されたい。また本書では 3 つの国（ルワンダ，フィリピン，シンガポール）を事例として取り上げたが，これらの国は，各々，人口転換がまだ終わっていない低所得国，人口転換が終わりつつある中所得国，人口転換が既に終わりポスト人口転換期に入った高所得国にあたる。人口転換と経済発展の段階により，抱える課題も大きく変化すること（生存と生殖から水・衛生と都市環境へ，さらにジェンダー・世代間関係へ）が示されて興味深い。

　本書を企画して間もなく新型コロナ感染症の世界的流行が起こり，編集の最

終段階に差し掛かった 2022 年にはロシアによるウクライナ侵攻という予想外の事態が起こった。もとよりパンデミックへの備えは SDGs の目標 3 に，平和の尊さは目標 16 に織り込み済みのことであるが，理念と現実の乖離に愕然とするばかりである。SDGs は既に設定された期間（2016〜2030 年）の半ばに達しているが，目標達成の遅れは必至であり，立て直しが迫られている。いずれにしても今後「ポスト SDGs」が検討されよう。現在のみならず今後数十年にわたってわたしたちが直面するこの大きな課題に対し国民的議論が年々高まる中で，本書が参考図書の一つとして活用されることを願っている。

　最後に，人口問題の重要性を深く理解され，「人口学ライブラリー」シリーズの刊行に尽力されている原書房の成瀬雅人社長と編集部の皆さま，とりわけ中村剛さんと矢野実里さんに心から感謝の意を表したい。コロナ禍にあって本書を書き上げることは編者・執筆者にとって大きな試練であったが，なんとか「成長の限界」とストックホルム会議の 50 周年の節目に世に送り出すことができたのは幸いであった。

2023 年 3 月　編者

目　　次

執筆者一覧（執筆順）

佐藤　龍三郎（中央大学経済研究所客員研究員）

別府　志海（国立社会保障・人口問題研究所情報調査分析部第2室長）

新村　恵美（帝京平成大学人文社会学部人間文化学科准教授）

原　俊彦（札幌市立大学名誉教授）

島村　由香（元日本学術振興会特別研究員）

横山　真紀（国立社会保障・人口問題研究所企画部研究員）

新田目　夏実（拓殖大学国際学部教授）

松浦　司（中央大学経済学部准教授）

永井　保男（中央大学経済研究所客員研究員）

松浦　広明（松蔭大学副学長）

第1章　世界人口の動向と「人口・開発」問題

はじめに

　いま話題のSDGs（持続可能な開発目標）については，優れた解説書がいくつも出ているが（南・稲場 2020，蟹江 2020，安藤 2019，川廷 2020），いずれにおいても「人口」はごくわずかしか言及されていない。開発論の専門家にとって「人口」は扱いにくいテーマなのであろう。しかし人口システムの観点抜きに，社会・経済・環境システムの持続可能性を論じることができないことは明白である。しかも，人口と開発は不可分に結びついている。SDGsの理念を端的に表すといわれる「5つのP」の筆頭に挙げられる "People" は人口そのものであり，人口は開発にとって外的条件である以前に内部構成要素なのである。

　本書は「持続可能な開発」をめぐる議論に人口の側からアプローチすることにより，人口論と開発論の懸隔を埋めることを目指している。この第1章では，まず世界人口の動向について，また国別人口の変化の3要素である出生，死亡，国際人口移動の動向について述べる（第1節，第2節）。また人口変動の重要な一面である都市化の動向についても概説する（第3節）。その上で，なぜ「人口」と「開発」が結びつくのか（人口転換と社会経済開発の一体性）について説明する（第4節）。そして，SDGsの達成に向けて「人口」はどのように関わるのか，人口学の役割について検討する（第5節）。おわりに，SDGsのもう一つ先にある「持続可能な福祉社会」の可能性について考えてみたい。

第1節　世界人口の動向

　第二次世界大戦後創設された国際連合には経済社会局（Department of Economic and Social Affairs: DESA）が設けられ，その中に人口部（Population Division）が置かれた（以下，国連人口部）。国連人口部は，1950年以降の世界の国別人口の推計をおこなっている（ほぼ2年ごとに改訂）。ここでは，2022年7月に国連人口部が3年ぶりに改訂し公表した「世界人口推計（World Population Prospects）2022年版」（WPP2022）を基に20世紀半ばから21世紀末までの世界人口の動きについて概説する。[(1)] なお基本的な人口指標や用語の定義と意味については，人口学研究会編『現代人口辞典』，日本人口学会編『人口学事典』などを参照されたい。

（1）世界人口と人口増加率の推移と見通し

　以下WPP2022に基づいて世界人口の動向を見てゆく。なお将来推計部分は「高位」，「中位」，「低位」という3通りの仮定が置かれているが，ここでは，特に断りのない限り中位（medium scenario）によるものを示す。また，ある年の人口とは，その年の年央（7月1日午前0時）の人口を意味する。2022年年央の世界人口は79億7510万5千人と推計され，2022年11月15日に80億人の大台に乗ったとされている。[(2)] 2023年1月1日現在の世界人口は80億855万2千人と推計されている。

1）世界人口の推移

　図1-1は，世界全体および主要地域別の人口について1950年から2100年までの推移を示したものである。将来部分は仮定によって大きく異なるので（後述），まずは現在（2022年）までの推移（図の左半分）を見てゆく。

　1950年に25.0億人だった世界人口は2022年には79.8億人と約3倍に増えた。これを先進地域と開発途上地域（以下「途上地域」）別に見ると，先進地域では8.1億人から12.8億人へと約6割増えたのに対し，途上地域では16.9億人から

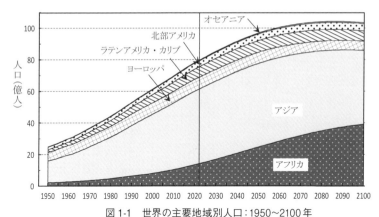

図 1-1　世界の主要地域別人口：1950～2100 年
（資料）国連「世界人口推計 2022 年版」（将来部分は中位推計）より筆者作成.

67.0 億人へと 4 倍に増加しており，この間の世界人口増加の大部分は途上地域
における人口増加によることが分かる[3]。
　このことは，世界の 6 大主要地域別に見ても明らかである。アフリカは 2.3
億人から 14.3 億人へ 6 倍増，アジアは 13.8 億人から 47.2 億人へ 3.4 倍増，ラ
テンアメリカ・カリブ地域（以下「中南米」）は 1.7 億人から 6.6 億人へと 4 倍増
しているのに対し，ヨーロッパ（以下「欧州」）はこの間，5.5 億人から 7.4 億
人へと 4 割ほど増えたにすぎない。先進地域でも北部アメリカ（以下「北米」）
は 1.6 億人から 3.8 億人へと人口が倍増しているが，これには自然増加（出生と
死亡の差）だけでなく，移民の影響が加わっている。オセアニアの人口（その
大半は，先進地域に分類されるオーストラリアとニュージーランドからなる）
は，この間 1300 万人から 4500 万人へと 3.6 倍増しているが，やはり移民の影
響が加わっている。
　世界人口は将来どうなるか（図 1-1 の右半分）といえば，中位の仮定による
と，2050 年に 97.1 億人，その後 2086 年に 104.3 億人でピークに達し，以後減
少するものの 2100 年でも 103.5 億人を擁する見通しである。

2）世界人口の地域別構成比の推移
　この間先進地域より途上地域の方が人口増加のスピードがはるかに速いこと

を反映して，両地域の人口の構成比は大きく変わった。先進地域と途上地域の人口比は，1950年にはおよそ3対7だったのが，現在およそ2対8になっており，今世紀末にはおよそ1対9になる見通しである。

終始構成比が最も大きいのはアジアであるが，その割合は1950年の55.2%から2001年の60.8%に増加したのち，減少に転じ，2100年には45.2%にまで低下する見込みである。欧州の構成比は，1950年の22.0%から2022年の9.3%にかけて半減しており，2100年5.7%までにさらに半減するとみられている。

対照的に構成比の増大が著しいのはアフリカで，1950年には世界人口の9.1%を占めるにすぎなかったのが，2022年には17.9%を占めており，2100年には37.9%と世界人口の約4割を占めるまでに増大する見込みである。中南米と北米が今後も人口が増え続けるにもかかわらず，その構成比が伸びない（むしろ減少する）のは，世界人口増加の速度に比べ，これらの地域の人口増加が緩徐だからである。

3）国別人口の推移

表1-1に国別人口ランキングを上位10か国まで示した。世界最大の人口大国は中国であったが，2022年に人口減少が始まり，2023年にはインドに追い抜か

表 1-1　人口の多い国：1950, 2022, 2050, 2100 年

（単位：1,000人）

順位	1950年		2022年		2050年		2100年	
	国名	総人口	国名	総人口	国名	総人口	国名	総人口
1	中国	543,979	中国	1,425,887	インド	1,670,491	インド	1,529,850
2	インド	357,021	インド	1,417,173	中国	1,312,636	中国	766,673
3	アメリカ合衆国	148,282	アメリカ合衆国	338,290	ナイジェリア	377,460	ナイジェリア	546,092
4	ロシア連邦	102,580	インドネシア	275,501	アメリカ合衆国	375,392	パキスタン	487,017
5	日本	84,353	パキスタン	235,825	パキスタン	367,808	コンゴ民主共和国	432,378
6	ドイツ	70,964	ナイジェリア	218,541	インドネシア	317,225	アメリカ合衆国	394,041
7	インドネシア	69,568	ブラジル	215,313	ブラジル	230,886	エチオピア	323,742
8	ブラジル	53,955	バングラデシュ	171,186	コンゴ民主共和国	217,494	インドネシア	296,623
9	イギリス	50,055	ロシア連邦	144,713	エチオピア	214,812	タンザニア	244,820
10	イタリア	46,392	メキシコ	127,504	バングラデシュ	203,905	エジプト	205,225
11			日本	123,952				
⋮ 17					日本	103,784		
⋮ 33							日本	73,644

（資料）国連「世界人口推計2022年版」（将来部分は中位推計）より筆者作成.
（注）同資料に掲載されている237か国のうちの順位.

れる見通しである。アメリカは主要先進国の中で今後も人口が増え続けるほとんど唯一の国だが，2050年にナイジェリアに抜かれる見込みである。

　1950年時点では，先進地域の国々がランキングの比較的上位に入っていたが，次第に上位から姿を消し，代わって途上地域とくにアジアの国々が上位に上がってきた。2050年，2100年になると，アフリカの国々が上位に進出することになる。

　日本は1950年には5番目に人口の多い国であり，世界人口の3.4%を占めていた。しかし，順位と世界人口に占める割合は2022年には11位（1.6%）に下がっており，2050年に17位（1.1%），2100年に33位（0.7%）とさらに低下してゆく。世界の中で日本の存在感が弱まるのは避けられない。

4）人口増加率の推移

　図1-2に世界の人口増加率を示した。世界の人口増加率は1960年代半ばが最も高く2%ほどであったが，その後低下し，現在は1%ほどである⁽⁴⁾。途上地域の人口増加率も1960年代後半を中心に2.5%程度あったのが，現在は1.0%程度に低下している。しかし後発開発途上諸国（以下，後発諸国）の人口増加率は現在でも2%を上回っており，今後低下が見込まれるものの，世界の他の地域に比べて常に高い増加率を保ち，今世紀中も顕著な人口増加が続く見通しである。

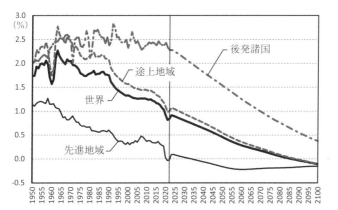

図1-2　世界および先進・途上地域別の人口増加率：1950〜2100年
（資料）国連「世界人口推計2022年版」（将来部分は中位推計）より筆者作成.

5) 将来人口推計（仮定別）

　国別人口の基本的変動要因は出生，死亡，国際人口移動の3つである。ここでは，下記のように出生率に3通りの仮定を置いてなされた将来推計を紹介する（死亡と国際人口移動の推移にも仮定が置かれているが各々1通りである）。

① 中位推計：これまでの出生率の実際の推移を基に確率的に将来に延ばすという推計
② 高位推計：合計特殊出生率が中位推計のそれより0.5 高いという仮定
③ 低位推計：合計特殊出生率が中位推計のそれより0.5 低いという仮定

　また参考までに，現在の出生率が将来も一定で不変と仮定した場合の人口も計算されている。なお推計は国ごとにおこなわれており，世界人口や主要地域別人口は，それを合計したものである。**図 1-3** にこれら4通りの推計結果を示した。

　2022 年現在 79.8 億人の世界人口は，中位推計では 2050 年には 97.1 億人，2086年にピークの 104.3 億人に達する見込みである。人口増加率は 2086 年以降マイナスに転じ，世界人口は減少を始めるが，2100 年でも 103.5 億人を擁している。低位推計では，2050 年に 89.3 億人，2100 年には 70.1 億人と世界人口は急速に

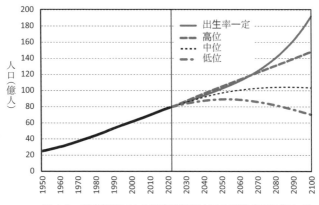

図 1-3　将来推計による仮定別世界人口の推移（2100 年まで）
（資料）国連「世界人口推計 2022 年版」より筆者作成.

減少へ向かう。この 4 通りの中では，中位推計および低位推計は今世紀中に世界人口がピークを過ぎて減少するシナリオであり，この場合，人口が限りなく増え続けるという「人口爆発」の危機は回避される。

　高位推計では，2050 年に 105.1 億人，2100 年には 148.1 億人と世界人口は増え続け，今世紀中は収束の兆しは見えない。「人口爆発」の危機はかなり高いといえよう。とりわけ心配なのはアフリカで，高位推計では 2022 年の 14.3 億人から 2100 年に 54.3 億人に達するとされる。出生率が将来も一定の場合（つまり今後出生率低下が見込めない場合）は，さらに急速な幾何級数的な増加となり，世界人口は 2050 年に 102.4 億人，2100 年には 192.1 億人に達することになる。

　前回（2019 年版）の中位推計では，世界人口は 2100 年に 108.8 億人に達し，まだピークには至らないとされた。したがって今回推計では世界人口のピークが前倒しされ，最大人口も下方修正されたことになる。つまり世界的に出生率低下が従来の想定より進んでいるという見立てである。近年，人口のピークは中位推計より早い時期に来る（むしろ低位推計の方が実態に近いであろう）という意見が一部で唱えられている（ブリッカーら 2020）。しかし国連人口部は，人口モメンタム（population momentum）を考慮に入れて[5]，人口が従来の想定よりも著しく早く減少に転じるという見方には否定的である（UNPD 2022）。

(2) 人口高齢化 (population aging)

　図 1-4 と図 1-5 は，WPP2022 に基づいて世界人口の年齢区分別の推移を示したものである（将来部分は中位仮定による）。人口の年齢構成のシフト（高齢化）の様子が鮮やかに読み取れる。世界の 65 歳以上の高齢者は，2022 年現在において 7 億 8300 万人（世界人口の 9.8%）だが，2050 年には 16 億 300 万人（同 16.5%）に倍増する見込みある。さらに 2100 年には 24 億 8700 万人（同 24.0%）に達するとされる。

　ただし世界の地域別に見ると人口高齢化の程度には大きな差がある。2022 年現在の 65 歳以上人口割合は，欧州・北米では 18.7%，東・南東部アジアでは

12.7％だが，中央・南部アジアでは 6.4％，サブサハラ・アフリカでは 3.0％に過ぎない（UNPD 2022）。

　なお世界人口の高齢化は，出生率低下，各年齢の死亡率低下（長寿化）という 2 つの要因が組み合わさった結果として起こる。国別人口の高齢化は，これに国際人口移動の要因が加わる。移民の受け入れ国では，若年人口の流入は高齢化を緩和する作用がある。

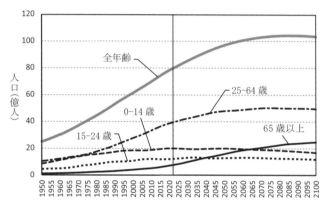

図 1-4　世界人口の年齢区分別人口：1950〜2100 年
（資料）国連「世界人口推計 2022 年版」（将来部分は中位推計）より筆者作成.

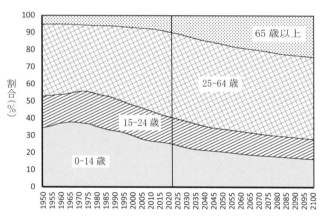

図 1-5　世界人口の年齢区分別割合：1950〜2100 年
（資料）国連「世界人口推計 2022 年版」（将来部分は中位推計）より筆者作成.

第2節　出生・死亡・国際人口移動の動向

　先述のように国別人口の変動要因は出生，死亡，国際人口移動の3つである。自然増加数（出生数から死亡数を差し引いたもの）と純移動数（入移民数から出移民数を差し引いたもの）の増加は人口増加の要因であり，これらの減少は人口減少の要因となる。

（1）出生の動向

1）世界の合計特殊出生率の動向

　図1-6と図1-7にWPP2022による世界主要地域別の1950年から2100年までの合計特殊出生率（total fertility rate: TFR）の推移を示した。TFRは女性1人当たりの生涯出生数の目安となる指標である。1950年から現在（2022年）までの傾向を見ると，世界全体でも，どの地域でも，著しい出生率低下が明らかである。この間にTFRは，世界全体では4.86から2.31に半減し，途上地域でも5.94から2.43へと約6割減である。先進地域の出生率は既に人口置換水準を下回っており，[(6)]途上地域も全体ではそれをやや上回る程度まで低下している。そ

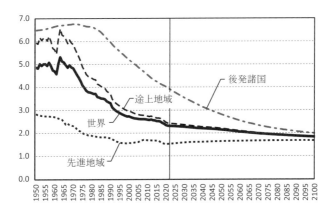

図1-6　世界の合計特殊出生率の推移：1950～2100年
（資料）国連「世界人口推計2022年版」（将来部分は中位推計）より筆者作成.

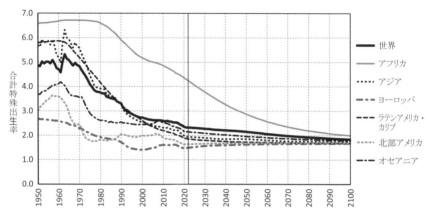

図 1-7　世界の主要地域別合計特殊出生率：1950〜2100 年
（資料）国連「世界人口推計 2022 年版」（将来部分は中位推計）より筆者作成.

　の結果，2022 年現在，WPP2022 に掲載されている 237 か国のうち過半数に当たる 126 か国で出生率が人口置換水準を下回っている。つまり世界全体としては，多産から少産への出生力転換（fertility transition）が完了に向かいつつあるということである（佐藤　2018a）。[7]

　しかし，国別・地域別に見ると大きな差異があり，アフリカ，西・中央アジア，南部アジアでは出生力転換が遅れている（佐藤　2018b）。一方で先進国と新興工業国では少子化状態が長く続き，少子高齢化という新たな人口問題に直面している。以下主な注目点を挙げる。

2）サブサハラ・アフリカ：出生力転換の遅れ

　アフリカのうち北部アフリカを除く南・東・西・中部アフリカはサブサハラ（サハラ以南）アフリカと呼ばれる。アフリカの TFR は 1950〜1980 年代には 6 以上あったが，南部（南アフリカ共和国など）と北部（エジプト，アルジェリア，モロッコなど）では 1960 年代から，それ以外の地域でも 1980 年代くらいから大きく低下した。現在では東部（エチオピア，ケニア，ルワンダなど）の TFR は 4.2 まで，西部（ナイジェリア，セネガルなど）は 4.9 まで低下したが，中部（チャド，コンゴ民主共和国など）は 5.6 にとどまっており，世界でも最

も出生力転換の遅れた地域となっている。この問題については，本書の第 4 章で詳しく述べる。

3）第二の出生率低下：「超少子化」国と「緩少子化」国

先進国と新興工業国では概ね出生率が人口置換水準を下回った「少子化」状態にある。これは第二の出生率低下あるいは第二の出生力転換と呼ばれる（佐藤　2018a）。しかしその水準は様々であり，TFR が 1.5 ないし 1.6 を下回る超少子化（very low fertility）の国がある一方で，TFR が 1.6〜2.0 程度の水準にある緩少子化（moderately low fertility）の国がある。この違いについては，経済システムの違いだけでは説明がつかず，文化的・歴史的背景を探ることの重要性が示唆される（岩澤・金子・佐藤　2016 など参照）。

なお第二の出生率低下には，一部の国でネガティブな現象がともなっている。その一つは選択的中絶による出生性比のゆがみ（男児への偏り）である。WPP2022 によると，この現象は現在も中国，ベトナムなどで見られる。韓国では，とくに 1990 年代前半に顕著であったが（鈴木　2009），現在では正常範囲に戻っている。

4）東アジアの超少子化

アジアの中でも東部アジア（日本，韓国，中国など）の TFR の低下が顕著であり，WPP2022 によれば 1990 年代前半には人口置換水準を割り込んで「少子化」状態に入っている。特に韓国（2022 年：0.874）と台湾（2010 年：0.914）の TFR は 1.0 を下回って世界最低記録を作った。この記録を下回るのは香港（2021 年：0.745），マカオ（2003 年：0.792）くらいである（これらは国というより都市）。シンガポールも 2018 年に 0.946 まで低下している。ちなみに日本の TFR は 1999 年以降 1.3 前後にとどまっている。中国本土の TFR は，2022 年時点で 1.2 程度と推定されている。いずれにしても現在，東アジアは世界で最も出生率の低い地域となっている。この東アジア諸国の特異な問題については，鈴木（2018, 2019），Tsuya ら（2019），佐藤（2020b），春木（2021），村山（2021）などを参照されたい。

(2) 死亡・寿命の動向

1) 平均寿命の推移

　表1-2は1950年から2100年までの世界全体と主要地域別の平均寿命の推移を示している。世界の（つまり人類の）平均寿命は1950年には男44.6年，女48.4年に過ぎなかったのが，2020年には男69.4年，女74.8年まで伸びている。男では約25年，女では約26年の伸びである。この間の伸びは先進地域より途上地域で顕著である。これは，もともと途上地域は水準が非常に低く，それだけ伸びの余地が大きかったことによる。特にアフリカはこの間，平均寿命がおよそ2倍に延びている。

　いくつか注目点を挙げると，まず途上地域の中でも一貫して最も平均寿命が短いサブサハラ・アフリカの平均寿命が1980年代から1990年代にかけて停滞したことが挙げられる。これはHIV/エイズが猛威を振るったことや内戦，大虐殺（1994年ルワンダ）などの影響と思われる。しかし2000年代に入ってからは治療法の普及などにより，再び平均寿命が延びる傾向に転じている。

　もう一点挙げると，先進地域の中でも平均寿命が1990年代に停滞した国々が

表1-2　世界の主要地域別平均寿命：1950～2100年

地　域	男					女				
	1950年	1980年	2020年	2050年	2100年	1950年	1980年	2020年	2050年	2100年
世界全域	44.6	58.2	69.4	74.8	79.9	48.4	62.9	74.8	79.8	84.3
先進地域 1)	60.9	68.3	75.4	82.0	88.4	66.1	75.9	81.7	86.6	92.4
開発途上地域 2)	39.9	56.1	68.2	73.7	78.9	42.8	59.5	73.2	78.7	83.4
アフリカ	36.4	47.8	60.3	65.8	72.2	38.8	51.3	64.2	70.8	77.6
アジア	40.6	58.0	71.3	77.2	83.9	43.6	61.3	76.4	82.0	87.3
中央アジア	50.8	58.0	66.6	71.7	79.9	58.0	65.9	72.9	78.3	84.4
東部アジア	40.4	63.4	76.1	82.2	88.7	46.1	68.2	82.1	86.2	92.3
南部アジア	41.3	53.6	68.1	75.0	82.8	39.7	54.0	71.8	79.4	85.9
南東部アジア	40.6	57.9	68.9	74.0	81.5	44.4	63.0	74.5	79.9	85.5
西部アジア	42.6	59.3	70.5	77.7	83.9	47.9	65.6	76.0	82.3	87.4
ヨーロッパ	60.0	66.8	74.4	81.3	88.0	65.5	74.9	81.1	86.3	92.2
ラテンアメリカ 3)	46.5	60.5	69.7	78.1	85.4	50.8	66.3	76.7	83.1	89.1
北部アメリカ	65.4	70.1	75.2	82.3	88.4	71.0	77.6	80.7	85.8	91.6
オセアニア	58.9	67.2	77.4	79.8	85.1	64.2	74.0	81.6	84.5	89.4

1) ヨーロッパ，北部アメリカ，日本，オーストラリアおよびニュージーランドからなる地域。
2) 先進地域以外の地域。　　3) カリブ海諸国，中央アメリカおよび南アメリカを含む。

（資料）国連「世界人口推計2022年版」（将来部分は中位推計）より筆者作成.

あったことである。すなわちソビエト連邦解体後の東部ヨーロッパで一時的に平均寿命が減退した。特に顕著だったのがロシアの男性で，1986 年の 63.85 年から 1994 年の 57.24 年に短縮した。ロシアでは以前からアルコール中毒による高死亡率が指摘されていたが，体制崩壊による混迷が加わって，医療体制の不備などが死亡率を押し上げたものとみられる（Shkolnikov et al. 2004, Stickley et al. 2007）。

　日本は，1950 年代頃は男女とも先進諸国の中で最も平均寿命の短い国の一つであった。しかし，その後急速に伸び，1980 年代からの日本は男女とも世界で最も平均寿命の長い国の一つとなった。ことに女性の平均寿命は世界でも群を抜いている（図 1-8）。

　このように世界全体で見れば第二次世界大戦後の平均寿命は驚異的な伸びを見せている。しかし，2019 年末より世界的に流行が広がった新型コロナウィルス感染症（COVID-19）は，1950 年以降初めて世界人口の平均寿命にわずかながら減少をもたらしたといわれており，Heuveline（2022）は，2019 年から 2020 年にかけて 0.92 年，2020 年から 2021 年にかけて 0.72 年短縮したと推計している。

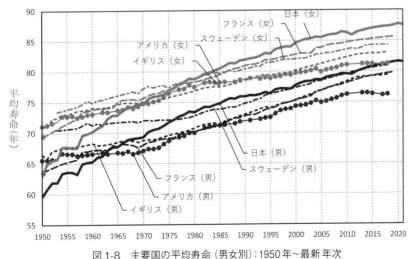

図 1-8　主要国の平均寿命（男女別）：1950 年〜最新年次

（資料）UN, Demographic Yearbook および厚生労働省「完全生命表」，「簡易生命表」より筆者作成.

14

2) 年齢別死亡率の変化

生存数曲線は**図 1-9** に示した矢印のように，近年になるほど右上方へ，さらに右方へシフトしている。生存数曲線は，同時に生まれた 10 万人が年齢とともに死亡により減ってゆくありさまを描いたもので，年齢別死亡率の水準を表している。スウェーデンと日本の女性を例に挙げたのは，スウェーデンは最も古くから統計が得られる国であり，日本の女性は現在世界でも最も平均寿命が長い人口集団だからである。

この右上方シフトは，死亡率低下がまず乳幼児期に起こり，続いて青壮年期，中高年期の死亡率低下が起こったことを示している。そして右方シフトは，新しい段階に入り高齢期の死亡率低下が起こりつつあることを示している（佐藤・金子 2016 参照）。老化による病気がなくなるわけではないが，高齢者の健康状態が改善するとともに，医療技術の進歩によって治療と延命の可能性が著しく高まったのである。図で横軸，縦軸，生存数曲線で囲まれる面積は平均寿命に相当する。平均寿命が次第に長くなっていることが分かる。

このような年齢別死亡パターンの長期的変化は，死因構造の長期的変化と合

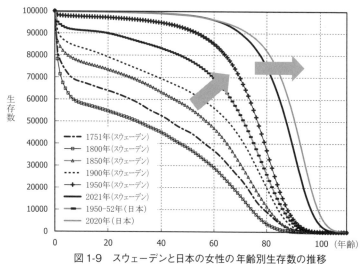

図 1-9　スウェーデンと日本の女性の 年齢別生存数の推移
（資料）Human Mortality Database および「完全生命表」より筆者作成.

わせて，疫学的転換（epidemiologic transition）と呼ばれる（金子 2021 など参照）。大まかにいえば，人類の疾病・死因構造は，急性の感染性疾患（communicable disease: CD）と妊産婦死亡・周産期死亡・栄養不良性疾患（maternal, perinatal and nutritional disorders: MPND）が中心であった時代から，20 世紀末を境に，慢性の非感染性疾患（non-communicable disease: NCD）が中心の時代に変化してきたということができる。つまり CD と MPND の時代は，少なくとも先進地域では，もう終わったと思われていた。そこへ降って湧いたのが COVID-19（新型コロナウィルス感染症）である。人口学の観点からいえば，各年齢の死亡率の低下にともなう高齢人口の増加（重症化リスクの高い高齢者が増えたこと）とグローバル化（人の移動が活発になったこと）がパンデミックを引き起こした要因の一部をなしていることは確かであろう。

　死亡率低下において注目すべき年齢層は，①乳幼児期，②生産年齢期，③老年期である。乳幼児死亡率の低下は若年人口，ひいては全人口の動向を左右するほか，（子どもが死ななくなると余計に子どもを持つ必要がなくなるため）出生力転換を促す点でも重要である。老年に至る前の生産年齢期の死亡率低下は，労働力とりわけ熟練労働者の増大を通して経済発展に寄与する。

　高齢期の死亡率低下は高齢者の増加をもたらし，社会や経済に大きな影響を与える。ここではセンテナリアン（centenarian，百寿者）と呼ばれる 100 歳以上の人の数に注目する。表1-3 は WPP2022 により，世界の100 歳以上人口の推移を示したものである。1950 年には 1 万 4 千人だった

表 1-3　世界の 100 歳以上人口：1950～2100 年

（単位：1,000人）

年次	総数	男性	女性	女性割合
1950	14	4	10	71.7%
1960	20	5	15	73.2%
1970	27	7	21	74.9%
1980	49	12	38	76.3%
1990	102	21	81	79.5%
2000	169	31	138	81.7%
2010	308	53	256	82.9%
2020	548	103	444	81.1%
2022	633	121	512	80.9%
2030	1,025	216	809	79.0%
2040	1,705	382	1,323	77.6%
2050	3,117	737	2,379	76.3%
2060	5,264	1,306	3,958	75.2%
2070	8,712	2,211	6,501	74.6%
2080	11,695	3,171	8,524	72.9%
2090	17,825	5,117	12,708	71.3%
2100	21,563	6,549	15,014	69.6%

（資料）国連「世界人口推計 2022 年版」（将来部分は中位推計）より筆者作成.

のが，2022年現在63万3千人とされている。2100年には2100万人を超えるという。センテナリアンだけで一つの国がつくれるほどである。

日本のセンテナリアンは，厚生労働省によると1963年には153人であったが，その後うなぎ登りにふえ，2022年には9万526人に達した。その9割近くは女性である。国立社会保障・人口問題研究所の将来人口推計によると，2065年には55万人にのぼるという（国立社会保障・人口問題研究所 2017）。一つの県ができそうな数である。

3) 健康寿命

長寿化により，もはや長生きは当たり前となると，平均寿命で測る人生の長さに加え，健康状態を加味した生活の質（quality of life: QOL）が重視されるようになってきた。そこで「あと何年健康な状態で生きられるのか」という健康寿命（healthy life expectancy）が考案された。ただ「健康」の定義には様々なものがあり，それによって計算結果も異なる。日本では「日常生活に制限のない期間」を健康な状態で生きる期間とみなして，健康寿命が算出されている。[8]

健康寿命を国際的に比較する動きとしては，世界保健機関（WHO）を含めた共同研究「世界の疾病負担研究（Global Burden of Diseases, Injuries, and Risk Factors Study: GBD）」がある。2019年について推計された世界183か国の健康寿命が公表されており，それによると日本が最高（男72.6年，女75.5年），レソトが最下位（男42.3年，女46.4年）で，世界における格差が浮き彫りになった。[9]

(3) 国際人口移動の動向

世界人口の変動要因は出生と死亡の2つだけであるが，国別人口の変動要因となると，国際人口移動が加わる。国際人口移動の統計データにはストック指標とフロー指標がある。なお国際人口移動と移民の概念・定義，要因と影響，政策対応については佐藤（2019）を参照されたい。

1) ストック指標（静態：一時点における移民人口）

国連人口部は世界の移民（international migrant）の人数を推計し，International Migrant Stockとして公表している。ここでいう移民とは国際人口

移動を経験した者，すなわち推計時点で生まれた国とは別の国に住んでいる者のことである。その 2020 年版（UNPD 2020, p.45）によると，世界の移民の総数は 1990 年に 1 億 5300 万人（世界人口の 2.9%）であったのが，2020 年には 2 億 8100 万人（同 3.6%）に達している。このうち 1 億 5700 万人が先進地域に，1 億 2300 万人が途上地域に住んでおり，その地域の人口に占める割合は各々 12.4%，1.9% である。国民所得によってグループ分けすると，1 億 8200 万人が高所得国に，8600 万人が中所得国に，1200 万人が低所得国に住んでおり，人口に占める割合は各々 14.7%，1.5%，1.8% である。これだけからも，一般に途上地域から先進地域へ，所得のより低い国からより高い国へという移民の大まかな流れが見て取れる（ただし移動にはコストがかかるため，所得の非常に低い国よりも，ある程度所得のある国の方がむしろ移民が出やすい）。欧米では移民が国の人口の 1 割以上を占めるのはもはや普通に見られることで，日本（2020 年国勢調査で外国人人口の占める割合は 1.9%）とは大違いである。

2）フロー指標（動態：一定期間における移民の出入り）

WPP2022 により，コロナ・パンデミック以前の 2019 年の純移動数に注目すると，この 1 年間に，入移民と出移民を差し引いて，途上地域から先進地域へ 380 万人が移動したと推計されている。地域別では，差し引きして欧州へ 173 万人，北米へ 155 万人，オセアニアへ 33 万人が入って来た。一方で，差し引きして，アジアから 247 万人，アフリカから 72 万人，中南米から 43 万人が出て行った。国際人口移動には，就業目的の移動（国際労働移動），就学・留学のための移動，家族形成に関わる移動（家族の随伴・帯同や呼び寄せ），難民などの別がある（佐藤　2019）。

第 3 節　都市化の動向

（1）都市化の概念

「都市化」には，①地理学的な意味での都市化，②ライフスタイルの変容としての都市化，③人口統計学上の都市化という 3 つの意味がある。①は土地利用

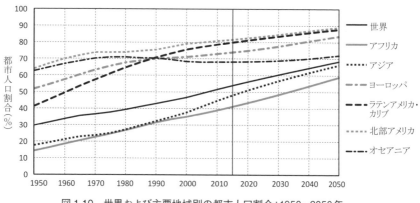

図1-10　世界および主要地域別の都市人口割合：1950〜2050年
（資料）国連「世界都市化推計 2018 年版」より筆者作成．

のあり方が農村的なものから都市的なものに変容していく過程，②は人々の生
活様式や意識が農村的なものから都市的なものに変容していく過程を指す（佐
藤 2012 参照）。③は，農村的な地域（rural area）と都市的な地域（urban area）
に分けたとき，後者の割合（都市人口割合）が高まることをいう。都市人口割
合は「都市化率」ともいう。

(2) 世界および主要地域の都市人口割合

　国連人口部による最新の「世界都市化推計」は 2018 年版（World Urbanization
Prospects 2018）である[10]。この統計には，国・地域別の都市人口と都市人口割
合が推計され示されている。なお，その際「農村部」と「都市部」の定義は，
国によってまちまちであり，厳密なものではない。**図 1-10** は，上記推計により，
世界および主要地域別に都市化の進行状況を描いたものである。世界全体の都
市化率は，1950 年頃は 3 割弱であったが，現在 5 割を超えており，2050 年には
7 割近くに達する見通しである。先進地域の都市化率は常に途上地域を上回っ
ている。しかし途上地域でも都市化は急速に進んでおり，今世紀半ばにはおよ
そ 3 人に 2 人が都市部に住む見込みである。

表 1-4　世界の 10 大都市の推移

（単位：100万人）

順位	1950年		2015年		2035年	
	都市名	人口	都市名	人口	都市名	人口
1	ニューヨーク・ニューアーク	12	東京	37	デリー	43
2	東京	11	デリー	26	東京	36
3	ロンドン	8	上海	23	上海	34
4	大阪（近畿）	7	メキシコシティ	21	ダッカ	31
5	パリ	6	サンパウロ	21	カイロ	29
6	モスクワ	5	ムンバイ	19	ムンバイ	27
7	ブエノスアイレス	5	大阪（近畿）	19	キンシャサ	27
8	シカゴ	5	カイロ	19	メキシコシティ	25
9	コルカタ	5	ニューヨーク・ニューアーク	19	北京	25
10	上海	4	北京	18	サンパウロ	24

（資料）国連「世界都市化推計 2018 年版」より筆者作成.
（注）ここでいう都市は都市集積（urban agglomeration）であり，行政上の境界にかかわらず実際の都市人口の集積によっている.

(3) 世界の大都市

　世界にはいくつも大都市があり，人口 1000 万人以上の都市集積（urban agglomeration）は巨大都市（mega-city）と呼ばれる。都市集積は行政区分上の都市ではなく，ひとかたまりの市街地の集まりである。**表 1-4** は，世界 10 大都市のランキングの推移を示したものである。1950 年は①ニューヨーク・ニューアーク，②東京，③ロンドン，④大阪（近畿），⑤パリ，⑥モスクワと先進地域の大都市が上位を占めていたが，2015 年，2035 年となると途上地域の大都市が上位に上がってくる。2015 年現在，（都市集積としての）東京は 3700 万人の人口を擁し世界一の大都市である。しかし 2035 年には，首位の座をインドのデリーに譲って 2 位に下がり，上海とダッカが迫っている。

(4) 都市問題（都市化の明と暗）

　都市化は本質的に自由，便利，快適といった現代人の価値観に沿った動きであり，ポジティブに捉えられるべきものである。しかし都市のインフラ整備が進む速度を上回る速度で人口が増加すると，住宅難，スラムの拡大，環境汚染，犯罪の増加といった負の影響が顕著となる。これは過剰都市化（over-urbanization）と呼ばれ，今日の途上地域で深刻な問題となっている（渡辺

2010, 新田目 2018)。都市問題は SDG 目標 11（住み続けられるまちづくりを）の対象課題でもある。本書では第 6 章でフィリピンの事例が論じられる。

第 4 節　人口システムと社会・経済・環境システムの相互作用

(1) なぜ「人口」と「開発」が結びつくのか?

　人口と開発が密接に結びつくことは，人口学研究者にとっては自明のことだが，一般には必ずしもそのように理解されてはいないようである。ここで改めて考えをまとめてみたい[11]。

　筆者も「人口・開発」問題という捉え方は的確と考える[12]。それは人口それ自体が問題というよりも（人口自体は，多かろうが少なかろうが，増えようが減ろうが，問題ではない），常にその時点で人口と「開発」の諸課題が組み合さって「問題」が起こるからである。たとえば，21 世紀初頭の現在の日本は 1 億 2 千万人余りの人口を抱えているが，人口減少とりわけその経済的影響（消費・売り上げの減少，労働力不足）が深刻な問題となっている。しかし，約 100 年前の 20 世紀初めの日本では人口は 5 千万人ほどだったのに，逆に人口増加による食料不足や失業（過剰労働力）が懸念されていた。なぜこのような違いが生じるのかといえば，社会経済開発の段階が異なるからである。20 世紀初めの日本はまだ本格的な経済成長が起こる前の時代で，生産力は低く国民は貧しかった。しかし 21 世紀初頭の日本は既に本格的な経済成長が終わっており，むしろ過剰なくらいの機械・設備・インフラや供給能力を抱えている。いうなれば，ヒトが過剰でモノが不足した時代から，ヒトが不足しモノが過剰な時代に変わったのである。

　これはほんの一例にすぎない。古今東西を問わず，「人口」と「開発」は常に密接に絡んでいる。「人口」抜きに「開発」を考えることはできないし，逆に「開発」の視点なくして「人口」問題という設定もあり得ない。近年重視される「ジェンダー平等」も基本的な開発課題の一つである。これは，さらに広くいえ

ば，これまで不当に権利を剥奪されてきた人々（女性，先住民など）の権利回復とエンパワーメントという理念であり運動である。このような「開発」概念は，人口論（人口問題），環境問題，開発論，ジェンダー論など，様々な文脈の中で多様な関心のもたれ方をしてきた。ここでは，まず現代の人口論の基底概念をなす「人口転換」論について説明する。

(2)　人口転換理論

　人口転換（demographic transition）論は，人口システムの長期的変動を説明する大理論（グランドセオリー）である。また，それだけにとどまらず，社会・経済・環境システムの変動と密接な関係を有しており，社会・経済・環境の長期的変動を理解する上でも欠かせない視点といえる。

1)「人口転換」とは

　20 世紀半ばの先進工業国では，人口増加は続いていたものの，出生率は低下傾向にあり人口増加の鈍化が予想された。一方で，第二次世界大戦後の途上国では，死亡率が大幅に低下し「人口爆発」と形容されるような急激な人口増加が起こりつつあった。この 2 つは一見異なる現象のように見えるが，人口学者は前近代社会の「多産多死」による均衡から，過渡期としての「多産少死」を経て，近代社会の「少産少死」による均衡への移行（転換）として，一体的・連続的に説明する理論を考案した。それが人口転換理論である（河野・佐藤 2012）。

　人口転換は，①転換前，②転換途上，③転換後の 3 つの相（phase）からなる。模式図（**図 1-11 (a)**）に示したように，人口転換が始まると死亡率，出生率ともに低下するが，死亡率の低下が先行する。出生率低下は，死亡率低下に遅れて起こる。すなわち死亡率低下と出生率低下のタイムラグ（時間差）によって人口増加が起こるわけである。なぜ死亡率低下が先行するのかといえば，死亡率低下は生活水準の改善に直接反応して生ずるのに対し，出生率が低下するには結婚や家族のあり方に関する価値観や社会制度の転換を要し，また避妊や人工妊娠中絶など出生抑制手段の開発・普及が前提条件として必要なためであ

る（佐藤・金子　2016）。

　この「人口転換」理論により，人口の長期的推移（停滞→増加→停滞）がう
まく説明され，第二次世界大戦後の途上国の人口急増も先進国の人口鈍化も統
一的に理解される。つまり人口転換過程の途上にあるのか，完了後なのかとい

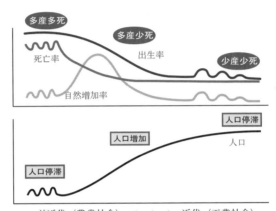

図 1-11(a)　人口転換の模式図（古典的な人口転換論）

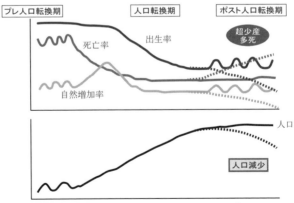

図 1-11(b)　人口転換の模式図（人口転換論の新しい展開）

（出所）筆者作成.
　（注）実際のポスト人口転換期の人口動態（破線）は，古典的「人口転換」論
　　　　の想定（実線）を大きく外れたものとなった.

う違いなのである。現在，世界人口を国別（世界の地域別，所得水準別）に見ると人口増加率，年齢構成，出生率，死亡率などに大きな違いがあるが，これも人口転換の段階の違いに由来するものである。

2）人口転換に伴う変化

まず人口移動の流れの変化（移動転換）が挙げられる。これには，国内移動転換（移動の少ない閉鎖的な状態→農村部から都市部への大規模移動→移動の沈静化ないし逆流，といった変化）と国際移動転換（移民の少ない閉鎖的な状態→移民の送り出し→移民の受け入れ，といった変化）がある（井上 2016，是川 2019）。これら移動転換がもたらす都市化もまた人口転換に伴う変化である。次に，人口転換に付随する社会経済面の現象として，①家族システムの変化（大まかに見れば小家族化，より平等な夫婦中心の家族へ），②経済システムの変化（経済発展，産業構造・雇用形態の変化），③教育の普及などが挙げられる。

このように見ていくと，人口転換は経済や社会の近代化と表裏一体であることが理解できる。両者は密接に関連しあい，（ともに原因であり結果であり）相互作用を繰り返しながら，どちらも進展してきたと考えられる（佐藤・金子 2016）。

3）人口転換論の新しい展開

「人口転換」は，まさに「近代化」を語るに欠かせない重要な理論だが，今から 70〜90 年ほど前（おおよそ第二次世界大戦前後）に考案されたものである。その当時は，将来出生率が人口置換水準を下回り（つまり「少子化」が起こって）人口が減少に転じるということは，誰も予想していなかった。図 1-11（a）に模式図を示したように，人口転換が終わった後の時代（ポスト人口転換期）には，出生率と死亡率は均衡を取戻し人口は静止すると思われていた。これは今となっては「古典的」な人口転換の考え方となった。

日本をはじめ，人口転換が最も進んだ国の実際のポスト人口転換期の姿は，図 1-11 (b) に示したように，想定をはるかに超えるものになった。すなわち，出生率は人口置換水準を下回って低下し，高齢者の余命の延長も加わって著しい人口高齢化が起こり，粗死亡率（図では「死亡率」）は再び上昇するようになっ

たのである。その結果として，自然増加率はマイナスとなり，人口は持続的に減少することとなった。

これは従来想定されていた「人口転換」が終わったのち，新しい人口転換（第二の人口転換）が始まったと考えることもできる。従来型の人口転換は一言でいえば「多産多死から少産少死」への変化であったが，第二の人口転換は「少産少死から超少産多死」への変化と表現することもできる。それはかつて人類が経験したことのない新しい社会の到来を意味する。

(3) 人口転換の帰結

人口システムにおける人口転換の帰結として重要なのは①人口増加（第二の人口転換では人口減少）と②人口高齢化である。このことは，当然ながら，社会・経済・環境システムにも重大な影響を及ぼす。

1) 人口増加

人口転換は，まとめると①「多産多死」（高出生率と高死亡率による均衡），②「多産少死」（死亡率の低下が先行し，人口が増加），③「少産少死」（出生率低下が追随し，低出生率と低死亡率による均衡に至る）の３相からなり，②において人口が増加する。人口転換がいつ始まったのか定かでないが，近代西洋の産業革命の勃興と大まかに連動していると見ることができる。推計によって幅はあるものの，19世紀初頭の世界人口は10億人程度と推定されており（United Nations 1973），今日の80億人まで，200年余りの間に8倍に増加した。最終的には今世紀末に100億人に達すると推計されているので，結局，人口転換の前後で世界人口は10倍ほどに増えることになる。このことが地球の生態系に及ぼす影響は計り知れないほど大きなものである（その具体例は本書の第8章を参照されたい）。

古典的な人口転換論では③において人口増加は止まるはずであった。しかし，既述のように日本を含め一部の国では人口は減少に転じている。この人口減少が止まるのか，それとも永続的なものとなるのかといえば，出生率のゆくえ（後述）にかかっている。

2) 人口高齢化と社会経済システム

　人口転換の帰結として人口高齢化が起こる。人口を①年少人口, ②生産年齢人口, ③老年人口に3区分するとき（一般に各々① 0～14歳, ② 15～64歳, ③ 65歳以上）, ①と③を合わせて「従属人口」と呼び, 生産年齢人口100人に対する従属人口の人数を「従属人口指数」(dependency ratio) と呼ぶ。

　人口転換の進行に伴って, 従属人口指数はいったん低下した後, 再上昇するという性質がある。それはなぜかといえば, 人口転換が進むと, 出生率低下により年少部分が小さくなるとともに（この時期は, 老年人口はまだ少ない）, 乳幼児死亡率低下により年少人口から生産年齢人口に移行する率が高まる。このように分子の割合が小さくなるとともに, 分母の割合は大きくなるので, 従属人口指数は低下するのである。しかし人口転換がさらに進むと（とりわけ少子化と著しい長寿化が起こると）, 人口高齢化により老年部分が著しく大きくなり, 従属人口指数は再上昇することになる。

　ここで, 従属人口指数が低下して谷を形成することを人口ボーナス (population bonus) といい, 再び上昇して高い状態が続くことを人口オーナス (population onus) という。人口ボーナスは別名「人口配当」(demographic dividend) とも呼ばれる。[15] 人口ボーナス期は, 経済発展のまたとない機会であり, また（来るべき高齢化に備えて）社会保障制度を構築すべき時でもある。特に「アジアの4頭の虎（シンガポール, 香港, 台湾, 韓国)」の目覚ましい経済発展が脚光を浴び始めた1990年代, 人口ボーナス期に経済成長率を押し上げるポテンシャルが生みだされたことが指摘され注目された。対照的に, 従属人口指数が上昇する段階（人口オーナス期）になると, 経済成長率が阻害されることになる（小川　2018）。

　人口高齢化はなぜ問題なのか, 一言でいえば, 世代間の扶養・被扶養関係の順送りがうまく回らなくなるからである。個人に即して言えば, それは個人の生涯における収支のバランスがくずれてしまうことである。既に人口転換が終わった先進国および新興国において人口高齢化がもたらす経済・財政面の負の影響は, 貧困高齢者の増加, 政府財政とりわけ社会保障財政の悪化, 医療・介

26

護人材の不足といった問題として表れ，年々深刻化している。こうした個々の問題については，本書ではこれ以上立ち入らない。各々専門の単行書や論文が多数あるので参照されたい（たとえば松倉 2018, 松浦 2020, 永瀬・寺村 2021）。新型コロナ・パンデミックは，目下の問題として高齢者を直撃している（重症者，死者は高齢者が多くを占める）だけでなく，長期的に国の財政悪化に拍車をかけることが懸念される。

これに対し，人口転換が終わっていないか，終わって間もない途上地域では，人口がまだ「若く」，高齢者問題より若者問題（教育・雇用など，増大するニーズへの対応）が目下の課題となっている。しかし，いずれ途上国も人口高齢化問題に直面することになる。とりわけ人口転換が既に終わり，なおかつ超少子化におちいっている韓国，台湾や中国など，東アジアの国々は急速な人口高齢化が起こりつつあり，高齢化の速度は日本を凌ぐほどである。

途上地域における人口高齢化が社会経済に及ぼす影響は，先進地域の場合とかなり異なる。先進地域では経済が成熟した段階で高齢化が進行したのに対し，途上地域では経済開発途上の（まだ所得水準が十分高まっていない）段階で高齢化が進行する可能性が高い。つまり高齢化の進行に経済発展が追い付いてい

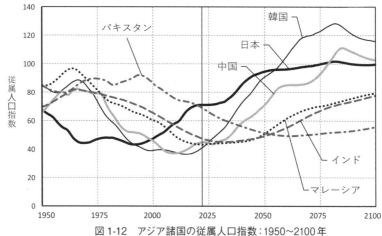

図 1-12　アジア諸国の従属人口指数：1950〜2100 年
（資料）国連「世界人口推計 2022 年版」（将来部分は中位推計）より筆者作成.

ないのである。このことは，社会保障制度が不備の状態で高齢化が進むという問題を引き起こす。経済が発展途上の段階では，国の財源もまだ豊かではなく，制度全般もまだ十分発達していないからである（増田 2012）。中国では「未富先老」（まだ十分経済が発展していないのに，早くも高齢化が来てしまった）という嘆きが聞かれるという。人口転換が完了すること自体は望ましいことであるが，人口転換を短期間で終えると急速な人口高齢化をもたらすことには注意が必要である。

とはいえ，すでに人口ボーナスから人口オーナスに転じた先進諸国と異なり，図 1-12 に示したように途上国では，まだこの先，長期間にわたり人口ボーナスが続く国もある（ただし，人口転換の進展度によって途上国間でかなり差があり，韓国と中国は人口オーナス期に差し掛かっている）。人口ボーナスをうまく活用して 2 つの課題（経済発展，社会保障制度構築）を成し遂げることが望まれる。それには，国際協力が不可欠であり，SDGs に向けた取り組みもそのようなグローバルな協力体制を築く上での一助となるであろう。

(4)　人口転換の時間差と国際関係

世界史的に人口転換を捉えると，人口転換（および近代化）が先に起こった国々と後から起こった国々があり，この先発組と後発組の間で様々な関係（交流）が生じることが重要なポイントといえる。

人口転換が先に起こった国（先発国）と後から起こった国（後発国）の間には時間差があり，このことが様々な面で国際関係に流れを生じている（表 1-5）。それは，浴槽のある一部分を暖めると，温度差により浴槽全体に対流が起こる現象と似ている。各国の人口転換と経済発展に時間差がある（つまり人口ボーナスと人口オーナスの時期が異なる）ことは，人口と経済の面でどのような影響あるいは効果をもたらすか，といえば，表に示したような影響・効果が考えられる。なお，ここでいう先発，後発は相対的なものである。B 国は，A 国に対しては後発国だが，C 国に対しては先発国という具合である。

人口転換と経済発展の先発国と後発国の間では，モノ（貿易），カネ（国際金

表1-5　人口転換と経済発展の時間差により生じる流れ

	後発国	先発国
モノ（貿易）	資源, 農水産物, 軽工業品　→	←　付加価値の高い製品
カネ（国際金融）		←　援助, 貸付
ヒト（国際人口移動）	労働力　→	（仕送り）
アイデア（思想、ライフスタイルの伝播）		←　都市的ライフスタイル ←　夫婦家族・小家族規範 ←　民主主義, 人権, 環境保護

（出所）筆者作成.
　（注）人口転換と経済発展の時間差は，（相対的な）先発国と（相対的な）後発国の間に　モノ，カネ，ヒト，アイデアの流れを生み出す.

融や国際援助），ヒト（国際人口移動），アイデア（思想，ライフスタイルの伝播）などの面で，流れが生じると考えられる。たとえば後発国での低賃金労働による安価な生産物の輸出，先発国での高付加価値産物の輸出，先発国から後発国への投資（融資），後発国から先発国への労働移民とその仕送り，先発国の都市的ライフスタイルや小家族規範が後発国に伝播して人口転換に拍車をかけるといった現象が見られている。すなわち世界は，人口と政治・経済・社会・環境を通して，緊密につながっているのである[16]。

第5節　SDGs の達成に向けて「人口」はどのように関わるのか?

（1）国連における最近の議論

　近年国連では，人口と開発をめぐる議論において，SDGs の達成に向けてどのような貢献が期待されるかということが常に意識されている。そのような表明として最近の例を挙げると，①国連人口部の企画による「人口と持続可能な開発」に関する専門家会議の報告（2021年7月22日）（UNPD 2021）と，これに基づく②国連事務総長報告（2022年1月28日）（CPD 2022）がある。両

報告は，SDGs の課題に対応して人口と経済の関係を網羅し総括している。本項では，まず，これらの報告を参照しつつ，SDGs の達成に向けて「人口」はどのように関わるのかまとめてみたい。両報告は，「人口と持続可能な開発」とりわけ「持続的かつ包摂的な経済成長」に向けて人口の視点を組み入れることの重要性を訴えている。それは以下の観点によるという（UNPD 2021, CPD 2022）。

1) 人口変動と貧困と不平等は様々なメカニズムで絡んでいる（UNPD 2021, pp.3-4）。高い出生率と人口増加は貧困の出現と関連している。人口高齢化は労働力不足を引き起こし，労働力を資本で代替する動きを誘発する。資本集約度（capital intensity）の増加は往々にして不平等を強める（いわゆるピケティ効果）。対照的に，社会開発と社会的包摂（social inclusion）は，保健医療，教育，社会保障などへのアクセスを拡大することにより人口転換を促進してきた。すなわち出生率低下と寿命延伸に寄与してきた。逆に出生率低下は健康状態の改善，教育へのアクセスの拡大，貧困率低下を下支えしてきた。

2) 人口変動と気候変動も関連している（UNPD 2021, pp.3-4, 16）。気候変動に起因する洪水などの災害や水面上昇は人口移動に拍車をかける。また，とりわけアフリカのような途上地域では食料生産の減少，マラリアやデング熱の罹患増加，水不足など深刻な影響が懸念される。人口の規模と構造は，消費パターン，エネルギー使用，二酸化炭素排出の重要な決定要因である。世界人口の増加ペースが緩徐になれば，気候への圧力は緩和される（ただし所得と消費の増加を通して，圧力を強めることにもなる）。この関連には都市化も絡んでいる。

3) しかし，ポスト人口転換期に入ると，人口置換水準を下回る出生率低下（少子化）による生産年齢人口の減少と著しい人口高齢化が政府財政を圧迫する（CPD 2022, p.16）。同時に，労働者と消費者がともに減少するので，既存の経済システムの維持が困難となる。

4) 他方で，人口高齢化は身体的能力と認知能力を向上させるような情報イノベーションを誘発する（UNPD 2021, pp.3-4）。それは高齢者がより長く働き，

QOL を高めることを可能にするとともに,「ユースバルジ[17]」に直面している国々では若者の教育や職業訓練の手助けとなる。またデジタル・コミュニケーション技術により,働く人と雇う人が地理的に離れていることも可能となるので雇用機会が広がる。これは,いわばバーチャルな人口移動（virtual migration）ともいえる。

5) 人口推計は,各国政府が将来の人口動向を予測しその影響に備える手助けとなる。そのような推計の有効な利用は,人口を開発計画に統合することを促進する（CPD 2022, p.16）。

（2）人口安定化の必要性

今世紀予想される人口増加率の減少（増加ゼロへ向けての収束,一部地域ではマイナスへ）傾向から,かつてのような「人口爆発」により人類が滅亡すると警鐘を鳴らす人口危機説は影を潜めたものの[18],グローバルな社会・経済・環境システムの持続可能性にとって世界人口の安定化が前提条件の一つであることは明白である[19]。前述の国連事務総長報告でも,今世紀後半において人口増加が減速すればその効果として,環境ダメージのさらなる蓄積を緩和することができると述べている（CPD 2022, p.17）。人口安定化の最たる状態は,人口が一定規模でそれ以上増えも減りもしない「定常人口」（「静止人口」ともいう）になることである。人口移動がなく年齢別の死亡率が一定不変の場合において,出生率が人口置換水準に収束し不変であればこの状態が実現する[20]。

人口の定常化はともかくとして,世界人口が無限に増え続けるのではなく,なるべく早く一定規模でピークに達することが望まれる。人口転換が終わらない限り人口は増え続けるので,カギを握るのは人口転換の完了である。

人口転換は（ほとんどの人が老年期を迎えることができるようになり,女性1人当たり子ども数が2人程度に落ち着くことなので）,それ自体,社会の発展や人々のウェルビーイングの向上に合致した動きといえる。そして,人口転換の完了が早ければ早いほど,最終的な世界人口の規模は小さく,地球に対する負荷も小さくてすむ。それゆえ人口転換の進行を促すことは,人口に関連した

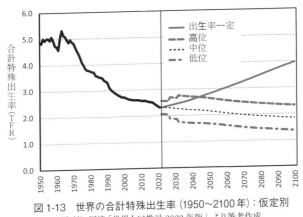

図 1-13　世界の合計特殊出生率（1950〜2100 年）：仮定別
（資料）国連「世界人口推計 2022 年版」より筆者作成.

様々な活動の基本的な立脚点と考えられる。人口転換が終わっていない国々の
人口転換を後押しする（具体的には，医療衛生水準の向上とりわけ妊産婦・乳
幼児死亡率の低下，教育の普及と若者の雇用確保，女性の地位向上とジェンダー
平等，リプロダクティブ・ヘルス，社会保障制度構築，法制度やガバナンスな
どの体制整備といった面で支援する）ことは先進国の人々の責務ともいえる。
それは，まさに SDGs の理念にかなったことである。

(3)　人口転換のゆくえ

　それでは現状において，人口転換のゆくえについて，どのように見通しが立
てられているのだろうか。人口転換は多産から少産への出生力転換と多死から
少死への死亡力転換（mortality transition）からなるが，将来の人口規模（図
1-3）を主に左右するのは出生率の動向（すなわち出生力転換のゆくえ）であ
る。WPP2022 による世界人口の出生率の将来見通しを**図 1-13** に示した。[21]　この
うち中位仮定は，今世紀末に世界全体で出生率が人口置換水準ないしそれを少
し下回る水準にまで下降する仮定であり，世界人口の安定化をもたらす道筋を
なすものである。
　この国連の将来の出生率に関する中位仮定が実現するには，サハラ以南アフ

リカなど，出生力転換（第一の出生率低下）がなおも未完の地域で大幅な出生率低下が必要である。しかし，これらの地域では家族計画プログラムの出生率低下効果に限界が見られ，将来は楽観できない。しかも新型コロナ（COVID-19）問題により，家族計画のサービス体制に支障がおこり，避妊手段の供給が滞ることが懸念されている。

　もう一つの注目点は，超少子化国（ドイツ，南欧・東欧・東アジア諸国など）で，少子化が是正あるいは緩和されるかどうかである。低出生率の先進諸国では出生率上昇を期待する政策（pro-natalist policies）が家族・労働・ジェンダー政策の形をとって（日本では，いわゆる「少子化対策」として）実施されてきたが（高橋・大淵 2015），人口置換水準（TFR が約 2.1）はおろか，「緩少子化」（TFR が 1.6〜2.0 程度）への回復の見通しは立っていない。

　このような高所得国に始まり，いまや中所得国にも及ぶ（止まることのない，不可逆的とも見える）少子化の流れは，いずれ出生率は人口置換水準に収束する（人口は静止する）という古典的な人口転換論の暗黙の了解を打ち砕くものである[22]。20 世紀における人口論の大きな成果は「人口転換」理論の構築と応用（人口危機説も人口転換論の応用の一つ）であったが，21 世紀の人口論の主要な課題は「人口転換」理論の見直しといえる[23]。

（4）データ収集，指標化などの面での人口学の活用

　国連によると，SDGs 指標の約 4 分の 1 の指標の計算に WPP2022 が使われると見込まれる（UN-DESA 2022）。多くの開発評価指標は人口統計学と密接な関わりをもっており，出生・死亡・移動の登録など基本的な人口登録制度の整備も必須である（それは統計に利用されるという一面のみならず，人権擁護に関わることでもある）。途上国における統計に関する能力構築の支援は SDGs ターゲット 17.19 に掲げられている。

　国連は人口分析データの精緻化とともに，人口の様々なグループの経済活動を国レベルで計測するための国際標準の確立に力を入れている。たとえば，NTA アプローチを通して年齢ごとの経済活動を記述する方法に関するマニュアルを

提供している（UNPD 2021, pp.3-4, 17-19）。NTA（National Transfer Accounts：国民移転勘定）は，公的・私的（家族）両部門にわたり，消費・労働所得・移転・資産のそれぞれのコンポーネントごとに年齢プロフィールを推計したものであり，世代間の経済的関係（相互扶助）を定量的に示すものである（松倉2018）。また国連は現状のGDP（国内総生産）の限界を超える（環境やジェンダー平等のように市場価値では測ることのできないものを考慮に入れた）統計指標を模索している（UNPD 2021, pp.17-19）。

おわりに
——SDGsの先にあるもの（「持続可能な福祉社会」は可能か？）——

　上述の通り2022年秋，世界人口は80億人を超えた。しかし，その増加率は鈍っており，今世紀末にはピークに達する見通しである。今世紀中なおも人口増加が続く国々がある一方で，人口減少に転じる国々は増え続けてゆく。すなわち今世紀の世界は，人口膨張と人口縮減が併存する時代と捉えることができる。いわば，「膨張する世界」と「縮減する世界」という2つの対照的な国家群が同時に存在し，両者がどのように向き合い，交流してゆくのかということが大きな課題となる。なおも人口増加に直面する途上国には早期の人口転換の完了が，一方人口転換がすでに終わった先進国や新興国には転換後の諸課題への対応が求められる。

　この人口と開発の諸課題は，「21世紀の人口論」における主要な関心事でもある。それは主に，①人間活動の総和と生態系（資源・環境）の軋轢（地球規模あるいは局所的），②（国・地域によって）依然高出生率の一方で少子化・未婚化，ジェンダー不平等，③高齢化・長寿化とケア不足の対比，④都市化と都市問題，格差，貧困，⑤移民問題（地球規模あるいは局所的）の5項目に要約することができる（佐藤 2020a）。SDGsは，これらの課題に対する具体的な取り組みの指針をなしている。

　しかし話はこれで終わりではない。SDGsの達成も容易ではないが，世界的

に見れば，途上地域を中心に人口はまだ「若い」。SDGs がひとまず達成されたとしても，その先には人口減少と超高齢社会が待ち受けている。まさに「前門の虎，後門の狼」である。世代間のつけ回しによる莫大な政府債務，社会資本の老朽化，人口高齢化による重い扶養負担を抱えたまま，縮減してゆく社会の持続可能性をどのようにしたら保てるのかという新しい重い問題が待ち受けている。

　日本は超少子化による持続的人口減少と超高齢化という新たな位相に世界の先頭を切って突入しており，SDGs のさらに先にある「持続可能な福祉社会」の構築という重い課題に直面している。日本の前に手本はなく，日本には自ら新しい「ポスト人口転換期」の社会・経済・環境モデルを提示し世界を先導する役割が期待される。そのためには人口学の活用が欠かせない。

　いずれにしても 21 世紀の世界は，社会・経済の成長と成熟（人々のウェルビーイングの充足と改善），持続可能性の取り戻し，格差と排除の是正（社会的包摂）という 3 つの大きな課題を背負っている。すなわち現状において，わたしたちが直面しているグローバル社会の諸問題は，「不足」，「過剰」，「不平等」という 3 つのキーワードで言い表すことができる。[24] 本章では，この困難な課題への人類共同の取り組みにあたって「人口」の視点が不可欠であることを論じた。以下の章では，様々な切り口から詳細に論じられる。

注

(1) WPP2022 のデータは国連人口部のサイトに掲載されている（https://www.un.org/development/desa/pd/）。

(2) 国際連合広報センター：プレスリリース 22-070-J（2022 年 11 月 22 日）による（https://www.unic.or.jp/news_press/info/45545/）。

(3) 国連は，世界の国々を開発水準により，more developed regions と less developed regions に分類している。前者はヨーロッパ，北部アメリカ，日本，オーストラリア，ニュージーランドからなる地域であり，日本語では「先進地域」と呼ばれ

る。後者は，先進地域以外の地域であり，「開発途上地域」あるいは「発展途上
地域」と呼ばれる。また，国連は less developed regions の中で特に開発が遅れて
いる約50か国を "least developed countries"（後発開発途上諸国）に指定してい
る。サブサハラ・アフリカの国々が多い。

(4) 年平均人口増加率を R％と表すと，近似的に「人口倍増年数 = 70 ÷ R」という
関係がある（和田 2015；河野 2007, p.272）。すなわち1％の人口増加率が持続す
れば人口は約70年で倍増する。1960～70年代は世界人口の増加率が2％を越え
ており，このまま続くと約35年ごとに倍増することから「人口爆発」の危機が
叫ばれた。逆に人口増加率がマイナスの場合，すなわち年々R％ずつ減少する場
合は，同様に「人口半減年数 = 70 ÷ R」であり，年々1％人口減少が続けば約70
年で人口は半減する（原 2021 参照）。

(5) TFR が人口置換水準を下回る状態が持続すると人口は減少へと向かうが，直ちに
減少に転じるわけではない。（出生率が高かった）過去の人口動態によって形成
された人口年齢構造の影響受け，一定期間増加が続くことになる。これを人口の
モメンタム（慣性，惰性，はずみ）という（石井 2018 参照）。

(6) 人口置換水準（replacement level）とは，親世代と子世代の人数が等しくなるよ
うな人口再生産の状態のことであり，換言すれば人口が減らないために1人の女
性が生む必要のある子ども数を意味する。現在の死亡率水準では TFR が約 2.1 の
水準に相当する。TFR が持続的にこの水準を上回れば人口は増加へ，下回れば人
口は減少へ向かう。たとえば，持続的に TFR が1.5であれば（1.5÷2.1≒0.7 なの
で）1世代後に人口は約7割に減少し，2世代後には（0.7×0.7≒0.5）およそ半減
する。逆に持続的に TFR が3であれば（3÷2.1≒1.4 なので）1世代後に人口は約
1.4 倍に増加し，2世代後には（1.4×1.4≒2）およそ倍増する。

(7) 出生率の長期的な低下傾向は，社会経済の発展，都市化，女性の社会進出などに
伴って，どの国・地域にも見られる普遍的な現象であるが，「第一の出生率低下」，
「第二の出生率低下」という2段階がある。前者は TFR が4～5あるいはそれよ
り高い水準から人口置換水準まで低下することをいう。後者は TFR が人口置換
水準を下回って低下することで，この状態を少子化（low fertility）という。この
区別は重要である。なぜなら，前者は経済社会面で概ね有利な効果をもたらす
（経済発展や女性の地位向上に寄与）のに対し，後者は人口減少と著しい高齢化
を起こしマクロ経済面で概ね不利な影響をもたらすからである。

(8) 日本については厚生労働科学研究班で計算され，厚生労働省が公表している（http://toukei.umin.jp/kenkoujyumyou/）。

(9) GBD のサイト（https://www.healthdata.org/gbd/2019）参照。健康寿命の概略は，別府（2021），菅原（2021）など参照。

(10) World Urbanization Prospects 2018 のデータは国連人口部のサイトに掲載されている（https://population.un.org/wup/Publications/）。

(11) 英語の development にあたる日本語には「発達」，「発展」，「開発」の3通りあるが，ここでは主に「開発」を用いる。開発の語は個人にも用いられるが（例「能力開発」），マクロ（人間社会）についていえば，①経済開発（economic development），②社会開発（social development），③人間開発（human development）の3つがあるといわれる（西川 1995）。人口との関わりにおける「開発」の概念について詳しくは佐藤（2012）を参照。

(12) 国連の経済社会理事会において世界の人口問題を担当する「人口委員会」（Commission on Population）は，1994 年のカイロ会議を機に「人口開発委員会」（Commission on Population and Development）に改称した（林 2017）。（https://www.un.org/development/desa/pd/content/CPD）参照。

(13) 長寿化（各年齢の死亡率低下）が進むと，平均寿命は一貫して延伸するが，粗死亡率（単純に死亡数を全人口で除して得られる値で，単に死亡率ともいう）は低下の後上昇に転じる。これは長寿化により人口が高齢化し，死亡リスクの高い高齢者の割合が増大するためである。

(14) 移民を考慮しなければ，人口減少が止まるための条件は，出生率が人口置換水準（TFR が約 2.1）まで回復することである。日本のように TFR が 1.5 を下回る水準に低迷している国では，近い将来それが実現する可能性は甚だ低いと考えられる（佐藤 2016）。

(15) このような人口年齢構成上の扶養負担の減少によってもたらされる経済的恩恵を第一次人口配当（first demographic dividend）と呼ぶこともある。次の段階として，平均余命の延長により人々が中高年期まで働き続け，老後に備えて貯蓄や資産形成に励むようになると，それらが投資を促し，さらなる経済発展の機会が訪れる。これを第二次人口配当（second demographic dividend）と呼ぶ（Lee and Mason 2006，Mejido 2019 参照）。

(16) 不幸なことだが，戦争や植民地支配・被支配もそのような関係の一つである。近

代における戦争は，人口転換と近代化の先発国（グループ）と後発国（グループ）の間で起こった例が多い。たとえば，第一次世界大戦は先発組（英，仏，米など）と後発組（ドイツ，オーストリア・ハンガリー，オスマン帝国など）の間に起こり，第二次世界大戦もやはり先発組（英，仏，米など）と後発組（独，伊，日）の間に起こった。ロシア（ソ連）も後発国だが，ドイツに対抗して先発組と手を組んだと考えられる。各国の人口転換と戦争の関係については，モーランド（2019）が参考になる。

(17) ユースバルジ（youth bulge）は，人口年齢構造（人口ピラミッド）において若年層（とくに 15～29 歳）が大きく膨らんでいる状態を指す語で，社会が不安定化しやすい一方で，東・東南アジア諸国のように豊富な労働力が経済成長に寄与した例もある（大橋　2018）。

(18) 第二次世界大戦後の人口論争（人口危機説から SDGs まで）の詳細は，佐藤（2020a）を参照されたい。

(19) このような考えは経済学者のサックス（Jeffrey D. Sachs）やデイリー（Herman Daly）も示している（サックス　2009，デイリー・枝廣　2014）。また小野塚（2021）は，地球の持続可能人口をせいぜい 20～25 億人と仮定した上で，およそ 300 年後に世界人口がようやくそこまで減少するというシナリオを描いて，人類はその間どう耐えてゆくのかという長期的な構想を立てるが必要があると説く（これは SDGs を超える壮大なビジョンといえる）。

(20) この定常人口は，古典的な人口転換論において，人口転換が完了した後の人口の姿として想定されていたものである。1972 年に刊行されたローマクラブ報告書『成長の限界』においても，人口は「世界モデル」を構成する主要な要素の一つと位置付けられ，人口増加の安定化が破局を免れるための必須の条件の一つとされた（詳しくは，本書の第 3 章参照）。このように，人口抜きに「あるべき世界像」を想定し得ないことは，「持続可能な開発」をめぐる議論において再認識されるべきことである。なおローマクラブは『成長の限界』50 周年にあたり，改訂版ともいうべき "Earth for All: A Survival Guide for Humanity" を 2022 年 9 月に刊行した（Dixson-Declève et al. 2022）。

(21) このうち「出生率一定」仮定で出生率が年々増加してゆくのは一見奇異だが，これは，国連の世界人口推計は国別におこなわれており，どの国の出生率も将来一定という意味である（世界人口の出生率が一定という意味ではない）。出生率の

高い国の人口のシェアが増すため，世界人口の出生率も増大するわけである。

(22) 世界の人口問題として，これまでの「人口爆発」(population explosion) に代わり，これからは，急速な人口減少を意味する「人口爆縮」(population implosion) に注意を向けるべきであるともいわれる（原 2021 など参照）。

(23) 人類史を人口の観点から長期的に見ると，おおまかに①近代以前の人口停滞期（人口増加は極めて緩徐），②18 世紀から 20 世紀にかけての人口増加期，③ 21 世紀の「人口増加と人口減少の併存」期，④ 22 世紀以降の地球規模の人口減少期に区分する見方もできよう。②と③においては，近代化と人口転換の先発国（概ね今日「先進国」といわれる国々）は先に人口増加を起こし，先に人口減少の位相へ転じつつある。後発の国々（今日の開発途上国，とりわけ後発開発途上諸国）は，遅れて人口増加を起こしたわけであるが，やがては人口減少へ向かうと予測される（WPP2022 の中位推計では，中国は 2021 年，インドは 2063 年をピークとして人口減少に転じるとされている）。

(24) ラワース（Kate Raworth）は，社会的土台を示す内側の輪と環境上の限界を示す外側の輪に挟まれた部分（ドーナツ）を人類の繁栄にとって安全で公正な範囲とする「ドーナツ経済学」を提唱している（Raworth 2017）。

参考文献

新田目夏実（2018）「途上国の過剰都市化」日本人口学会編『人口学事典』, pp.296-297。

安藤顯（2019）『SDGs とは何か？：世界を変える 17 の SDGs 目標』三和書房。

石井太（2018）「人口モメンタム」日本人口学会編『人口学事典』丸善出版, pp.548-549。

井上孝（2016）「ポスト人口転換期の人口移動」佐藤龍三郎・金子隆一編『ポスト人口転換期の日本』原書房, pp.111-133。

岩澤美帆・金子隆一・佐藤龍三郎（2016）「ポスト人口転換期の出生動向」佐藤龍三郎・金子隆一編『ポスト人口転換期の日本』原書房, pp.55-90。

大橋慶太（2018）「ユースバルジ」日本人口学会編『人口学事典』丸善出版, pp.72-73。

小川直宏（2018）「人口ボーナスと人口オーナス」日本人口学会編『人口学事典』丸善出版, pp.70-71。

小野塚知二（2021）「ゼロ経済成長と資本主義：縮小という理想」『世界』947 号, pp.148-163。

蟹江憲史（2020）『SDGs（持続可能な開発)』中央公論新社。

金子隆一（2021）「長寿・健康の歴史過程と現代的意義」金子隆一・石井太編『長寿・健康の人口学』原書房, pp.1-24。

川廷昌弘（2020）『未来をつくる道具：わたしたちの SDGs』ナツメ社。

河野稠果（2007）『人口学への招待』中央公論新社。

河野稠果・佐藤龍三郎（2012）「世界人口と都市化の見通し」阿藤誠・佐藤龍三郎編『世界の人口開発問題』原書房, pp.35-69。

国立社会保障・人口問題研究所（2017）『日本の将来推計人口』厚生労働統計協会。

是川夕（2019）「現代日本における移民受け入れの歴史：国際移動転換の観点から」小﨑敏男・佐藤龍三郎編『移民・外国人と日本社会』原書房, pp.17-31。

サックス（2009）『地球全体を幸福にする経済学：過密化する世界とグローバル・ゴール』早川書房（Jeffrey D. Sachs (2008) *Common Wealth: Economics for a Crowded Planet*)。

佐藤龍三郎（2012）「人口と開発の持続可能な未来を探る」阿藤誠・佐藤龍三郎編『世界の人口開発問題』原書房, pp.263-295。

佐藤龍三郎（2016）「日本の超少子化の原因論と政策論を再考する：政策による少子化是正は可能か」中央大学経済研究所年報, 48 号, pp.15-40。

佐藤龍三郎（2018a）「出生力転換をめぐる理論」日本人口学会編『人口学事典』丸善出版, pp.124-127。

佐藤龍三郎（2018b）「発展途上地域の出生率低下」日本人口学会編『人口学事典』丸善出版, pp.138-141。

佐藤龍三郎（2019）「国際人口移動の概況」小﨑敏男・佐藤龍三郎編『移民・外国人と日本社会』原書房, pp.1-16。

佐藤龍三郎（2020a）「人口転換と人口論の展開：マルサスから SDGs まで」『日本健康学会誌』86(5), pp.242-254。

佐藤龍三郎（2020b）「書評：*Convergence to Very Low Fertility in East Asia: Processes, Causes, and Implications*」『人口学研究』56 号, pp.82-84。

佐藤龍三郎・金子隆一（2016）「ポスト人口転換期の到来」佐藤龍三郎・金子隆一編『ポスト人口転換期の日本』原書房, pp.1-53。

人口学研究会（2010）『現代人口辞典』原書房。

菅原友香（2021）「世界の健康寿命」金子隆一・石井太編『長寿・健康の人口学』原

書房，pp.67-85。

鈴木透（2009）「韓国の極低出生力とセロマジプラン」『人口問題研究』65(4),pp.8-28。

鈴木透（2018）「東アジアの少子化」日本人口学会編『人口学事典』丸善出版，pp.136-137。

鈴木透（2019）「韓国・台湾の人口政策」小島宏・廣嶋清志編『人口政策の比較史：せめぎあう家族と行政』日本経済評論社，pp.227-249。

高橋重郷・大淵寛（2015）『人口減少と少子化対策』原書房。

デイリー・枝廣淳子（2014）『「定常経済」は可能だ！』岩波書店。

永瀬伸子・寺村絵里子（2021）『少子化と女性のライフコース』原書房。

西川潤（1995）「社会開発：理論と政策」『早稲田政治経済学雑誌』322号, pp.95-110.

日本人口学会（2018）『人口学事典』丸善出版。

南博・稲場雅紀（2020）『SDGs：危機の時代の羅針盤』岩波書店。

林玲子（2017）「世界の人口と開発」国立社会保障・人口問題研究所編『日本の人口動向とこれからの社会』，pp.233-255。

原俊彦（2021）「縮減に向かう世界人口：持続可能性への展望を探る」『世界』947号，pp.86-99。

春木育美（2021）「0.84の衝撃：韓国の人口減少はなぜ急激なのか」『世界』947号，pp.130-137。

ブリッカー・イビットソン（2020）『2050年：世界人口大減少』文藝春秋（Darrell Bricker and John Ibbitson (2019) *Empty Planet: The Shock of Global Population Decline*）。

別府志海（2021）「日本の健康寿命」金子隆一・石井太編『長寿・健康の人口学』原書房，pp.43-65。

増田幹人（2012）「人口の年齢構造変化と社会経済開発」阿藤誠・佐藤龍三郎編『世界の人口開発問題』原書房，pp.207-238。

松浦司（2020）『現代人口経済学』日本評論社。

松倉力也（2018）「世代間移転と国民移転勘定」日本人口学会編『人口学事典』丸善出版，pp.68-69。

村山宏（2021）「いま東アジアで何が起きているのか：結婚しない若者」『世界』947号，pp.100-110。

モーランド（2019）『人口で語る世界史』文藝春秋（Paul Morland, *The Human Tide:*

How Population Shaped the Modern World）。

和田光平（2015）『人口統計学の理論と推計への応用』オーム社。

渡辺真知子（2010）「過剰都市化」人口学研究会編『現代人口辞典』pp.19-20。

Commission on Population and Development, 55th session (CPD) (2022) *Population and Sustainable Development, in Particular, Sustained and Inclusive Economic Growth: Report of the Secretary-General* (E/CN.9/2022/2).

Heuveline, Patrick (2022) "The 2019-21 Decline in Global Life Expectancy," *N-IUSSP* (July 11, 2022).

Lee, Ronald and Andrew Mason (2006) "Back to Basics: What is the Demographic Dividend," *Finance and Development*, Vol. 43(3)*, September 2006*.

Mejido, Manuel (2019) *Harnessing the Second Demographic Dividend: Population Ageing and Social Protection in Asia and the Pacific*, (ESCAP, Social Development Working Paper).

Dixson-Declève, Sandrine, Owen Gaffney, Jayati Ghosh, Jørgen Randers, Johan Rockström, and Per Espen Stocknes (2022) *Earth for All: A Survival Guide for Humanity*, New Society Publishers.（武内和彦監訳（2022）『Earth for All 万人のための地球』丸善出版）

Raworth, Kate (2017) *Doughnut Economics: Seven Ways to Think Like a 21st-Century Economist.*（黒輪篤嗣訳（2018）『ドーナツ経済学が世界を救う』河出書房新社）

Shkolnikov, V.M., E.M. Andreev, D.A. Leon, M. Mckee, F. Meslé and J. Vallin (2004) "Mortality Reversal in Russia: The story so far," *Hygiea Internationalis: An Interdisciplinary Journal for the History of Public Health*, Vol.4(1), pp.29-80.

Stickley, A., M. Leinsalu, E. Andreev, Y. Razvodovsky, D. Vagero and M. Mckee (2007) "Alcohol Poisoning in Russia and the Countries in the European Part of the Former Soviet Union, 1970-2002," *European Journal of Public Health*, Vol.17(5), pp.444-449.

Tsuya, Noriko O., Minja Kim Choe, and Feng Wang (2019) *Convergence to Very Low Fertility in East Asia: Processes, Causes, and Implications*, Springer (Population Studies of Japan).

UN-DESA (2022) "Things You Need to Know," *UN DESA Voice*, Vol.25(7) *(July 2022)*.

United Nations (1973) *The Determinants and Consequences of Population Trends*,

(Population Studies, No.50).

United Nations, Population Division (2020) *International Migration 2020 Highlights*, (ST/ESA/SER.A/452).

United Nations, Population Division (2021) *United Nations Expert Group Meeting on Population and Sustainable Development, in Particular, Sustained and Inclusive Economic Growth,* (UN DESA/POP/2021/EGM/NO.2).

United Nations, Population Division (2022) *World Population Prospects 2022: Summary of Results*, (UN DESA/POP/2022/TR/NO. 3).

（佐藤龍三郎・別府志海）

第2章　SDGsとは何か
——起源と概要，達成状況——

はじめに

　2030年の達成期限に向けて折り返しにさしかかろうとする現在，「持続可能な開発目標（SDGs: Sustainable Development Goals）」は，政府やNPO，企業や学校を問わず広く知られ，多様な実践がみられるようになった。

　「誰一人取り残さない」と包摂性を謳うSDGsでは，貧困や飢餓など開発途上国が対象となる課題のみならず，資源をより多く使う国々の環境汚染の問題など先進国こそ取り組むべき課題も多く提示されている。

　新型コロナウィルス感染症（以下，COVID-19）の世界的流行に襲われるまで，SDGs達成へと大きく進展した分野，国や地域もあった。しかし2020年からのコロナ禍の影響は大きく，特に生活基盤を奪われてしまった，あるいはもともと脆弱な環境におかれていた人たちを取り残さずに，SDGs達成に向けた活動が再開できるかは大きな課題である。加えて，2022年2月に始まったロシアによるウクライナ侵攻は，食糧・エネルギー等の危機および避難民の増加という人道的な問題を引き起こしている。他方，世界的な気候変動は人びとの生活を大きく変えつつある。このような状況において，包摂性，網羅性，包括性，国内外でのパートナーシップの重要性を内包するSDGsは，ますます重要であろう。

　本章では，第1節でSDGsの理念と特徴を，第2節で国連，国際社会におけるSDGs策定までの議論を概観する。第3節では主要な報告書と公開データを使って，目標別に国別達成度と経済発展との関係をみることで，日本を含め特に先進国の課題を検討する。

第1節　SDGsの理念と特徴

　「持続可能な開発目標（SDGs）」は2015年9月25日，第70回国連総会で採択された「我々の世界を変革する：持続可能な開発のための2030アジェンダ」（以下，2030アジェンダ）で示された17の目標と169のターゲットから成る（以下，訳文は外務省（2015）による）。そこに通底する理念と特徴として，次の6点が挙げられる。

　第1に，「誰一人取り残さない」に象徴される包摂性である。人々の尊厳は大前提であり，「2030アジェンダ」に提示される目標とターゲットは「すべての国，すべての人々及び社会のすべての部分」に届くようにし，「最も遅れているところに第一に手を伸ばすべく努力する」と宣言する。この背景にはまず，オープン・ワーキング・グループ（OWG）が設置され，様々なアクター，多数の国が「2030アジェンダ」の作成プロセスおよびその実施に参加したことがある。2000年の「国連ミレニアム宣言」を基に作成された「ミレニアム開発目標（MDGs: Millennium Development Goals）」が先進国と一部の国連職員で作成されたと指摘されることと対照的である。

　もう一つの背景として，複数の国際的な枠組みを吸収する形で作成されたことがあげられ（高柳・大橋 2018，蟹江 2020，ほか），「リオ宣言」，「世界社会開発サミット」，「リオ+20」，「国際人口開発会議（ICPD）行動計画」，「北京行動要領」，さらに2015年に仙台で開催された「第3回国連防災世界会議」など，主要な国際会議とその成果文書の内容が含まれる。このような包摂性は，17目標，169ターゲット，240ものグローバル指標という数の多さにも反映されている。

　第2に「2030アジェンダ」のタイトルにも入っている「変革」である。社会の仕組みを変えることはSDGsの実現にとって必要な条件の一つであるが，SDGsが描いている世界を既存のシステムの延長と考えては，現在の世界と大きな隔たりがある。それを埋めるには「変革」が必要であり，「大胆かつ変革的な手

段」を用いることへの決意が「2030 アジェンダ」前文で示される。実際，「2030 アジェンダ」全体を通して「変革」ということばが随所にみられる。

　第 3 に「普遍性」である。SDGs は世代内の問題として途上国にも先進国にも関わる目標であるとともに，世代間の問題として現在の私たちだけでなく将来の世代も豊かな生活を送ることができる仕組に変革するという意味での「普遍性」を目指している。

　第 4 は「包括性」と「統合性」である。SDGs は，経済・社会・環境の 3 側面を統合されるべき不可分なものであるとし，3 側面の調和を前提とする。経済発展には環境破壊はやむを得ない，環境を守るために経済発展をあきらめる，といった対立ではなく両方を調和させ包括的に取り組むという考え方である。不可分であるがため相互の矛盾やトレードオフがある（蟹江 2020）ことは否めないものの，相乗効果の可能性も大いにある。

　第 5 に「共通だが差異ある責任（CBDR：common but differentiated responsibilities)」を再確認したことである。「2030 アジェンダ」は 1992 年の「リオ宣言」の原則を確認し，グローバル・パートナーシップによる地球環境の保護と修復を宣言するが，そもそも地球環境悪化への「寄与」は国によって異なる。このような観点から，各国は共通のしかし差異のある責任を有し，先進国は相応の責任があることを認識する。

　最後に，SDGs の理念を集約した「5 つの P」が挙げられる。これは「人間（People)」，「地球（Planet)」，「繁栄（Prosperity)」，「平和（Peace)」，「パートナーシップ（Partnership)」の 5 つの頭文字からとっており，17 の目標はこの 5 つのどれかに属する。

第 2 節　SDGs の起源

　前節でみたように，SDGs は様々なステークホルダーが参加して作成された，変革的で普遍的，画期的な目標といえる。これはどのようにして作られていっ

たのだろうか。多くの文献が，大きく2つの流れが統合されていったと説明する。1つは「持続可能な開発」の潮流，もう1つはミレニアム開発目標に代表される「人間開発」の潮流である。本節では2つの潮流を念頭におきつつも，2つの潮流が互いに交差してSDGsに至った道のりをたどる。

(1)「持続可能な開発」の潮流

1)『成長の限界』と「人間環境宣言」

1960年代，第二次世界大戦後の経済成長のなかで，世界の国々は公害問題に直面した。1961年に世界最初の宇宙飛行士ガガーリンが宇宙から見た地球を「地球は青かった」と表現したその翌年の1962年，日本では胎児性水俣病患者16名が認定された（原田・田尻 2009）。折しも同年，アメリカのレイチェル・カーソンは『沈黙の春』で，胎児までもが化学物質にさらされていると警告している（カーソン 1974）。カーソンは同書の最終章で「私たちは，いまや分かれ道にいる」とし，それまでたどってきた道ではなく，別の新しい道にこそ「地球の安全を守れる，最後の，唯一のチャンスがある」と訴えた（カーソン 1974, p.354）。同じ1960年代の末，当時の国連事務総長ウ・タントは，国連加盟諸国が「古くからの係争を差し控え，軍拡競争の抑制，人間環境の改善，人口爆発の回避，および開発努力に必要な力の供与を目指して世界的な協力を開始するために残された年月は，おそらくあと10年しかない」と述べ，進展がなければ，問題は深刻化し，制御能力を超えるだろうと警鐘を鳴らした（メドウズ他 1972, p.3）。

これらを背景にスイスで1970年，ローマクラブが設立された。これは，政府関係者は含まず，特定のイデオロギーや国家の見解を代表する者ではない25か国の，約70名の有識者から成るシンクタンクであった。このローマクラブがマサチューセッツ工科大学（MIT）のメドウズらに依頼した研究から1972年に刊行されたのが，『成長の限界』である。地球は閉ざされたシステムであり，資源は有限であるため，「幾何級数的」に成長する人口も経済も，いずれは限界に近づくことが明示された（メドウズ他 1972）。

『成長の限界』には，途上国と先進国の格差縮小，途上国の経済発展こそが重要であることも明記された（メドウズ他 1972）。ローマクラブに参加していた大来佐武郎は同書の「監訳者はしがき」で，「経済開発の遅れた国の現状が固定化されることのないよう，先進国が成長を減速させると同時に，発展途上国の成長率を引き上げ，少なくとも人間らしい生活が可能な水準に早く到達できるよう援助を拡大しなければならない」（大来 1972, p.2）と述べ，先進国の責任の重大さを強調した。同書最後に記されたローマクラブの見解では，「発展途上国が，絶対的にも，また経済的な先進国に比して相対的にも向上する場合にのみ，世界の均衡が実現されるのだということを，われわれは認識する」（メドウズ他 1972, p.179）と述べられている。

『成長の限界』の刊行とほぼ同じ時期，1972 年 6 月に，ストックホルムで開催された国連人間環境会議で「人間環境宣言」が採択され，現在および将来の世代のために人間環境を守りかつ改善することの重要性が宣言された（稲場 2003）。ここでは，人間環境の保護という視点から，アパルトヘイト，人種差別，植民地主義による支配など基本的人権を脅かすものを排除すべきであることが表明されている。環境といっても，自然環境だけではなく人間社会の問題にも触れ，「人にとって好ましい」環境の確保も謳われた（国連人間環境会議 1972）。

このように，ローマクラブが設立された頃から，環境の持続可能性と途上国の開発の重要性は提示されていたのであり，「環境」と「人間開発」が別々に論じられてきたわけではないことがわかる。

2) 『我ら共有の未来』，『限界を超えて』，そしてリオ宣言へ

『成長の限界』は国際社会に多大な影響を与えた。1983 年の国連決議により結成された「環境と開発に関する委員会」（WCED: World Commission on Environment and Development，通称「ブルントラント委員会」）は 1987 年，『我ら共有の未来（Our Common Future）』を刊行した。同書の中で「持続可能な開発（Sustainable Development）」は，「将来の世代のニーズを充たしつつ，現在の世代のニーズも満足させるような開発」（環境と開発に関する世界委員会 1987,

48

p.66）と定義され，現在と将来両方の世代間の公正が強調された。

　メドウズらは『成長の限界』刊行 20 年後の 1992 年，すでに多くの資源や汚染が限界を超えていることを示し，行き過ぎからの引き返しを訴える『限界を超えて（Beyond the Limits）』を刊行した。狩猟社会から農耕社会への「農業革命」や 17 世紀の「産業革命」に続いて，「持続可能性」のための革命が必要であるという。同書の最終章でメドウズらは，世界は目の前にある 3 つのモデルからどれを選択するのかと迫った。限界はないと考えるモデル，限界は差し迫っているがもはや時間が足りないとあきらめるモデル，そして限界は差し迫っているが時間は残されているのだから変革を起こす，というモデルである。最初の 2 つのモデルでは世界は破局へ向かう，という（メドウズ他 1992, pp.303-305）。

　これを背景に 1992 年にリオデジャネイロで開催されたのが，国連環境開発会議（地球サミット，UNCED）であった。環境保全を重視する先進国と開発・貧困問題解決に重きを置く開発途上国との対立がみられたものの，「持続可能な開発」が世界各国の共通理念として打ち出されたのは大きな前進であった。具体的には，国家と個人の行動原則「環境と開発に関するリオ宣言」と行動計画「アジェンダ 21」が採択され，「気候変動に関する国際連合枠組条約」（以下，気候変動枠組条約）と「生物の多様性に関する条約」への署名が開始された（環境省 1993）。

3）COP からパリ協定まで

　気候変動枠組条約では，全締約国の温室効果ガス削減計画の策定・実施，排出量の公表が，加えて先進国には途上国への資金供与や技術移転の推進などの公表も，義務となった。1990 年時点での経済状況から先進国と途上国とに分け，先進国は途上国に比べてより重い責任を負うべきだという「共通だが差異ある責任（CBDR）」の考え方も導入された。これはのちのパリ協定，SDGs にも通底する。

　その後，国連気候変動枠組条約締約国会議（COP）が 1995 年から毎年開催され，2020 年までの枠組みは COP3 の「京都議定書」で，2020 年以降の枠組みは

COP21 の「パリ協定」で，それぞれ提示されている。パリ協定では「世界的な平均気温上昇を産業革命以前に比べて 2℃ より十分低く保つとともに，1.5℃ に抑える努力を追求する」ことが明示された。ただし経済発展の過渡期にある途上国の排出量がまだしばらく上昇することを認識しつつ，世界全体での排出量の最大化ができる限り早く訪れ，早期に削減に向かうことを目指すとされるように，ここでも CBDR の原則が確認できる。

　SDGs の基となる「我々の世界を変革する：持続可能な開発のための 2030 アジェンダ」は，パリ協定の 3 ヶ月前に合意された。SDGs の目標 13 の注意書きには気候変動枠組条約が，気候変動についての国際的な政府間対話の場であることが書かれており，具体的なターゲットや指標が明記されていない。これは「パリ協定」を先取りすることができなかったことによる（小坂 2018）。

(2)「人間開発」の潮流：ミレニアム開発宣言からの接続

　次に「人間開発」に焦点を当てて，ミレニアム開発目標（MDGs）が採択された背景と SDGs に至った経緯を概観する。

　1980 年代に世界銀行や国際通貨基金（IMF）が途上国で行った構造調整政策は，「小さな政府」を目指した結果として教育や保健医療への支出の削減につながり，貧困問題や格差の深刻化をもたらした。このことは，ノーベル経済学賞受賞者であるアマルティア・センも企画メンバーで，現在も毎年刊行されている『人間開発報告書』の 1990 年発刊にもつながり，保健・教育・経済要素を含む「人間開発指数」を生み出した。これらを経て 1990 年代後半から国連，経済協力開発機構（OECD）などで貧困削減の議論が活発になった（黒崎・山形 2017，高柳・大橋 2018）。これは，OECD が開発援助委員会（DAC）新開発戦略として掲げた，経済的福祉，社会的開発，環境面での持続可能性の 3 分野 7 つの「国際開発目標」に，8 つ目のグローバルな開発パートナーシップの項目を加えた MDGs として結実した（黒崎・山形 2017）。

　表 2-1 に示すように，MDGs は 8 目標，18 ターゲット，48 指標から成る 2000 年から 2015 年までの目標であったが，その成果は成否が混在した（UN 2015）。

表 2-1　MDGs と SDGs の比較

	ミレニアム開発目標(MDGs)	持続可能な開発目標(SDGs)
対象年	2000-2015	2016-2030
宣言	『国連ミレニアム宣言』	『我々の世界を変革する:持続可能な開発の ための2030アジェンダ』
構成	8目標, 18ターゲット, 48指標	17目標, 169ターゲット, 232指標(当初)
採択国数	189か国	193か国

(資料) UN (2015) および外務省 (2015) より筆者作成.

教育分野における小学校就学率の向上と，初等・中等・高等教育におけるジェンダー差が解消に向かったことは大きな成果であった。また，保健分野では乳幼児死亡率の著しい低下がみられた。一方で，成果のひとつであった貧困率半減が，実は中国の経済発展によるものと限定的であったほか，就業機会や意思決定・政治参加におけるジェンダー不平等，貧富の格差や農村と都市の格差，気候変動と環境悪化，紛争等による人間開発の危機など，取り残された課題，より顕著になった課題も明らかになった。

　そこでポスト MDGs として提案されたのが SDGs である。表 2-1 に示すように，SDGs ではその目標，ターゲット，指標の数が大きく増えたことが目立つが，特に大きく異なるのは，MDGs が途上国の開発にかかわる目標を掲げて先進国による支援を前提にしたのに対して，SDGs は先進国の課題も明示していることである。経済・社会・環境の統合性と包括性は先進国こそ求められることであり，環境への負荷の大きさを考えればその責任は大きい。

　もう 1 点，MDGs と SDGs とで大きく異なったのは，第 1 節でも言及した，合意に至るプロセスである（南・稲場 2020）。SDGs は，2011 年 8 月のリオ+20 において南米コロンビアの外交官の発案から生まれ，すべての国連加盟国のみならず経済界，市民社会，学界，国際機関，NGO，宗教関係者など，多様なステークホルダーが様々な形で交渉に関与した。この結果「完璧なコンセンサス」といわれるに至ったことは画期的であり，MDGs と対照的であった（南・稲場 2020）。

　法的枠組みを持たず強制力がないため，自国で取り組めるものに取り組み，

難しいターゲットには取り組まないことを可能にしてしまったこと（南・稲場 2020），他の条約などの内容を寄せ集めた感があることなどは否めないが，そのことが SDGs の包括性と変革性を可能にするともいえる。

(3)「持続可能な開発」と「人間開発」の統合

　上でみてきた 2 つの潮流が，SDGs でどのように統合されたかを，目標一覧とともに**表 2-2** に示す。目標 1 から目標 6 までと目標 17 は MDGs の引き継ぎで

表 2-2　SDGs 一覧と各目標の起源

	SDGs一覧	起源	5つのP
1	あらゆる場所のあらゆる形態の貧困を終わらせる	MDG目標1	People 人間
2	飢餓を終わらせ，食料安全保障及び栄養改善を実現し，持続可能な農業を促進する	MDG目標1	
3	あらゆる年齢の全ての人々の健康的な生活を確保し，福祉を促進する	MDG目標4,5,6	
4	全ての人に包摂的かつ公正な質の高い教育を確保し，生涯学習の機会を促進する	MDG目標2	
5	ジェンダー平等を達成し，全ての女性及び女児の能力強化を行う	MDG目標3	
6	全ての人々の水と衛生の利用可能性と持続可能な管理を確保する	MDG目標7	
7	全ての人々の，安価かつ信頼できる持続可能な近代的エネルギーへのアクセスを確保する	持続可能な開発	Prosperity 繁栄
8	包摂的かつ持続可能な経済成長及び全ての人々の完全かつ生産的な雇用と働きがいのある人間らしい雇用（ディーセント・ワーク）を促進する	MDGs, 持続可能な開発	
9	強靱（レジリエント）なインフラ構築，包摂的かつ持続可能な産業化の促進及びイノベーションの推進を図る	持続可能な開発	
10	各国内及び各国間の不平等を是正する	MDGs, 持続可能な開発	
11	包摂的で安全かつ強靱（レジリエント）で持続可能な都市及び人間居住を実現する	持続可能な開発	
12	持続可能な生産消費形態を確保する	持続可能な開発	Planet 地球
13	気候変動及びその影響を軽減するための緊急対策を講じる	持続可能な開発	
14	持続可能な開発のために海洋・海洋資源を保全し，持続可能な形で利用する	持続可能な開発	
15	陸域生態系の保護，回復，持続可能な利用の推進，持続可能な森林の経営，砂漠化への対処，並びに土地の劣化の阻止・回復及び生物多様性の損失を阻止する	持続可能な開発	
16	持続可能な開発のための平和で包摂的な社会を促進し，全ての人々に司法へのアクセスを提供し，あらゆるレベルにおいて効果的で説明責任のある包摂的な制度を構築する	持続可能な開発	Peace 平和
17	持続可能な開発のための実施手段を強化し，グローバル・パートナーシップを活性化する	MDG 目標8	Partnership パートナーシップ

（資料）　安藤（2019），外務省（2015），蟹江（2020），総務省（2021），高柳・大橋（2018）より筆者作成．

あり「人間開発」の流れを汲む一方，目標 7, 9, 11, 12, 13, 14, 15, 16 は『成長の限界』を端緒とするローマクラブの「持続可能な開発」の流れを汲む。目標 8 と 10 は両方を汲むと整理できる。2 つの潮流は互いに他方に言及しつつ統合される形で SDGs が形成されたことがわかる。

(4) 人口問題との交差

　本節の最後に，SDGs では人口問題にどのように言及しているのかみてみたい。「2030 アジェンダ」では，1994 年にカイロで開催された「国際人口開発会議（ICPD）」も主要な先行の国連会議として言及されたほか，すべてのレベルで質の高い教育を提供し，国が人口ボーナスを享受できることを目指すことが明記された。また開発計画には人口動態と将来人口推計を踏まえることが記されているが，これも人口学の活用を呼びかけたものといえる。

　1970 年代から女性のエンパワーメントの文脈で使われるようになった「自己決定権（autonomy）」が，1994 年のカイロでの国際人口開発会議の行動計画に織り込まれたことは注目される。この背景には，それまでの政府による人口抑制的アプローチから，女性の性と妊娠・出産に関する自己決定権の尊重と女性の地位向上を重視するフェミニスト・アプローチへの「パラダイム転換」があった（阿藤 2012）。さらに 1995 年の国連の第 4 回世界女性会議で合意された「北京宣言と行動綱領」では女性のエンパワーメントと自己決定権が持続的な開発に不可欠なものと位置づけられ，これが SDGs の目標 5 につながったといえる。

第 3 節　SDGs の概要と達成

　本節は，主要な 2 つの報告書およびその公開されたデータから SDGs の概要と現状を捉えることを目的とする。SDGs には現在 240 を超えるグローバル指標があり，また本節で散布図に使用するサックスらのデータでは 94 指標が使用されている。いずれも重要でありながら，全てを網羅することはできないため，

詳細は各資料を参照されたい（外務省　2015；総務省　2021；UN　2022；Sachs, et al.　2022）。

（1）2 つの報告書

　一つの主要な報告書は，国連による「持続可能な開発目標報告書（Sustainable Development Goals Report）2022」である。SDGs にとって「行動の 10 年」が始まる年であった 2020 年まで，進捗速度は不十分でも，着実に前進していた目標や国と地域は少なくなかった（UN　2020）。しかし，2020 年に世界を襲った COVID-19 は，目標によっては SDGs 開始以降の成果を一掃する以上の影響を与え，2022 年の報告書では多数の目標において統計上の数値として現れた（UN　2022）。

　極度の貧困におかれた人々の数は 2015 年以降着実に減少し貧困率も低下していたが，2020 年，貧困率は急激に上昇し，1990 年以降で最大になったことが報告されている（UN　2022）。気候変動もより深刻になり，増加した自然災害は多くの国の人びとに深刻な影響を与えている（UN　2022）。さらに 2022 年春からのウクライナでの戦争は，紛争で避難を余儀なくされる人の近年の増加に拍車をかけただけでなく，食糧や燃料などの価格高騰による食糧危機ももたらしている（UN　2022）。そしてこれらは，もともと脆弱な立場におかれてきた人たちに，より深刻な影響を及ぼしており，SDGs が掲げる「誰一人取り残さない」という理念も危機に瀕している。

　他方，上記のことは統計データがあってはじめて捕捉できることであるが，COVID-19 感染拡大により，多数の国が対面調査を取りやめた（UN　2022）。インターネットを通じたデータ収集が加速した面もあったものの，データ収集から取り残される社会的弱者へのアプローチも，課題として浮き彫りになった（UN　2022）。

　もう一つの主要な報告書は，サックスらによる「持続可能な開発報告書（Sustainable Development Report）2022」である[1]。国連の報告書では入手されていない市民団体や論文のデータも取り入れた 94 の指標，OECD 諸国については

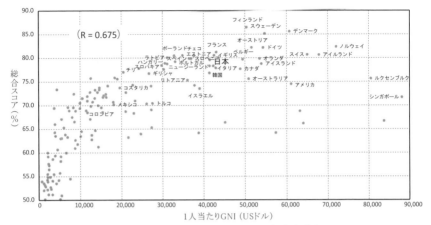

図2-1　1人あたり GNI と SDGs 総合達成度

(資料)　SDG スコアは，Sachs, J., et al.（2022）より，1 人あたり GNI は World Development Indicator（https://
data.worldbank.org/indicator/NY.GNP.PCAP.PP.CD?locations=JP，2022 年 7 月 30 日閲覧）より，筆
者作成.
　(注)　横軸は 1 人あたり GNI（US ドル），縦軸は目標達成度を示す．一人あたり GNI は，2017 年から 2022
年で，各国最新のデータを使用した．値に「0」が入っている国は除いた．R は相関係数を示す.

さらに 26 の指標を加え，2022 年版では最大 163 か国が比較可能である。また，
国連の報告書では一つひとつの指標をもとのまま個別に使用した分析となって
いるのに対して，同データではすべての指標を 0 から 100 の値にスコア化し，
複数のスコアを集約して目標ごとのスコアを作成する。さらに 17 目標を統合し
た国別の「SDGs 総合スコア」も提示している（Sachs, et al. 2022）。

　サックスらの報告書のデータは公開されており，ダウンロードして使用する
ことが可能である。本節では，このデータを使用して SDGs の達成状況を捉え
る。特に，1 人あたり国民総所得（以下，1 人あたり GNI）を使用して，各国
の経済発展度合いとの関係に注目する。SDGs の理念のひとつである「共通だ
が差異ある責任（CBDR）」の観点から，国の経済発展との関係は重要と考える
からである。なお，スコアに集約されている個々の指標については，章末の付
表に示した。

　まず，1 人あたり GNI と SDGs17 目標の総合スコアとの関係を示したのが，

図 2-1 である。日本を含めた OECD 諸国については国名も入れた。SDGs 総合スコアと 1 人あたり GNI との相関係数（R）は 0.675 であり，両者は比例関係にあることがわかる。[2] OECD 諸国の 1 人あたり GNI には幅があるものの，総合スコア 18 位であった日本も含めて，先進国の SDGs 総合スコアは比較的高いことが確認できる。

(2) 「5 つの P」分野別目標の概要と現状

　以下では，第 1 節および表 2-2 で示した「5 つの P」別にサックスらによる各目標のスコアと 1 人あたり GNI との相関を示し，2022 年時点での達成状況を概観する。散布図からは，「共通だが差異ある責任（CBDR）」のとおり，それぞれの国の発展段階に応じて，取り組むべき問題が示唆されると考える。以下，図 2-2 の (a) (b) (c) (d) として示す。いずれも作成方法は，とくに記載がない限り，図 2-1 と同様である。

1) 「人間（People）」に関する目標〈目標 1〜6〉

　MDGs からの接続である目標 1 から目標 6 までは「人間」に関する目標で，「2030 アジェンダ」の「あらゆる形態及び側面において貧困と飢餓に終止符を打ち，すべての人間が尊厳と平等の下に，そして健康な環境の下に，その持てる潜在能力を発揮することができることを確保すること」を目指すものである。貧困の撲滅は地球規模の最大の課題であり，持続可能な開発のための不可欠な必要条件とされる。

　図 2-2 (a) に，「人間（People）」分野 6 目標それぞれのスコアと，163 か国の 1 人あたり GNI との散布図を示す。この分野の目標はいずれも，経済指標が高まるにつれて目標スコアも向上するプラスの相関関係にある。

　付表のとおり貧困の指標には極度の貧困におかれた人の割合が使われているので，1 人あたり GNI が少し高くなれば目標が達成されるといえる〈目標 1〉。興味深いのは，教育も同じ傾向を示すことだ。これは初等・中等教育と識字率で構成されており，1 人あたり GNI が少し上がることで初等教育への効果がみられることは重要な点であろう〈目標 4〉。飢餓の項目には，栄養不良や発育阻害

56

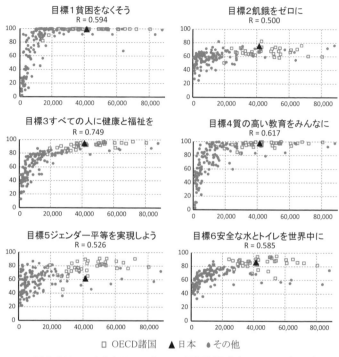

図 2-2 (a)　1 人あたり GNI と SDG 目標別達成度：People（人間）
（資料）と（注）は図 2-1 に同じ.

と並んで肥満率や有害農薬の輸出量など，先進国の課題でもある指標も含まれ
るため，最もスコアの高い国でも 82.5 となっている〈目標2〉。他に比べて 1 人
あたり GNI との相関係数が高いのは保健分野である。癌，糖尿病による死亡率
や主観的幸福感も指標に含まれた上で，日本も含め OECD 諸国のスコアは高い
〈目標3〉。ジェンダー平等については日本のスコアの低さが目立つ。国会の議
席数に占める女性議員の少なさと男女賃金格差によるものである〈目標5〉。水と
トイレなど衛生の整備も経済指標に比例するが，OECD 各国でスコアが低いの
は，「淡水資源量に占める淡水採取量の割合」と，「輸入に含まれる希少な水の
消費量」のスコアの低さによる場合が多い〈目標6〉。

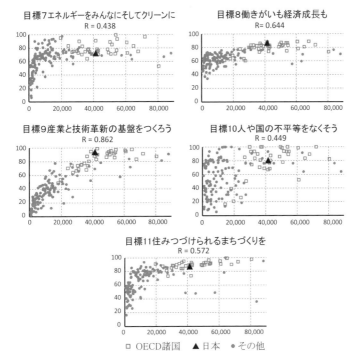

図 2-2(b)　1 人あたり GNI と SDG 目標別達成度：Prosperity（繁栄）
（資料）と（注）は図 2-1 に同じ.

2)「繁栄（Prosperity）」に関連する目標〈目標 7～11〉

　この分野に関する目標は，リオサミットにおける「持続可能な開発」と MDGs の流れの両方を汲む。また「すべての人間が豊かで満たされた生活を享受することができること，また，経済的，社会的及び技術的な進歩が自然との調和のうちに生じることを確保すること」を掲げ，自然との調和を確保した上で，人びとの繁栄を目指す。

　図 2-2 (b) から，目標 7 のスコアは 1 人あたり GNI と相関がみられるものの，OECD 諸国の間にもばらつきがある。電気やクリーンな燃料技術へのアクセスの指標と並んで，エネルギー供給量に対する再生可能エネルギー割合が含まれる。供給が多くても再生が追いついていなければスコアが低くなるので，日本

も含めて先進国の課題が明示される〈**目標7**〉。

　COVID-19 の流行で経済成長は大きな打撃を受けた。2021 年に回復に転じた国もあるが，脆弱な国や産業部門，労働者層ほど回復が鈍い（UN 2022）。スコアが低い OECD 諸国は，ニートの多さによるスコアの低さが目立つ。南米の OECD 諸国では銀行口座の保有，労働基本権の保障の低さがみられる〈**目標8**〉。

　インターネットの利用率，研究投資や実績などが指標とされる〈**目標9**〉は，17 の目標のなかで 1 人あたり GNI と最も強い相関がある。高技能製造業をはじめ多様な産業部門をもち，技術革新やインフラ構築がなされていることは，パンデミックからの復興においても重要であると指摘されている（UN 2022）。

　パンデミックにより相対的貧困率が高まった国が多くみられた一方で，最貧困層への社会的移転により貧困率が低下した国もあった（UN 2022）。スコアが 50 を下回る OECD 諸国には中南米各国とアメリカが含まれる〈**目標10**〉。目標 11 の図で所得が高いにもかかわらずスコアの低さが目立つ国については，微小粒子状物質（PM2.5）の平均濃度の高さがスコアを下げている〈**目標11**〉。

3)「地球（Planet）」に関する目標〈目標 12～15〉

　この分野には「地球が現在及び将来の世代の需要を支えることができるように，持続可能な消費及び生産，天然資源の持続可能な管理並びに気候変動に関する緊急の行動をとることを含めて，地球を破壊から守る」ことを目指す目標が並ぶ。

　上でみてきたように多くの目標で先進国の目標別スコアが高い中で，先進国にとって課題が多いのが，この「地球」に関する目標である（**図2-2 (c)**）。目標 12 と目標 13 は，他の目標と異なり，所得が高い国ほどの達成度が低くなっている。目標 12 達成の妨げの最大の要因は 1 人あたり電子廃棄物の量でほとんどの OECD 諸国が深刻なレベルとなっている〈**目標12**〉。

　目標 13 は，「国連気候変動枠組条約（UNFCCC）が，気候変動への世界的対応について交渉を行う基本的な国際的，政府間対話の場である」（外務省 2015）と注釈されているように，「2030 アジェンダ」合意の 3 ヶ月後に採択された「パリ協定」を実行する目標になっている（小坂 2018）。気候変動は，森林面積や

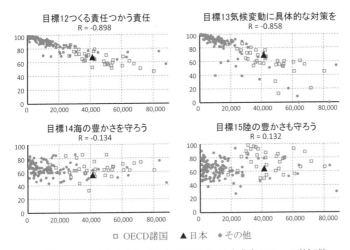

図 2-2(c)　1 人あたり GNI と SDG 目標別達成度：Planet（地球）
（資料）と（注）は図 2-1 に同じ.

生物多様性の減少，人間の健康や経済発展，安全保障への脅威につながり，現在きわめて重視されている。（UN　2022）。目標 13 の指標には二酸化炭素（CO_2）排出量が使われ，ほとんどの OECD 諸国で，化石燃料の燃焼とセメント生産，そして輸入にともなう CO_2 排出量が深刻なレベルである。COVID-19 感染拡大中の経済活動停止で CO_2 排出量は減少したが，規制が徐々に廃止された 2021 年には過去最高水準に達し，世界平均気温は工業化以前の 1850〜1900 年の基準値を約 1.1 ± 0.13℃ 上回った（UN　2022）。この基準値と比べて 1.5℃ を超えない水準に抑制するというパリ協定の目標を達成するには，2025 年を温室効果ガス排出量のピークにして，その後低下させる必要があるとされている（UN　2022）〈目標13〉。

　海と陸の豊かさについては，経済指標との相関がみられない。日本を含めてスコアの低い国は，「海の健康スコア」と「乱獲・崩壊した資源から捕獲された魚の割合」，「輸入品に含まれる海洋生物多様性への脅威」が警告レベルのスコアになっている〈目標14〉。同じく陸地については，「生物多様性にとって重要な陸域の平均保護面積」，「レッドリスト指標」，「陸上および淡水の生物多様性

60

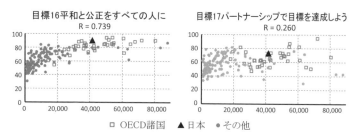

図 2-2(d)　1 人あたり GNI と SDG 目標別達成度：Peace（平和），Partnership（パーナーシップ）
（資料）と（注）は図 2-1 に同じ.

への脅威」のスコアの低さによる〈目標15〉.

4）「平和（Peace）」に関する目標〈目標16〉

「平和」に関する目標 16 は，政治システム，法制度，国際的な連携に関して，「恐怖及び暴力から自由であり，平和的，公正かつ包摂的な社会を育んでいくこと。平和なくしては持続可能な開発はありえず，持続可能な開発なくして平和もありえない」と謳う。

目標 16 には，治安や児童労働，出生登録，司法へのアクセス，報道の自由など幅広い指標を使用しており，散布図では経済指標との関係が強いスコアになっている（図 2-2 (d)）。OECD 諸国はスコアが高いが，それ以外でも高いスコアを達成する国が少なくない〈目標16〉。

5）「パートナーシップ（Partnership）」に関する目標〈目標 17〉

「パートナーシップ」に関する目標 17 は，政治や法制度，国際連携に関係し「強化された地球規模の連帯の精神に基づき，最も貧しく最も脆弱な人々の必要に特別の焦点を当て，すべての国，すべてのステークホルダー及びすべての人の参加を得て，再活性化された『持続可能な開発のためのグローバル・パートナーシップ』を通じてこのアジェンダを実施するに必要とされる手段を動員する」ことを目指す。

目標 17 スコアと 1 人あたり GNI との間には相関関係はみられない（図 2-2 (d)）。OECD 諸国でこのスコアが低いのは，GNI に対する ODA 比率が低い，あるいは金融秘密度指数が高いことによるもので，日本も例外ではない〈目標17〉。

おわりに

　本章では SDGs について基本的な理解を得るため，SDGs の特徴と理念，SDGs がいかにして生まれたのか，そして 2022 年時点でどこまで達成されたのかをみてきた。第 1 節では SDGs の理念と特徴を確認した。第 2 節では，「持続可能な開発」と「人間開発」の 2 つの潮流が SDGs で統合されたことをみたが，両者は決して別個に流れてきたわけではなく問題意識を共有しつつ結びついていたことがわかった。第 3 節では国連による報告書とサックスらのデータから，17 目標の達成状況および経済発展と目標別スコアの関係を検討した。とりわけ，目標 12（つくる責任，つかう責任），目標 13（気候変動）については，先進国こそ喫緊に取り組むべき課題であることを示した。

　COVID-19 感染拡大により，生態系や自然へのダメージは人獣共通感染症や病原体の新たな出現につながる可能性があることも明らかになった（UN 2021）。気候変動は，さまざまな自然災害の急増をすでに招いており，環境への負荷に関して，より責任が大きいのは先進国であることは明らかである。

　このような中において，目標 17 に示される，世界中のすべての政府，民間企業，市民社会団体，一般市民の参加を通じたグローバル・パートナーシップの強化は，これまで以上に重要である。CBDR の理念のとおり，これまで繁栄を享受してきた先進国が，地球規模の問題に当事者として取り組むのは当然のことであり，日本の政府・企業・NPO，そして教育現場でも SDGs の実践が浸透するのは必然であろう。先進国に課せられた課題はきわめて大きいといえる。

注

(1) https://www.mofa.go.jp/mofaj/gaiko/oda/sdgs/pdf/vnr2021_06_section.pdf（2022 年 7 月 31 日閲覧）.

(2) 相関係数（R）にマイナスの符号がついている場合は負の相関，ついていない場合は正の相関を示す。相関係数の目安として，ここでは，絶対値が 0.4 より小さければ弱い相関，0.4 から 0.7 までは相関がある，0.7 より大きければ強い相関がある，と解釈する。

付表　散布図に使用した指標一覧

SDG	指標名
1	1日1.90ドルでの貧困率 (%) 1日3.20ドルでの貧困率 (%) ＊税・社会保障費控除後の貧困率 (%)
2	栄養不足の蔓延度 (%) 5歳未満児の発育阻害の蔓延度 (%) 5歳以下の子供の衰弱の蔓延度 (%) 肥満 (BMI30以上) の蔓延度 (成人人口比) 栄養レベル (ベスト 2-3 ワースト) 穀量収量 (収穫地1ヘクタール当たりトン数) 持続可能な窒素管理指数 (ベスト 0-1.41 ワースト) ＊収量ギャップの解消 (潜在収量に対する割合) 有害農薬の輸出量 (人口100万人当たりのトン数)
3	妊産婦死亡率 (出生10万人当たり) 新生児死亡率 (出生1,000人当たり) 5歳未満児死亡率 (1,000出生児当たり) 結核の発生率 (人口10万人当たり) HIV新規感染者数 (非感染者人口1,000人当たり) 30～70歳成人の心臓血管疾患, 癌, 糖尿病, 慢性呼吸器疾患死亡率 (%) 家庭および周囲の大気汚染に起因する死亡率 (人口10万人当たり) 交通事故死 (人口10万人当たり) 出生時平均余命 (年) 思春期出生率 (15歳～19歳の女性1,000人当たりの出生数) 専門技能者の立ち会いの下での出産の割合 (%) WHOが推奨する2種類のワクチンを接種した乳児の生存率 (%) ユニバーサル・ヘルス・カバレッジ (UHC) 普及率指数 (ワースト0-100ベスト) 主観的幸福感 (ワースト 0-10 ベスト) ＊地域間の出生時平均余命の差 (年) ＊自己申告による健康状態の所得別格差 (%ポイント) ＊日常的にタバコを吸う人 (15歳以上人口に占める割合)
4	初等教育前の体系的学習への参加率 (4～6歳児の割合) 初等教育への純就学率 (%) 中等教育修了率 (%) ＊識字率 (15歳以上24歳未満人口に占める割合) ＊第三次教育達成率 (25～34歳の人口に占める割合) ＊PISAスコア (ワースト 0-600 ベスト) ＊社会経済的地位によって説明される科学の成績のばらつき (%) ＊理科の成績下位者 (15歳人口の割合)
5	近代的方法による家族計画が使える15歳～49歳の女性の割合 平均教育年数の男女比 労働力率の男女比 (%) 国会における女性の議席数 (%) ＊男女間の賃金格差 (男性の賃金中央値に対する割合)
6	少なくとも基本的な飲料水サービスを利用する人口 (%) 少なくとも基本的な衛生サービスを利用する人口 (%)

SDG	指標名
6	淡水取水量 (利用可能な淡水資源に対する割合) 処理された人為的廃水 (%) 輸入に含まれる希少な水の消費量 (m³/人) ＊安全に管理された水サービスを利用する人口 (%) ＊安全に管理された衛生サービスを利用する人口 (%)
7	電気を利用できる人口 (%) 調理にクリーンな燃料と技術を利用できる人口 (%) 総発電量あたりの燃料の燃焼によるCO₂排出量 (MtCO₂/TWh) 全一次エネルギー供給量に占める再生可能エネルギーの割合 (%)
8	調整GDP成長率 (%) 現代奴隷制の被害者 (人口1,000人当たり) 金融機関に口座を持つ成人 (15歳以上人口に占める割合) 失業率 (15歳以上の全労働力に対する割合) 労働基本権が有効に保障されている (ワースト 0-1 ベスト) 輸入品に関連した労働災害の死亡率 (人口10万人当たり) ＊雇用人口比率 (%) ＊雇用, 教育, 訓練を受けていない若者 (NEET) (15-29歳人口に占める割合)
9	インターネット利用人口 (%) モバイルブロードバンド契約数 (人口100人当たり) 貿易・輸送関連インフラの質 (ワースト 1-5 ベスト) 大学ランキング上位3大学の平均スコア (ワースト 0-100 ベスト) 学術雑誌に掲載された論文 (人口1,000人当たり) 研究開発への支出 (対GDP比) ＊研究者数 (就業人口1,000人当たり) ＊三極特許家族の出願件数 (人口100万人当たり) ＊インターネットアクセスにおける所得別格差 (%ポイント) ＊高等教育機関におけるSTEM分野の卒業生に占める女性の割合 (%)
10	ジニ係数 パルマ比 ＊高齢者貧困率 (66歳以上人口に占める割合)
11	スラムに住む都市人口の割合 (%) 直径2.5ミクロン以下の粒子状物質 (PM2.5) の年平均濃度 (μg/m3) 改善された水源へのアクセス, パイプライン (都市人口の割合) 公共交通機関に対する満足度 (%) ＊家賃の負担が大きい人口 (%)
12	都市ごみ (kg/人・日) 電子廃棄物 (kg/人) 生産に伴うSO₂排出量 (kg/人) 輸入品に含まれるSO₂排出量 (kg/人) 生産高単位の窒素排出量 (kg/人) 輸入にともなう窒素排出量 (kg/人) プラスチック廃棄物の輸出 (kg/人) ＊非リサイクル都市廃棄物 (kg/人・日)

SDG	指標名
13	化石燃料の燃焼とセメント生産によるCO_2排出量（t/人） 輸入にともなうCO_2排出量（tCO_2/人） 化石燃料の輸出にともなうCO_2排出量（kg/人） ＊カーボンプライシングスコア（CPS）（%，ワースト 0-100 ベスト）
14	生物多様性に重要な海域で保護されている平均面積（%） 海の健康指数。クリーンウォーターズスコア（ワースト 0-100 ベスト） 乱獲・崩壊した資源から捕獲された魚（総漁獲量に占める割合） トロール漁や浚渫漁で捕獲された魚（%） 漁獲された後，廃棄された魚（%） 輸入品に含まれる海洋生物多様性を脅かすモノやサービス（人口100万人当たり）
15	生物多様性に重要な陸域の平均保護面積（%） 生物多様性に重要な淡水域の平均保護面積（%） レッドリスト指数（ワースト 0-1 ベスト） 永久的な森林破壊（森林面積の割合，3年平均） 陸上および淡水の生物多様性への脅威（人口100万人当たり）

SDG	指標名
16	殺人事件（人口10万人当たり） 未決拘禁者数（監獄人口に占める割合） 住んでいる都市や地域で夜間の一人歩きが安全だと思う人口（%） 財産権（ワースト 1-7 ベスト） 民事当局への出生登録（5歳未満児の割合） 腐敗認識指数（ワースト 0-100 ベスト） 児童労働に従事する子ども（5〜14歳の人口比） 主要通常兵器の輸出（人口10万人当たりのTIV恒常百万ドル） 報道の自由度指数（ベスト 0-100 ワースト） 司法へのアクセスと支払い能力（ワースト 0-1 ベスト） ＊刑務所に収容されている人（人口10万人当たり）
17	保健と教育への政府支出（対GDP比） 高所得国および全OECD DAC加盟国：ODA含む国際譲許的公的資金（GNI の割合） その他の国：補助金を除く政府収入（対GDP比） コーポレート・タックスヘイブン・スコア（ベスト 0-100 ワースト） ＊金融秘密度スコア（ベスト 0-100 ワースト） ＊多国籍企業の利益移転（10億米ドル） 統計パフォーマンス指数（ワースト 0-100 ベスト）

（資料）Sacks, et al.（2022）より筆者作成.

（注）指標名の前に＊印があるものは，OECD 諸国にみに使用される.
　　　指標の和訳は外務省によるグローバル指標の和訳を参照した（https://www.mofa.go.jp/mofaj/gaiko/oda/sdgs/statistics/index.html）.

参考文献

阿藤誠（2012）「人口開発問題と国際社会の対応」阿藤誠・佐藤龍三郎編『世界の人口開発問題』原書房。

安藤顯（2019）『SDGs とは何か？─世界を変える 17 の SDGs 目標』三和書籍。

稲場紀久雄（2003）「循環型社会経済システムの研究（その10）─持続可能な発展とその限界の克服」『大阪経大論集』53(6)。

大来佐武郎（1972）「監訳者はしがき」メドウズ, D. H. 他『成長の限界』ダイヤモンド社。

外務省（2015）「我々の世界を変革する：持続可能な開発のための 2030 アジェンダ（仮訳）」（https://www.mofa.go.jp/mofaj/files/000101402.pdf，2021 年 8 月 26 日閲覧）。

カーソン, レイチェル（1974）青樹築一訳『沈黙の春』新潮社（Rachel Carson（1962）*Silent Spring*）。

蟹江憲史（2020）『SDGs（持続可能な開発目標）』中央公論新社。

環境省（1993）『平成 5 年版環境白書』。

黒崎卓・山形辰史（2017）『開発経済学─貧困削減へのアプローチ』日本評論社。

国連人間環境会議（1972）「人間環境宣言」（http://ecorisk.ynu.ac.jp/matsuda/2001/
　　human-environ.html，2022 年 8 月 6 日閲覧）。

小坂真里（2018）「気候変動とパリ協定」高柳彰夫・大橋正明編『SDGs を学ぶ─国際
　　開発・国際協力入門』法律文化社。

総 務 省（2021）『 指 標 仮 訳 』（2021年6月更新版 ）（https://www.soumu.go.jp/toukei_
　　toukatsu/index/kokusai/02toukatsu01_04000212.html，2021 年 10 月 14 日閲覧）。

高柳彰夫・大橋正明（2018）「SDGs とは何か─市民社会の視点から」高柳・大橋編
　　『SDGs を学ぶ─国際開発・国際協力入門』法律文化社。

原田正純・田尻雅美（2009）「小児性・胎児性水俣病に関する臨床疫学的研究─メチル
　　水銀汚染が胎児及び幼児に及ぼす影響に関する考察」『社会関係研究』14(1), pp.1-66。

南博・稲場雅紀（2020）『SDGs─危機の時代の羅針盤』岩波書店。

メドウズ, D. H.・D. L. メドウズ・J. ラーンダス・W. W. ベアランズ三世著，大来三郎
　　監訳（1972）『成長の限界─ローマ・クラブ「人類の危機」レポート』ダイヤモ
　　ンド社（Meadows, D. H., D. L. Meadows, J. Randers and Behrens III, W. W.（1972）
　　*The Limits to Growth, A Report for THE CLUB OF ROME'S Project on the
　　Predicament of Mankind*, New York: University Book）。

メドウズ, D. H.・D. L. メドウズ・J. ラーンダス著，茅監訳（1992）『限界を超えて─
　　生きるための選択』ダイヤモンド社（Meadows, D. H., D. L. Meadows and J.
　　Randers（1992）*Beyond the Limits*, Vermont, U.S.A.: Chelsea Green Publishing）。

Sachs, J., G. Lafortune, C. Kroll, G. Fuller, and F. Woelm (2022) *Sustainable Development
　　Report 2022: From Crisis to Sustainable Development: the SDGs as Roadmap to 2030
　　and Beyond,* Cambridge: Cambridge University Press.

United Nations（UN）(2015)*Millennium Development Goals Report 2015.*

United Nations（UN）(2020)*Sustainable Development Goals Report 2020.*

United Nations（UN）(2021)*Sustainable Development Goals Report 2021.*

United Nations（UN）(2022)*Sustainable Development Goals Report 2022.*

World Commission on Environment and Development（WCED）(1987) *Our Common
　　Future*, Oxford: University Press.（大来佐武郎監修（1987）『地球の未来を守るた
　　めに』福武書店）

（新村恵美）

第3章　「成長の限界」からSDGsへ
──人口・開発・資源・環境から見た可能性と課題──

はじめに

　世界が持続可能性の危機に瀕しているという認識が広がり始めたのは1970年
代からであり，第二次世界大戦後の爆発的な人口増加と経済成長が資源・環境
の両面から問題化し始めた頃であった。1972年に刊行されたローマクラブ報告
『成長の限界（The Limits to Growth）』は，マサチューセッツ工科大学（MIT）
の研究チームが開発したワールドモデル（World Model）によるマクロシミュ
レーションをもとに，現状のまま推移すれば人類社会は遠からず成長の限界を
越え，オーバーシュート（行き過ぎ）することを示し，「成長の限界」という概
念（以下 LtG）が広まった。この章では，このワールドモデルが提示した LtG
の今日的意義を考える（第1節）。次にモデルを人口，開発，資源，環境の4分
野について再検討し（第2節），その対比を通して LtG から「持続可能な開発
目標」（Sustainable Development Goals，以下 SDGs）に向う進化の流れを示し，
その特色と課題について考察する（第3節）。最後に「持続可能な地球社会」に
向けての課題を記す。

第1節　「成長の限界」が提示した過去・現在・未来

(1) ローマクラブ報告とワールドモデル
　『成長の限界』は，イタリアのローマで最初の会合を開いたことから「ローマ
クラブ（Club of Rome）」と命名された民間シンクタンクが1972年に発表した

第1回報告書である。ローマクラブは現在もスイスのヴィンタートゥールに本部を置き活動を続けており，20年後に発表された『限界を超えて（Beyond the Limits)』も含め，これまでに45を超える報告書を出版している。[1]

　ローマクラブ設立の契機はペッチェイ（A. Peccei)（創設者・初代会長。当時イタリア・オリベッティ社副会長）が1965年にスコットランドの科学者で政府の政策アドバイザーでもあったキング（A. King）と出会い，互いに人類と地球という惑星の長期的未来—「人類が直面する苦境」に寄せる憂慮を共有していることに気づいた事が発端とされている。3年後の最初の会合では，今日まで続くローマクラブの目標として「地球規模の長期的展望」，「問題状況の概念化」，「経済環境，政治，社会など，互いに錯綜する地球規模の問題クラスターの解明」が掲げられることとなった（Club of Rome 2021)。さらに正式発足した1970年の会合にはシステム科学者でMIT教授のフォレスター（J. W. Forrester, 1918-2016）が参加し，ペッチェイやキングらの課題に応えるコンピュータ・モデルを提供することになり，デニス・メドウズ（Dennis Meadows, 1942-)，ドネラ・メドウズ（Donella Meadows, 1941-2001)らMITの若い助手や大学院生を中心に国際的な研究プロジェクトが発足した。

　「われわれは，著名な実業家や政治家，科学者などの集まりであるローマクラブから，こうした問題の研究を依頼された。マサチューセッツ工科大学（MIT)内に研究プロジェクトを設け，そこで2年間，人口や産業資本，食糧生産，資源の消費，そして汚染などの増大の長期的原因と結果について研究するというものだった。そこでわれわれは，相互に関連しあっているこれらの要素を追跡し，将来予測される進路を明らかにするために「ワールド3」とよばれるコンピュータ・モデルを考案した」（メドウズ他 1992, p.iii)。

　このワールド3（以下，World3)こそ，第1回ローマクラブ報告でマクロシミュレーションを通じ人類の未来を大胆に描き出し，LtGの概念を「見える化」したものである。とりわけ，このモデルのスタンダード・ラン（シナリオ1：このままで推移した場合）の印象は強烈であり，「コンピュータを震撼させた未来とは？」，「2100年までに大惨事が訪れる—ある研究報告」，「科学者による地

球破滅の警告」など（メドウズ他 1992, p.iii），メディアを通じ世界中でセンセーショナルな反応を引き起した。

(2) World3 の基本構造・因果関係モデル

ワールドモデルは，フォレスターが1950年代から開発を進めていたシステムダイナミックス（System Dynamics，以下SD）というモデル作成手法により構築されている。

SDは，対象とする現象を，ストック，フロー，フィードバックループ，テーブル関数，タイムディレイなどからなるサブシステムの複合体としてモデル化し，サブシステム間の相互作用の結果を時間軸に沿って計算することで，システム全体の複雑な動きを記述する。人口増加や経済成長など，指数関数やロジスティック関数的な変動を含む非線形的な現象（さらにそれらが複合する場合），すなわちローマクラブ報告が目指した「経済環境，政治，社会など，互いに錯綜する地球規模の問題クラスターの解明」に最適な手法であった。フォレスター自身はWorld3の開発者として直接名を連ねてはいないが，『インダストリアル・ダイナミックス』（Forrester 1961），『アーバン・ダイナミックス』（1969），『ワールド・ダイナミックス』（1971）など，彼の一連の研究成果がWorld3に与えた影響は大きい。特にワールド・ダイナミックスは世界全体を1つのシステムとして捉え，人口，食糧，資本投資，食糧生産，自然資源，公害などのサブシステム間の相互作用をワールドモデル（World Model）として記述している。World3の原型となるフローチャートやコンピュータプログラムもあり，シミュレーションによりシステムの複雑な動きが示されている。

World3も，人口，資本，農業，再生不能資源，残留汚染という5つのセクターからなり，各セクターを中心としたサブシステム間の相互作用を記述する構造となっている。つまり，この5つのセクター間には，相互作用でリンクされた因果関係ループが想定され，このループに沿って各サブシステムをブレークダウンし，サブシステムの複合体としてフローチャート化し，コンピュータプログラムに変換するという作業が行われている。World3では，①人口セク

ター，②資本セクター，③農業セクター，④再生不能資源セクター，⑤残留汚染セクターの5つのセクターに関して次のような因果関係が想定されている。

1) 人口セクター：現状のままの人口増加が続けば，世界人口は100億人を超える規模に膨れ上がる。人口規模の拡大は食料需要を増大させ，③の負荷を高める。人口増加は工業生産やサービス生産に対する消費需要を増大させ，②の負荷を高める。

2) 資本セクター：現状のままの経済成長が続けば，工業生産のための資本投資が拡大し，工業生産がなお一層増大する。その結果，エネルギーや原材料需要も急増し，④の負荷が高まる。一方，環境汚染が進み⑤の負荷も増大する。

3) 農業セクター：食糧需要の増加にともない，農耕地の拡大や農業生産性の向上が進むが，結果，土壌侵食が進み④への負荷が高まる一方，環境汚染が進み⑤への負荷も高まる。地球の表面積に占める耕作可能地面積や，侵食風化などの自然侵食を受ける耕作可能地の寿命には上限があり，この上限に近づくにつれ食糧生産は困難となる。人口増加が進む一方，食糧生産の停滞により，1人あたり食糧が減少し，死亡率の上昇や出生率の低下など①の変化が増大する。また農業セクターへの資本投資が増加するため，②の負荷も増大する。

4) 再生不能資源セクター：地球上の再生不能資源量は限られており，現状のままの人口増加が続けば，②における工業生産，食糧生産，サービス生産の増大とともに，③の残存量は減少する。また少なくなってゆく埋蔵資源の利用にはさらなる資本投資が必要とされ，資本セクターの負荷が増大し生産活動の効率が低下，経済成長の持続可能性は危機に瀕する。

5) 残留汚染セクター：現状のままの人口増加や経済成長が続くとすれば，公害などが発生し環境汚染が深刻化する。汚染の除去などに要する資本投資が増加し，②の生産性が低下，工業生産，食糧生産，サービス生産が衰退する。また環境汚染による直接的な健康被害に加え，食糧事情の悪化や健康医療サービスの低下が，死亡率の上昇と出生率の低下を招き，人口増加は止まり，逆に急激な人口減少が始まる。

(3) スタンダード・ランにみる「成長の限界」

　フォレスターが考案したSDの優れた特徴として，モデルの初期条件やパラ
メータの設定を変えることにより，様々な仮定に基づくシミュレーションを行
い，その結果を一連のシナリオとして提示し比較できる点が挙げられる。ここ
では，筆者が『成長の限界』と同じWorld3（Stella Version）を用い，20年後の
見直しである『限界を超えて』のWorld3/91における変更を加味して再現した
シナリオ1（スタンダード・ラン）の結果を示す。[(2)]

　シナリオ1は標準
設定でのシミュレー
ション結果であり，
人口成長・経済成長
がしばらく続いた後，
再生可能資源の減少，
残留汚染の増加が始ま
り，やがて人口・経
済が「成長の限界」に
達し，農業生産の減
少，医療保健サービ
スの低下，死亡率の
上昇が起き，人口は
急激に減少する。そ
の結果，2100年の生
活水準は1900年以前
のレベルまで悪化する
（図3-1，図3-2）。

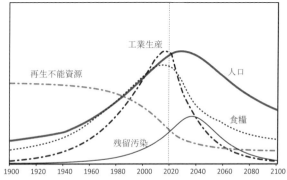

図 3-1　World3 のシナリオ 1：スタンダード・ラン（全体指標）
出典：シミュレーションと作図は筆者による.
資料：メドウズ・D.H. 他（1992）.

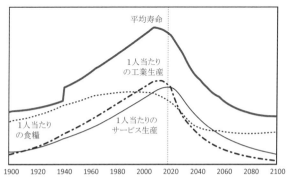

図 3-2　World3 のシナリオ 1：スタンダード・ラン（1 人あたり指標）
出典：シミュレーションと作図は筆者による.
資料：メドウズ・D.H. 他（1992）.

(4)「成長の限界」の今日的意義

　このシナリオ1は「無限の成長」などあり得ない，いつか必ず成長は止まるという，誰もが不安に感じながらも容易には認めたくない，単純で自明の真理をわかり易い形でデモンストレーションしている。

　とりわけ1960年代の爆発的な人口増加・経済成長の結果，石炭・石油などの化石燃料の消費が増え，スモッグなどの大気汚染が進み，水俣病をはじめとする残留汚染の被害が深刻化する中で，人類社会の持続可能性が危機に直面していることを警告した点に意義がある。しかし，いつ「成長の限界」が来るのかという問題は，モデルの構造や仮定条件により大きく異なるところであり，現代においても持続可能性の危機は続いているともいえる。

第2節　ワールドモデル再考

(1) 人口 (出生力・平均寿命)

　先に示したシナリオ1 (図3-1) では，世界人口は1900年の16億人から指数関数的に増加し，1990年には50億人を（メドウズ他　1992, p.169），2022年には76億人を超え，2028年の77.5億人をピークに人口減少に入り，2100年には37.1億人まで減少する。[3] 1900年の16億人は『成長の限界』の初期値と同じであり，1990年頃まではほぼ同じ値を示すが，1990年以降は『限界を超えて』の見直しの効果からか，変化がやや早くなっている。しかし全体としてはほぼ同じ傾向を示している。

　この動きは，1900年から2100年までの200年間にわたり進行する，世界人口の人口転換と今後の展開を示すものと解釈して良い。2021年現在の世界人口は78.75億人（国連人口基金　2021）と，すでにモデルの値を超えているが，これまでのところは推計誤差の範囲で推移しているともいえる。

　2022年の国連の将来人口推計（中位）によれば，世界人口の成長率は2022年の年率0.84%から2085年の0.007%まで低下，2086年には-0.002%とマイナ

スとなり2100年の-0.11％まで低下するという。つまり，今世紀後半には世界人口は減少期に入るが，それまでは総人口は増加を続け2030年に約85億人，2050年に約97億人に増加し，2080年代には約104億人のピークに達し，2100年まではほぼその水準で推移するとされている（United Nations 2022b）。しかし，国連のモデルは社会経済要因や環境などの要因を明示的に含むものではなく，過去の趨勢を未来に投影しただけのものであり，今後の展開は不確実である。

　このシナリオ1では，世界人口は2020年頃まで増加を続けるが人口成長率（r）が0％を過ぎたあたりから急激な減少に転じる。これは再生不能資源の枯渇，環境汚染の深刻化，耕作可能面積の減少などにより，経済成長を続けることが困難になり，食糧事情が悪化し，保健医療サービスの低下など負の影響が強まり（図3-1，図3-2），粗死亡率（CDR）の上昇，粗出生率（CBR）の低下を招き，人口成長率がマイナスに転じ（r＜0）人口減少が始まるからである（図3-3）。

　一方，出生力（合計特殊出生率TFRに相当）については，経済成長とともに，希望子ども数が減少し，出生抑制手段が普及し家族規模が縮小してゆく。このため平均寿命が延伸し死亡率の低下が続く限り，潜在的な最大子ども数（出生抑制しない場合の出生数）は高まるが，逆に出生力は低下してゆく（図3-4）。この動きは，基本的には人口転換が完結するところまで進み，現在の日本が体験しているような少子高齢化の結果，粗死亡率が粗出生率を上回る逆転現象が発生する。しかし，このシナリオでは，そこに自然環境や食糧事情の悪化，保健医療サービスの低下など負の影響が加わり，死亡率の持続的な上昇を招き人口の激減が起こる（図3-3）。ただし，出生力が置換水準（約2.1人）まで低下すると，死亡率の上昇から希望子ども数が再び増加に転じ，粗出生率も再上昇[4]してゆく。最終的には，人口規模，出生率，死亡率とも，1900年の水準か，それ以下となり，世界人口は人口転換の高動揺期（多産多死）に逆戻りする[5]。なお，負の影響が強まり始めるのは2020年頃（図3-1）なので，今までのところは国連の推計とほぼ同じだが，仮に環境悪化にブレーキが掛からないとすれば，

この終末予想が現実になることも十分考えられる。

　しかし，人口学的観点からは，たとえ致命的な環境悪化がなくとも，少子高齢化が進行しTFRが置換水準を切れば，長期的な人口減少が始まると思われ(6)る。ワールドモデルでは世界は1つとして捉えられているが，実際には人口転

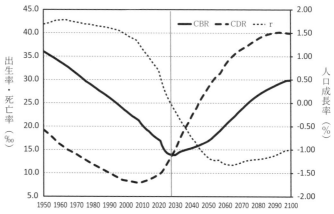

図 3-3　粗死亡率（CDR）・粗出生率（CBR）・人口長率（r）
出典：シミュレーションと作図は筆者による.
資料：メドウズ・D.H. 他（1992）.

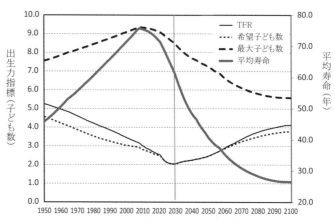

図 3-4　平均寿命と出生力の関係
出典：シミュレーションと作図は筆者による.
資料：メドウズ・D.H. 他（1992）.

換の先発国と後発国で転換のタイミングやスピードに差がある。日本を含む先発国ではすでに少子高齢化が歯止めなく進行し，出生力は置換水準を切り，人口の自然減が始まっている。これは環境悪化が原因というよりは，少子高齢化にともない，家族形成のタイミングが高年齢にシフトし，平均出生年齢が 30 歳近くまで上昇，再生産期間（15 から 49 歳までの 35 年間）全体の 60％（30 歳から 50 歳まで 20 年間÷35 年間＝0.57）程度しか利用されなくなり，妊孕力の実効性が低下するからである。このため置換水準を約 2 人とすれば，TFR は 1.2 人あたりに留まり続ける可能性が高い。このような超低出生力に，少子高齢化による再生産期間の女性人口の減少が加わるため出生数が減少し，粗出生率（CBR）が低下する。一方，平均寿命の延伸から高齢人口（死亡数）は増加してゆくため粗死亡率（CDR）の上昇が続く。この結果，両者の乖離が進み人口の自然減が続いて行くと考えられる（Hara 2014, 2020）。従って，いずれ後発国の人口転換が先発国に追いつけば，人口は一時的に r=0 の状態を通過するとしても，以降，先発国と同様に出生力は置換水準未満に留まり人口減少に入ると思われる。つまりシナリオ 1 が想定する環境の致命的悪化が起きないとしても世界人口は持続可能性の危機に直面すると考えられる。

(2) 開発（工業生産・農業食糧生産・サービス生産）

　シナリオ 1 では，世界の工業生産は 1900 年の 665 億ドル（基準年 1968 年）から成長を続け，2016 年に 2 兆 5382 億ドル（初期値の 38.17 倍）でピークを迎えたのち減少に転じ，最終的には 558.6 億ドル（同 0.84 倍）まで低下する。農業食糧生産もほぼ同じ 2015 年に初期値の 7.11 倍でピークを迎え，2100 年には初期値の 1.76 倍まで後退する（図 3-1）。

　全体ではなく生活水準という視点から捉えると，1 人あたり工業生産は 1900 年の 41.56 ドル（基準年 1968 年）からピークの 2015 年には 352.7 ドル（初期値の 8.5 倍）まで達した後，2100 年の 15.0 ドル（同 0.36 倍）まで後退する。同じく 1 人あたり食糧生産は 1900 年の 269.32kg（穀物相当[7]kg）/人年から 1992 年の 460.9kg/人年まで（同 1.7 倍）増加した後，2100 年には 204.5kg/人年（同 0.76

倍）まで減少する。また1人あたりサービス生産も1900年の90ドル/人年から2019年559.8ドル/人年（同6.2倍）をピークに2100年の73.1ドル/人年（同0.81倍）まで低下する（図3-2）。

　このシナリオ1によれば、2020年現在、我々の生産力や生活水準はほぼピークにあり、今後は下り坂で、今世紀末には1900年当時より低い水準に後退する。2100年の1人あたり食糧生産量204.5 kg/人年は、ワールドモデルが想定する1人あたり生存必要食糧2200Kcal/人日≒年間230kg/人年を下回り、食糧・栄養不足が恒常化することを意味する。

　開発について、ワールドモデルは工業生産・農業生産・サービス生産を想定しているが、教育や医療など人間開発的要素は殆ど扱われていない。また、その中核は産業資本であり、この成長が止まり減退し始めると、工業生産が停滞し、間接的に農業生産・サービス生産への投資が減少する形で、生産力が波及的に減衰してゆく構造となっている。このためサービス生産は1人あたり工業生産（1人あたりGDPに相当）や総人口などとリンクしている。また農業生産＝食糧生産であり、専ら穀物生産と食肉生産、そのベースとなる耕作可能地と土地生産性に直接リンクしており、あくまでも食糧生産から見た農業生産モデルとなっている。農耕と牧畜以外の食糧生産は捨象されていて、海洋・漁業資源などは含まれていない。単位も穀物相当kgであり、農業経済的というよりは生態学的アプローチを採用している。

　このため経済システムとしての農業・食物生産にとって重要な要素である貿易や価格形成など、流通関係の変数は含まれていない。一方、耕作可能な農耕地の面積は土壌浸食により不可逆的に減少する構造になっている。World3では、耕作可能な農耕地の寿命は6,000年と設定されていたが、20年後のWorld3/91では1,000年に短縮され土壌の悪化が加速しているという認識に立っている。

　ワールドモデルでは国際貿易や国際分業などの要素は脱落しており、現在、深刻さを増しているグローバル化による経済格差の拡大やその効果など、分業や分配の問題は扱っていない。また少子高齢化など人口構造の変化が生産・消費・分配に与える影響も殆ど捨象されている。

(3) 資源 (再生不能資源)

　シナリオ1では，世界の再生不能資源は1900年の1兆単位から減衰を続け，2000年には7,007億単位（初期値の70.07％）まで減少，2020年には4,148.4億単位（同41.48％），2100年には1,620.1億単位（同16.2％）まで減少する（図3-1）。資源については石油・石炭などの化石燃料を中心に考えられており，再生不能資源という変数名が示すように，資源は使用されれば再生不能であると想定されている。

　再生不能資源量は，1人の人間が1年間に使用する資源量を1単位としている。World3では，1970年時点で再生不能資源が枯渇するまで250年と推計されたことから，残存量は1970年時点の世界人口36億人×1単位×250年間で求められ9×10^{11}単位とされた。これをもとに1900年から1970年までに消費された量（累積人口増加数）を求めると1×10^{11}単位となり，これに残りの9×10^{11}を加え1×10^{12}（1兆）単位という初期値が設定されている。

　つまり「再生不能資源量＝過去から未来に至る累積人口×1単位」なので，1900年からの累積人口分だけ不可避的に再生不能資源量は消滅してゆく計算になる。

　確かに1人1単位は標準値であり，利用効率を高めることで消滅までの時間を先延ばしにすることは可能であるが，この条件では人口増加が止まり，静止（安定）化したとしても，1人の人間が1年間に使用する資源量を0にしない限り，時間の経過とともに再生不能資源が0に漸近してゆくことは避けられない。つまりSDGsでいう資源エネルギー問題は再生不能資源の枯渇として捉えられており，利用効率の改善により資源の寿命は伸びるが，使えば使っただけ，当初，設定した資源量は必ず枯渇する仕組みとなっている。

　このためWorld3/91のシナリオ2では1970年時点で枯渇まで250年という標準設定を2倍の500年に変更し1900年の初期値を2兆単位にするシミュレーションを行っている。その結果，2000年1.7兆（初期値の84.5％），2020年1.4兆（同68.1％），2100年0.4兆（同25.5％）と，枯渇のスピードは緩やかになり，総人口や工業生産などのピークも遅く高くなるが，その分だけ人口や経済

の激変も大きくなることが示されている。これに対し SDGs では再生不能資源
ではなく，再生可能エネルギーの利用普及が目標とされており，「成長の限界」
の悲観的イメージは回避されている。

　またワールドモデルには，政策介入（再利用も含め）により資源の利用効率
を向上させ資源の枯渇を遅らせる（World3/91 では目標実現に向け資本投資の傾
斜配分を自動調整する）仕掛みはあるが，需要と供給を通じ資源エネルギーコ
ストを決定する価格メカニズムは組み込まれていない。

　実際，化石燃料も含め，あらゆる資源エネルギー価格は需要と供給の関係で
決まるので，需要が新しい資源エネルギーにシフトすれば，その分，投資が盛
んになり，生産性が向上すれば，価格はいくらでも下がる。このため需要が大
きくなると開発が進み，結果的に資源の潜在埋蔵量はむしろ増加する傾向にあ
る。さらに近年は CO_2 排出・削減などの環境コストや規制リスクも資源エネル
ギーコストに影響し始めており，この点についてはワールドモデルの抜本的な
見直しが必要とされる。

(4) 環境（残留汚染）

　シナリオ 1 では，世界の残留汚染は 1900 年の 2500 万単位からゆるやかに増
加を続け，経済成長（工業生産の増加）にやや遅れながらも急激に増加し，2036
〜37 年に 14.70 億単位（初期値の 58.8 倍）まで増加するが，再生可能資源の枯
渇などから経済（工業生産）が衰退するにつれ減少に転じ，2100 年には 1.04 億
単位（同 4.16 倍）まで縮小する。

　ワールドモデルにおける環境問題は 1960 年〜1970 年代にかけて深刻化した
公害（industrial pollution）が中心であり，『限界を超えて』では地球温暖化や
CO_2 削減なども取り上げられているが，現在の SDGs ほど中心的ではない。

　このため残留汚染の発生は，総人口と 1 人あたり工業生産に直接リンクする
構造になっており，技術進歩により汚染の発生や除去を進めることは可能だが，
基本的には総人口や工業生産が増大すれば，残留汚染も増大する仕組みになっ
ている。つまり，このモデルには残留汚染の完全除去や，工業生産のリサイク

ル化により汚染発生そのものをゼロにする可能性は含まれていない。

(5) 世界モデルとしての制約

　システムダイナミックス（SD）は論理的な因果連鎖に沿った要因間のダイナミックな相互作用を数値化し時間に沿って提示する手法であり，仮定条件や政策介入などの設定変更を加えることで，様々なシミュレーション結果やシナリオを示すことができる。しかし，それらがどれほど衝撃的かつ直感的に納得のゆくものであったとしても，そのこと自体は結果の正しさを証明するものではない。あくまでもモデルの前提や構造が正しいと仮定した場合に，そこから導き出される論理的帰結を数値化して示しているに過ぎない。またSDは「決定論的」モデル手法であり，シミュレーション結果の発生確率（リスク）を示すことはできない。さらにモデルの前提や構造は，その時点で利用しうる各分野の英知を集めたものではあるが，当然，専門家の間でも議論が分かれる仮定や推計を含むものであり，因果関係の多くは実証データではなく論理的推論に基づくテーブル関数により与えられている。このため論理的帰結としての妥当性を除けば，結果の妥当性は20年後の『限界を超えて』のような事後的検証を待つしかない。

　今日的視点から改めてワールドモデルを検討してみると，1950年代から1970年代までの間に発生した急激な人口と経済の成長が直面した資源・環境の危機を分かりやすく表現したモデルという制約が目につく。このモデルでは人口や生産活動が増加（あるいは単に持続）する限り，再生可能資源の減少と環境悪化が不可逆的に進行する設定となっており，危機を先送りしても遠からず「成長の限界」に直面するようにデザインされている。当時の切迫した状況がそのようなビジョン（持続可能性の危機）を求めたからであろう。

　またワールドモデルはその名の通り世界モデルであり，世界を1つのシステムとして捉えることで人類共通の利害を示した。しかし，その結果，すべての指標は世界全体の総数か人口1人あたりの平均値としてしか示されていない。このため後発国と先進国，圏域・国・地域間の利害の対立や格差などの問題が

一切捨象されており，総論としての人類共通の利害についてはコンセンサスが成り立つとしても，個々のステークホルダーの利益やその対立は全く不問に付されている。

第3節　「成長の限界」からSDGsへ

（1）予測モデルから目標モデルへ

　ワールドモデルは，ローマクラブが目標とした「地球規模の長期的展望」，「問題状況の概念化」，そして「経済環境，政治，社会など，互いに錯綜する地球規模の問題クラスターの解明」という点では機能したが，予測モデルとしては非常にラフなものであり，実際の政策や政策的議論を進めるには，錯綜する地球規模の問題クラスターごとに，より実証的で精度の高い個別の予測モデルの開発が必要とされた。しかし，それには専門的知識と複雑な議論が求められ，結果的にモデルはブラックボックス化し，一般の人々の直感的理解に訴えることはなくなっていった。

　その一方，ワールドモデルは，人口，食糧，資本投資，食糧生産，自然資源，公害などに関する地球の現状や将来の状況を，ラフな指標ではあっても，計量的に示すことには成功しており，その後，様々な分野で，指標の元となるデータの整備やデータベース化，あるいは実際の政策や政策的議論に役立つような指標の開発や体系化が進んでいった。

　興味深いのは，ローマクラブ報告のワールドモデル開発で人口セクターを担当したドネラ・メドウズが1990年に「村の現状報告（State of the Village Report）」と題したエッセイを発表，これが「世界がもし100人の村だったら（If the world were a village of 100 people）」として，2001年前後からネット上に広まったことである。オリジナル・バージョンは世界を1,000人の村に例えて，年齢，人種，宗教，食糧事情，経済，政治，環境などの状況をパーミル（‰）で表現したものである。ワールドモデルでは必ずしもうまく表現できなかった，

地球の現状や将来の状況を分かりやすく指標化するとともに，ワールドモデルでは捨象されていた格差の問題を明確に示す方法を提案したものといえよう。

　また，『成長の限界』の20年後の見直しとして出版された『限界を超えて』(1992, p.126) には，環境問題の解決に触れて，環境悪化の原因を要約する IPAT 等式が紹介されている。

$$I\,(\text{Impact}) = P\,(\text{Population}) \times A\,(\text{Affluence}) \times T\,(\text{Technology})$$

　ワールドモデルのように複雑な条件ごとに様々なシナリオを提示することなく，環境へのインパクトを減らすには，人口と豊かさをセーブし環境利用技術を向上させることが必要であるということをシンプルに数量化する上での基本的なアイデアが示されているといえよう。

　「成長の限界」がワールドモデルという予測モデルをベースしているのに対し，SDGs は「持続可能な開発目標（Sustainable Development Goals）」という名称のとおり，目標モデルである。蟹江（2020）によれば，この目標モデルには，「我々の世界を変革する」と「だれひとり取り残さない」という2つの理念と，人間の尊厳を守る（People），地球の環境を守る（Planet），人間と地球の繁栄（Prosperity），持続可能性を保障する平和（Peace），実現に向けてのパートナーシップ（Partnership）という5つの原則があり，これらの実現に向けた17の目標（Goal：以下 G と表記）と169のターゲット（Target：以下 T と表記）からなる。

　また SDGs は科学的な知見に基づく議論を踏まえたものではあるが，その妥当性の根拠は実証データに基づくというよりは「我々の世界を変革する：持続可能な開発のための2030アジェンダ」（以下，2030アジェンダ）が世界193か国で承認されたという事実にある（しかない）。つまり，この目標モデルは，世界中で多くの人々がその実現に賛同する（と思われる），最大公約数的な2つの理念と5つの原則，17の目標と169のターゲットを並べたものであり，2030年までにどこまで実現するかは関係者の創意と工夫に委ねられている。

　蟹江（2020）は，SDGs の特徴として，①ルールのない自由な仕組み，②指標の計測可能性，③総合性の3つを挙げている。目標達成のためのルールづく

り（合意形成，協定締結，禁止など）は他の国際機関などに任せ，SDGs 自体はステークホルダーの創意と工夫に委ねることにより，現状では実現が難しい目標もクリアされる可能性を開いておく，創発的な目標モデルであるという。そのかわり目標ベースのガバナンスを図るため，目標を計測可能な指標で定義し，達成度を計測し比較することが可能となっている。このため指標開発やその評価手法に関する取組みも継続的に行われていて，SDSN（Sustainable Development Solutions Network：持続可能な開発ソリューションネットワーク）などの研究機関を通じ SDG Index & Dashboards として，毎年，国別の目標達成状況がランキクング形式で掲示されている。17 目標自体は国際交渉を通じ決まった妥協の産物であり，総合性についてはワールドモデルのような因果関係に基づく取捨選択は行われていないが，逆に部分的に重複・競合することによりシナジー効果が働く余地も多く，現在と未来の社会に関わる広範な目標が集められている。

(2) SDGs における人口

　国連のサイト（United Nations 2022a）で SDGs をチェックしても人口に直接関係する目標やターゲットはわずかしかない。その多くは G3（すべての人に健康と福祉）と G5（ジェンダー平等を実現しよう）に含まれ，主としてリプロダクティブ・ヘルス／ライツの実現に係わるものであり，妊産婦死亡率などの死亡関係の指標や，家族計画の実施率など出生関連の指標，またリプロダクティブ・ヘルスケアについて自分で意思決定を行うことのできる 15～49 歳の女性の割合などが取り上げられている。さらに G10（人や国の不平等をなくそう）のT10.7 では計画に基づき良く管理された移民政策の実施が目ざされており，移住コストが移住後の所得に占める割合や適正な移民政策を持つ国の数など，国際人口移動に係わる指標も見受けられる。また G11（住み続けられるまちづくりを）の T11.3 では，地域の持続可能性の指標として，人口増加率と土地利用率の比や，まちづくりに市民が直接参加する仕組みのある都市の割合が挙げられている。しかし，いずれも各々の目標やターゲットとの関連で人口に関わる

指標が挙げられているだけであり，ワールドモデルのように世界人口の規模や増減自体を問題とするものではない。

　しかしながら，5つの原則，17の目標と169のターゲット，さらに多くのグローバル指標（以下，指標）という，SDGsの目標システム全体と人口との間には，一定の関係性が想定されていると思われる。

　SDGsの指標総合得点のランキングリストの最上位はデンマークの85.2点であり，最下位は中央アフリカの39点であるが，上位20位までは先進国（大部分はヨーロッパ諸国，日本15位，韓国18位）で占められているのに対し，下位20位まではサブサハラ・アフリカ諸国で占められていて，得点分布が不均等であることがわかる（Sustainable Development Report/Sachs et al. 2019）。

　事実，平均寿命と総合得点との間には強い正の相関（y = 1.1713x − 18.415，R^2 = 0.8193）があり，平均寿命が短い国ほど得点は低く，長い国ほど得点が高い（図3-5）。一方，15〜19歳の思春期出生率と総合得点の間には明らかな負の相関（y = −0.1842x + 74.916，R^2 = 0.5708）があり，若年出生力が高い国ほど総合得点は低く，低い国ほど得点が高い傾向がある（図3-6）。

　これらの相関は，目標システムの達成度の多くが，その国の人口状況を強く反映している可能性を示唆している。すなわちランキングの上位に位置する先

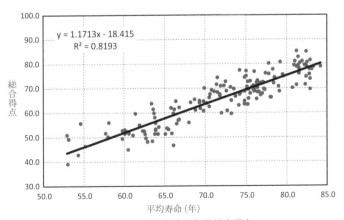

図 3-5　平均寿命と指標総合得点
（資料）Sustainable Development Report/Sachs et al. (2019) より筆者作成.

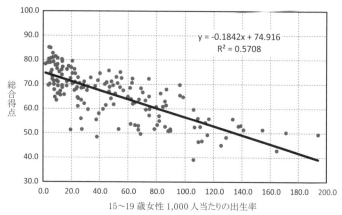

図 3-6　思春期出生率（15〜19 歳）と指標総合得点
（資料）　Sustainable Development Report/Sachs et al.（2019）より筆者作成.

進国では長寿化が進行する一方，出生力は置換水準を下回り少子高齢化が進んでおり，すでにポスト人口転換期に入っている。これに対しランキング下位を占めるサブサハラ・アフリカなどでは長寿化はまだ十分なレベルに達しておらず，若年出生力も依然高く，まだ人口転換の過程の途上にある。つまり，SDGsの目標達成度は，人口転換における両者の時間的なズレを反映しているとも解釈できる。ただSDGsでは，そのような解釈や人口政策的介入を前面に出すことは慎重に避けられており，むしろリプロダクティブ・ヘルス／ライツの実現を通じSDGsの達成度が高まるほど，後発国の人口転換が進むという，逆の因果関係が含意されているようで，家族規模を 2 人に抑えることを推奨した『成長の限界』より，はるかに洗練されているといえる。

（3）SDGs における開発

　ワールドモデルが開発を工業生産・農業食糧生産・サービス生産という形で限定的に捉えていたのに対し，SDGs はその名称が示すようにすべてが開発と結びついている。
　このため G2（飢餓をゼロに）の食料安全保障及び栄養改善，持続可能な農業

の促進などで食糧問題が扱われているが，ワールドモデルでは殆ど捨象されて
いた水産資源の問題が，G14（海の豊かさを守ろう）のT14.7で取り上げられ，
漁業，水産養殖及び観光などの持続的利用により経済的便益を増大させること
が謳われている。またG8（働きがいも経済成長も）では，T8.1（各国の状況に
応じて，1人あたり経済成長率を持続させる。特に後発開発途上国は少なくと
も年率7％の成長率を保つ）が打ち出され，指標として①一人あたり実質GDP
の年間成長率，②就業者一人あたり実質GDPの年間成長率など，ワールドモデ
ルとも共通する指標が見られるが，その目標数値は各国の状況に応じて設定さ
れており，秩序ある経済成長を促進するものとなっている。またT8.4（世界の
消費と生産における資源効率を漸進的に改善させ，経済成長と環境悪化の分断
（デカップリング）を図る）として，消費と生産の両面から資源効率の問題にア
プローチしてゆくことが示され，①マテリアルフットプリント（国内最終需要
を満たすために消費された天然資源量：Material Footprint，以下MF），1人あ
たりMF及びGDPあたりのMFや②天然資源等消費量（Direct Material
Consumption，以下DMC），1人あたりDMC及びGDPあたりDMCが達成指標
として掲げられている。ちなみにこの2つの指標はG12（つくる責任，つかう
責任）のT12.2と全く同じであり，労働の質や賃金格差，製造者責任・消費者
責任にも踏み込んだ内容となっている。

　さらにG4（質の高い教育をみんなに）では，指標として様々な教育指標や技
術的・職業的スキルの普及，ICTスキルを有する若者や成人の割合（スキルタ
イプ別）なども示されていて，開発問題を生産・消費という狭い視点からだけ
ではなく人間開発の問題として捉えていることがわかる。

　G10（人や国の不平等をなくそう）では，各国内及び各国間の不平等を是正
することが目ざされ，T10.1（各国の所得下位40％の所得成長率について，国
内平均を上回る数値を漸進的に達成し持続させる）として①消費支出（平均），
②消費支出（年収階級下位40％），③可処分所得（平均），④可処分所得（年収
階級下位40％）などの指標が示されていて，ワールドモデルが扱わなかった地
域間格差や地域内格差とその是正が目ざされている。

(4)SDGs における資源

　ワールドモデルでは資源は石油・石炭など化石燃料を中心にしており，基本的に使用されれば再生不能となると想定されている。このため1人の人間が1年間で使用する資源量をゼロにしない限り，時間の経過とともに早晩枯渇することは避けられない運命にあった。これに対し，SDGs では再生不能資源の効率的使用より，再生可能エネルギーの使用普及や資源利用のリサイクル化が目標とされ，「成長の限界」モデルの運命論的な視点とは異なっている。確かに地球を閉鎖系（有限の空間）と考えればエントロピーの増大は避けられず，いつかは「成長の限界」に達するはずだが，再生可能エネルギーの利用や100％に近い資源利用のリサイクル化が進めば250年や500年で資源が枯渇することはなくなると思われる。

　資源も SDGs 全体と結びついているが，これは開発・資源・環境を一体のものとして捉えているからに他ならない。G6（安全な水とトイレをみんなに）は環境問題ともいえるが，地球の自然資源を大きく捉えれば，「水の惑星」地球の第1の資源は，他の惑星には殆ど存在しない水であり，身体の60％が水からなる人類の生存には清浄で飲用可能な水資源の確保が欠かせない。この目標のT6.1（2030年までに，全ての人々の，安全で安価な飲料水の普遍的かつ平等なアクセスを達成する）の指標としては「安全に管理された飲料水サービスを利用する人口の割合」，「石けんや水のある手洗い場を利用する人口の割合」が示されているが，地球全体でこの指標を達成し長期的に持続可能とするには，環境，経済，政治（水利権など）における複雑な利害対立の調整が必要とされる。このように，すべての人に普遍的でわかり易い目標を設定しその実現をめざすことの意義は大きい。また水資源としては G14（海の豊かさを守ろう）で地球の表面積の約70％を占める海洋も扱っている。こちらは T14.1（2025年までに海洋ごみや富栄養化を含む，あらゆる種類の海洋汚染を防止し大幅に削減する），T14.2（2020年までに海洋及び沿岸の生態系に関する重大な悪影響を回避するため，強靱性（レジリエンス）の強化，海洋及び沿岸の生態系の回復のための取組を行う），また T14.3（科学的協力の促進などを通じ，海洋酸性化の影響を

最小限化し，対処する），T14.4（水産資源を生物学的特性による最大持続生産量のレベルまで回復させる。2020年までに漁獲を効果的に規制し科学的な管理計画を実施する）などが挙げられている。水資源というより海洋環境や海洋資源保護の観点に立っているが，こちらも環境，経済，政治（経済水域など）的な利害対立が予想され，その実現は容易ではないと思われる。

　エネルギーについてはG7（エネルギーをみんなに，そしてクリーンに）のT7.1（2030年までに安価かつ信頼できる現代的エネルギーサービスへの普遍的アクセスを確保する）で，指標として①電気を受電可能な人口比率，②家屋の空気を汚さない燃料や技術に依存している人口比率が示されていて，クリーンエネルギーとしての電気の利用が奨励されている。またT7.2（2030年までに，世界のエネルギーミックスにおける再生可能エネルギーの割合を大幅に拡大させる）で，指標として①最終エネルギー消費量に占める再生可能エネルギー比率が示されている。さらにT7.3（2030年までに世界全体のエネルギー効率の改善率を倍増させる）では①エネルギー強度（実質GDP1兆円あたりの1次エネルギー国内供給量（PJ：ペタジュール＝10^{15}ジュール）が指標とされている。いずれも枯渇しつつある資源の効率的利用というよりは，環境と経済への積極的効果を見込んでおり，ワールドモデルの資源節約型省エネ提案より遥かに魅力的・野心的なものとなっている。

(5) SDGsにおける環境

　ワールドモデルの環境（残留汚染）は1960~1970年代にかけて深刻化した公害に対応したもので，『限界を超えて』では地球温暖化やCO_2削減なども検討されるようにはなったが，明示的にモデルに組み込まれることはなかった。これに対しSDGsではCO_2の増加による地球温暖化は自明の前提とされおり環境問題の中心的テーマとなっている。

　このためG13（気候変動に具体的な対策を）では気候変動及びその影響を軽減するための緊急対策として，T13.1（全ての国々において気候関連災害や自然災害に対する強靱性及び適応能力を強化する）を設定，指標として①10万人あ

たりの災害による死者数，行方不明者数，直接的負傷者数，②「仙台防災枠組み 2015–2030」に沿った国家レベルの防災戦略を採択し実行している国の数，③国家防災戦略に沿った地方レベルの防災戦略を採択し実行している地方政府の割合などを挙げ，減災のための施策の実施を目指している。また T13.2（気候変動対策を国別の政策，戦略及び計画に盛り込む）や T13.3（気候変動の緩和，適応，影響軽減及び早期警戒に関する教育，啓発，人的能力及び制度機能を改善する）ことが推奨され，指標として① 2020〜2025 年の間に 1000 億 US ドルの投資実現に向けた 1 年あたりの総投資 US ドル，②気候変動関連の効果的な計画策定と管理のための能力を向上させるために，専門的サポートを受けている後発開発途上国や小島嶼開発途上国の数及び財政，技術，能力構築を含む支援総額などが示されている。

　しかし，地球温暖化の元凶とされる CO_2 の削減を求める直接的な記述はなく，G7（エネルギーをみんなに，そしてクリーンに）の再生可能エネルギーの利用や G9（産業と技術革新の基盤をつくろう）における包摂的かつ持続可能な産業化の促進及びイノベーションの推進，あるいは G15（陸の豊かさも守ろう）における「持続可能な森林の経営，砂漠化への対処，ならびに土地の劣化の阻止・回復及び生物多様性の損失を阻止する」などの中に，様々な政策が含まれているようであり，気候変動問題については別途 COP 等などの協議に委ねられているとのことである（蟹江 2020, p.108-109）。

(6) 目標モデルとしての制約

　このように SDGs の目標モデルは，1970 年代に登場したワールドモデルの制約をはるかに超え，2020 年代に相応しい柔軟さと実効性を示している。しかし，目標モデルとしての制約も抱えており，「成長の限界」の危機を回避し，世界が持続可能な定常状態に向かうには，なお一層の進化が期待される。

　すなわち，この目標モデルには，世界中の大多数の人々がその実現に賛同しうる最大公約数的な 5 つの原則と 17 の目標と 169 のターゲット，達成度を測るための指標はあるものの，それらの間の因果関係は明示されていない。確かに

前述のSDGsの指標総合得点などでランキングリストを作成することはできるが，その得点と，5つの原則や17の目標との関係を論理的に意味づけることはできない（重み付けはできたとしても）。このため蟹江（2020）がいう「目標ベースのガバナンス」がうまく機能すれば良いが，自国や個々のステークホルダーに有利な指標を中心に，単なる国際的な点取り競争となる危険性もあり，指標の上では2030年までに一定程度の目標達成がなされたとしても，成果を実感するにはほど遠い結果となることも危惧される。

　とりわけ，総合指標と人口状況との関係で指摘したように，SDGsの目標モデルの総合評価は人口転換の先発国ほど優位となる一方，後発国ほど不利になる傾向が見られる。これは人口転換の先発国では長寿化が進行する一方，出生力は置換水準を下回り少子高齢化が進んでいることを反映したものと考えられる。しかし先発国の少子高齢化がさらに進み日本のような急激な人口減少が始まるとすれば，そのような単純な関係は成り立たなくなる可能性が高い。つまり，SDGsの目標モデルでは人口は開発指標の倍数や分母としてしか意識されておらず，CO_2削減など様々な課題の解決に対し，人口増加はマイナスに人口減少はプラスに作用すると単純に仮定されている。しかし，急速に進む人口減少が自然環境や社会基盤などの荒廃を招くこと，また現在の社会経済システムは基本的に規模のメリットの上に成り立っていること，AIも含めITC（Information and Communication Technology）の発達も巨大な需要すなわち情報資源（膨大な個人間の情報活動）に依存していること，イギリスのEU離脱やトランプ政権下の自国優先政策・移民排斥が，国際人口移動や人口分布に影響を与えるなど単純な人口増減の影響以外の要素も考慮すべきである。

　この点については社会・経済・環境などの要因が人口変動に与える影響（従属変数としての人口）に加えて，人口変動が社会・経済・環境に与える影響（主要な独立変数としての人口）を解明し，SDGsの因果関係の分析や指標に組み込んでゆく必要があると思う。

おわりに
——「持続可能な地球社会」にむけて——

　2022年，ローマクラブは『Limits and Beyond』（限界とその先）の出版を発表，「成長の限界から50年，我々は何を学び，次に何をなすべきか」（副題）を改めて問いかけている（Club of Rome 2022）。そこではWorld3から進化したEarth4All（アース・フォー・オール）が使われ，社会の優先順位を物質消費と産業成長から健康・教育サービス，汚染除去，資源効率の高い技術へとシフトするシナリオが示され，地域的要因の重要性や地域的な成長の必要性，再生可能エネルギー分野の成長性などが扱われている（Herrington 2022）。SDGsも目標年次の2030年に向け世界的に関心と期待が高まり，企業や教育機関，地方自治体にも広がっている。その一方，コロナ・パンデミックの感染拡大，異常気象の連鎖，ロシアのウクライナ侵攻などを契機に資源・エネルギー，食料危機，ハイパーインフレなどの経済危機が起こり，我々は1970年代以上に深刻な持続可能性の危機に直面している。我々は少しずつ前進しているようだが，それに対し次々と新たな危機が立ち現れ，今後も綱渡りのような状況が続くものと思われる。最後に持続可能な地球社会にむけての課題を列記し，まとめとしたい。

1) 人口爆発の脅威は克服されつつあるが，先進国を先頭にポスト人口転換期の少子高齢化・人口減少が始まる。環境破壊などが回避されたとしても，今世紀後半から始まると思われる世界人口の減少は避けられず，長期的には，世界人口全体が持続可能性の危機に直面する。人口自体は操作すべきものでも，またできるものでもないとすれば，今後，先進国を中心に急激に進む少子高齢化・人口減少に対応した社会経済システムの構築が求められる。

2) 資源と環境への影響を無視した経済成長は持続可能ではないが，影響を最小限（あるいはゼロ）に抑えた経済成長の追求は必要である。また経済成長の成果を再分配し有効需要を拡大する必要があり，そのためには地域的・社会的な経済格差の縮小こそが地球を救う。

3) 国や地域を越えた連帯意識は今後も強まると思うが，その意識を宇宙船地球号の操縦につなげるには現状の国連やNGOを超える強力なコントロール装置が必要となる。しかし，それは地球全体を支配する巨大な全体主義体制となる危険性を持つ。そのような危険をいかに回避するかが持続可能性への鍵となるだろう。

注

(1) メドウズらは30年後の見直しとして『成長の限界―人類の選択』（2005年）を出版しているが，これはバラトン・グループ（システムダイナミックスの専門家の集まり）からでありローマクラブの報告書には含まれていない。

(2) 『成長の限界』のWorld3は大型計算機用シミュレーション言語DYNAMOで書かれていたが，『限界を超えて』のWorld3/91ではパーソナルコンピュータで動くアプリケーションStellaが使われた。基本的なプログラムに変更はないが，後者では耕作地面積，単位面積あたりの土地収穫率，再生不能資源の残存量，地球の汚染吸収能力などについての仮定が見直されている（メドウズほか 1992, pp.316-327）。さらに30年後の見直しである『成長の限界―人類の選択』ではWorld3-03にバージョンアップされ，工業生産に対する家族規模の適応やモデルの行動パターンの変化を分かりやすくするなどの変更が加わった（メドウズほか 2005, pp.365-375）。なお，これらの変更はシミュレーション結果に本質的な影響を与えるものではない。

(3) 本稿のシナリオ1の結果は『限界を超えて』のWorld3/91を忠実に再現しているが，以下の数値は筆者が行ったシミュレーション結果による。

(4) World3では家族規模の標準子ども数（再生産年齢まで生存する）をDCFSN（Desired Completed Familiy Size Normal，希望子ども数の標準値）＝4人としていたがWorld3/91では3.8人に減らされている。

(5) このシナリオ1では2100年のCDRは40‰，CBRは30‰，r＝-1%となっており，人口転換の高動揺期（多産多死）というよりは，約70年ごとに人口が半減する人口爆縮（population implosion）に近い状況となる。

(6) 『成長の限界―人類の選択』（2005, p.196-199）のシナリオ0では環境・資源制約

がなければ，経済は無限に成長するが，人口は人口転換を完了し，ほぼ 90 億人でピークに達した後，徐々に減少してゆくとの記述がある。

(7) Vegetable-Equivalent Kilograms /year。ワールドモデルでは肉や酪農製品は餌として使用する穀物相当量に換算している。

参考文献

国連人口基金（2021）『世界人口白書 2020』。

蟹江憲史（2020）『SDGs（持続可能な開発目標）』中央公論新社。

メドウズ，D. H. 他（1992）『限界を超えて―生きるための選択』ダイヤモンド社。

メドウズ，D. H. 他（2005）『成長の限界―人類の選択』ダイヤモンド社。

Club of Rome (2021) "About The Club of Rome," (https://www.clubofrome.org /about-us/).

Club of Rome (2022) *Limits and Beyond: 50 years on from The Limits to Growth, what did we learn and what's next?* , (https://www.clubofrome.org/publication/limits-and-beyond/).

Forrester, J. W. (1961) *Industrial Dynamics,* Waltham, MA: Pegasus ommunications.

Forrester, J. W. (1968) *Principles of Systems, 2nd ed.,* Pegasus Communications.

Forrester, J. W. (1969) *Urban Dynamics,* Pegasus Communications.

Forrester, J. W. (1971) *World Dynamics,* Wright-Allen Press.

Hara, T. (2014) *A Shrinking Society: Post-Demographic Transition in Japan,* Population Studies of Japan, Springer.

Hara, T. (2020) *An Essay on the Principle of Sustainable Population*, Population Studies of Japan, Springer.

Herrington, G. (2022) "The Limits to Growth Model: Still Prescient 50 Years Later," 2022 EARTH4ALL: DEEP-DIVE PAPER 02, (https://www.clubofrome.org/publication/earth4all-ltg-model/).

Meadows, Donella H., Dennis L. Meadows, Jørgen Randers, and William W. Behrens III, et al. (1972) *The Limits to Growth*, Potomac Associates - Universe Books.

Meadows, D. L, William W. Behrens III, Donella H. Meadows et al.(1974) *Dynamics of Growth in a Finite World*, New York: Wright Allen Press.

Sustainable Development Report (formerly the SDG Index & Dashboards)(2019) *Global Index Results 2019*, (https://www.sdgindex.org/reports/sustainable-development-report-2019/).

Sachs, Jeffrey, Guido Schmidt-Traub, Christian Kroll, Guillaume Lafortune and Grayson Fuller (2019) *Sustainable Development Report 2019- Transformations to Achieve the Sustainable Development Goals*.

United Nations (2022a) "Sustainable Development Do you know all 17 *SDGs?*," (https://sdgs.un.org/goals).

United Nations (2022b) *World Population Prospects: The 2022 Revision* [Database], (https://population.un.org/wpp/).

（原　俊彦）

第4章　家族計画とリプロダクティブ・ヘルス
——サブサハラ・ルワンダの事例より——

はじめに

　本書の第1章で述べられたように，20世紀後半から21世紀にかけての世界人口の動きは人口転換（demographic transition）の進行という観点から要約できる。人口転換は社会・経済の発展と軌を一にした動きであり，出生率低下（出生力転換：fertility transition）と平均寿命の延伸（死亡力転換：mortality transition）からなる。このうち，出生力転換は女性1人当たり平均子ども数（合計特殊出生率で表される）が4〜5人を超えるような高水準から約2.1人（人口置換水準と呼ばれる）まで減ることであり，社会・経済の発展と軌を一にした動きである[(1)]。

　現在，世界人口はその増加速度を落としつつもなお増え続けており，これは端的に言えば，開発途上地域で，死亡率低下に加えてさらに，出生率が依然高水準にあることに起因する。すなわち世界人口の動向は途上地域の出生率の動向（いつ人口置換水準まで低下するのか）に左右される。

　本章では，まず途上地域の中でもとりわけ出生力転換が遅れているサブサハラ・アフリカの出生率の状況を概観する（第1節）。次に，SDGsで家族計画とリプロダクティブ・ヘルスがどのように取り組まれているのか見る（第2節）。そして，このような状況を考察するために，途上地域の農村部における家族計画と女性労働・家計・ジェンダー関係などとの関わりに関する既存研究に注目する（第3節）。その上で，サブサハラ・アフリカのルワンダにおける筆者のフィールド研究から，特に家族計画およびリプロダクティブ・ヘルスとの関連を見る（第4節）。そこから，SDGsの評価指標に対して問題提起する[(2)]。

94

第1節　サブサハラ・アフリカの出生力転換

　第1章で述べたように，国連の世界人口推計によると世界人口の増加率は20世紀末より頭打ちになっており年々減速している。しかしアフリカとりわけサブサハラ・アフリカは21世紀中も大きな人口増加が見込まれる（**図4-1**）。それは，東部・西部・中部アフリカ地域で出生率が人口置換水準を上回る状態が続くためである（**図4-2**）。

　それでは，なぜ世界の他地域に比べ，サブサハラ・アフリカの出生率は高いのだろうか。出生率の水準の決定要因には直接要因（近接要因）と間接要因（背景要因）がある。前者は結婚年齢，避妊と人工妊娠中絶の実施状況などであるが，とりわけカップルの避妊実行率が重要である。後出の**図4-3**に示されるように，アフリカではカップルの避妊実行率が極めて低い。カップルが子どもをいつ何人もつか計画的に実践することを家族計画（family planning）というが，サブサハラ・アフリカでは家族計画の必要性がありながら実行していないカップルの割合（アンメットニーズ）が高い（**図4-4**）。

　この家族計画のアンメットニーズ（unmet need for family planning）が生ずる

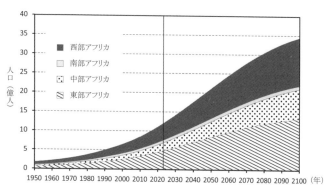

図 4-1　サブサハラ・アフリカの人口の推移：1950〜2100年

（資料）　United Nations, Department of Economic and Social Affairs, Population Division（2022）World Population Prospects 2022 より筆者作成.
　（注）　図中の縦線は現在（2022年）時点を示す. 以降は中位推計による.

原因には，①家族計画サービスへのアクセスの欠如，②ホルモン避妊薬の副作用や健康リスクを懸念，③宗教の影響（避妊に否定的な宗教もある），④配偶者（パートナー）の避妊に対する抵抗感などを含む社会的容認性，⑤避妊に対する積極性の不足，その他，情報不足，文化的理由などが挙げられている（Machiyama et al. 2017）。東アフリカでは，健康リスクと副作用の懸念が避妊を実行しない理由の38%を占めるといわれる（Sedgh and Hussain 2014）。

第2節　SDGs における家族計画とリプロダクティブ・ヘルス

(1) 家族計画とリプロダクティブ・ヘルス

　女性の権利や家庭の福利といった見地からの産児調節（バースコントロール）は既に第一次世界大戦前後に米国のサンガー（Margaret Sanger），英国のストープス（Marie Stopes）などによって唱えられていたが，「家族計画」という呼称（family planning; planned parenthood）に改められ，第二次世界大戦後は先進諸国のみならず，広く途上国にも広がった（佐藤 2020）。さらに 1994 年にカイロで開催された国際人口開発会議（ICPD）を機に「リプロダクティブ・ヘルス／

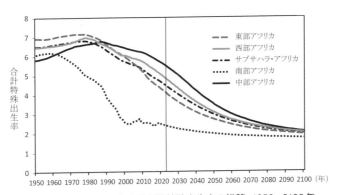

図 4-2　アフリカの地域別合計特殊出生率の推移：1950〜2100 年

（資料）　United Nations, Department of Economic and Social Affairs, Population Division（2022）World Population Prospects 2022 より筆者作成.
（注）　図中の縦線は現在（2022 年）時点を示す. 以降は中位推計による.

ライツ」（性と生殖に関する健康／権利）というより広い概念に包含されること
になった（佐藤　2005）。

　リプロダクティブ・ヘルス／ライツは「リプロダクティブ・ヘルス」
（reproductive health）と「リプロダクティブ・ライツ」（reproductive rights）を

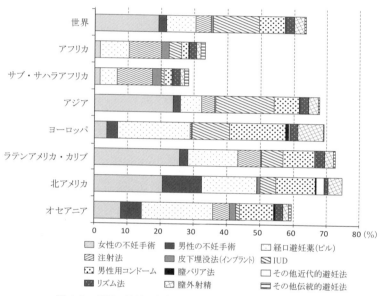

図 4-3　世界の地域別避妊法別に見た避妊実行率：2015 年
（資料）United Nations（2015）より筆者作成.

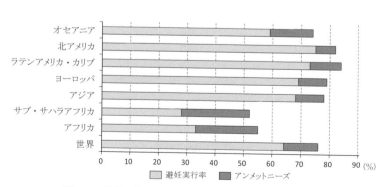

図 4-4　世界の主要地域別に見たアンメットニーズ：2015 年
（資料）United Nations（2015）より筆者作成.

合わせたものであり，類縁の語として「セクシュアル・ヘルス」(sexual health)，「セクシュアル・ライツ」(sexual rights) がある。これらの意味・内容は重複しており，一括して「セクシュアル・リプロダクティブ・ヘルス／ライツ」(SRHR) と総称されることもある（佐藤 2016）。本章では，これらの意味をすべて含めて単に「リプロダクティブ・ヘルス」(RH) と記すことにする。

　RH は，人間の性と生殖に関するあらゆる課題を包括的に視野に入れ，健康と権利の観点から取り組みを提示するものである。個人（特に女性）の自由と自己決定権に基礎を置き，人はどのように安全で満足のいく性生活を送り，どのように子を生み育てることができるのか，そして人と人の間にどのような性的な関係を持つことができるのか，こういったことについて，あるべき理念を示し，実践の手助けをするものといえる。具体的な課題としては，母子保健，家族計画，性感染症予防，性に関する暴力と有害な伝統的慣習の廃絶，思春期・青年期対策などが含まれる。

(2)　家族計画の指標

　家族計画に関する指標としては避妊実行率とアンメットニーズ割合が従来から用いられており，国連人口部によって 2015 年時点の世界の推計値が図 4-4 の通りに報告されている（United Nations 2015）。図 4-4 の数値において，避妊実行率とは生殖年齢（15〜49 歳）の有配偶女性のうち何らかの避妊を実行している割合のことである。ここで有配偶（married or in a union）には，パートナーと同居しているが正式には結婚していない女性も含む。

　避妊法は近代的避妊法（modern methods）と伝統的避妊法（traditional or natural methods）に分類される。前者には不妊手術（女性に対するものと男性に対するものがある），経口避妊薬（ピル），子宮内避妊具（intra-uterine device: IUD），コンドーム（男性用と女性用があるが，男性用が一般的である），注射法，インプラント（Norplant を含む），膣バリア法，緊急避妊法が含まれる。後者には，リズム法（周期的禁欲あるいはオギノ式），膣外射精（性交中絶）などが含まれる。調査によっては長期にわたる禁欲，母乳哺育，性交後膣洗浄など

98

が避妊に含まれることもあるが，これらは伝統的避妊法に分類される。

家族計画のアンメットニーズ（unmet need for family planning）とは，生殖年齢の有配偶女性のうち「もう子どもは生まない」あるいは「先延ばししたい」と望んでいるにもかかわらず避妊を実行していないものの割合である。元来家族計画は（避妊の強制ではなく）カップルが望む数の子を望む時に得ることをめざすものなので，アンメットニーズは家族計画の理念にかなった指標といえる。また「避妊に対する需要と避妊実行の隔たり」に関する指標も推計されている。すなわち「家族計画に対する需要が近代的避妊法で満たされている」割合が「（近代的避妊法による）避妊実行率÷家族計画に対する需要全体（何らかの避妊を実行している割合とアンメットニーズの和）」として計算される（United Nations 2015, p.4）。

1）避妊実行率

図4-3に示したように，2015年時点で，世界では有配偶女性の64%が何かの方法で避妊を実行している。しかし，国・地域の差が大きく，北米では75%にのぼるのに対しアフリカでは33%，サブサハラ・アフリカでは28%に過ぎない。世界では57%が近代的避妊法を用いている（United Nations 2015）。

避妊方法別に見ると，世界的には女性不妊手術とIUDが最もよく用いられている方法である（各々19%と14%）。短期的方法がこれに次ぎ，ピルは9%，男性用コンドームは8%，注射法は5%であった。リズム法あるいは膣外射精は6%に過ぎない。国・地域による避妊法の違いも大きく，全体的にいえば，短期的あるいは可逆的な方法（ピル，注射法，男性用コンドーム）はアフリカと欧州で比較的よく用いられ，長期的あるいは永久的方法（不妊手術，インプラント，IUD）はアジアと北米でより多く用いられている（United Nations 2015）。

2）アンメットニーズ割合

図4-4に示したように，世界では有配偶女性の12%がアンメットニーズを有している。この割合は後発開発途上諸国で22%と高く，サブサハラ・アフリカでは24%とさらに高い。もし伝統的避妊法を用いている場合をアンメットニーズに含めるとしたら，世界のアンメットニーズの割合は18%となる（United

Nations 2015, p.7）。

3）なぜ避妊実行の動向は注目すべきなのか

避妊実行はカップルと個人がいつ何人の子どもを持つか自由かつ責任をもって決定するというリプロダクティブ・ライツの実現の手助けとなる。避妊実行率が高まると，結果として，健康に関連したアウトカム（妊産婦死亡率や乳児死亡率）が改善するだけでなく，就学状況や所得も改善する（ことに少女や女性で）ことが多くの研究によって示されている（United Nations 2015）。すなわち避妊実行率が高まることは，人口の面で出生力転換を促すのみならず，開発の視点から見ても概ね望ましい方向に導くものといえる。

(3) SDGs における取り組み

SDGs では下記の目標・ターゲット・指標に家族計画あるいは RH への言及がある（以下，外務省による訳語を基本に用いたが一部改変した[3]）。

1）目標3（健康）

ターゲット 3.7 は「2030 年までに，家族計画，情報・教育及び性と生殖に関する健康の国家戦略・計画への組み入れを含む，性と生殖に関する保健サービスをすべての人々が利用できるようにする」ことを目指す。そこでは2つの指標が含まれており，［指標 3.7.1：家族計画に対するニーズが近代的避妊法で満たされている生殖年齢（15～49 歳）の女性の割合］は，上記国連報告によると（United Nations 2015, p.1），65 か国で 75％以上であったが，他方で 54 か国（うち 34 か国はアフリカ）では 50％にも満たなかった。［指標 3.7.2：思春期（10～14 歳，15～19 歳）の女性 1,000 人当たりの出生率］については，2020 年時点で世界的に見て 15～19 歳の出生率は女性 1,000 人当たり 41 であった（World Bank 2022e）。

2）目標5（ジェンダー平等）

ターゲット 5.6 は「ICPD の行動計画及び北京行動綱領，並びにこれらの検証会議の成果文書に従い，性と生殖に関する健康及び権利への普遍的アクセスを確保する」ことを目指す。2つの指標が含まれており，［指標 5.6.1：性的関係，

避妊，リプロダクティブ・ヘルスケアについて，自分で意思決定を行うことのできる 15～49 歳の女性の割合］については，15～49 歳の既婚女性のうちリプロダクティブ・ヘルス／ライツに関して自分自身で決定している女性は，2007 年から 2021 年の間の 64 か国のデータに基づくと，わずか 57％であった（United Nations 2022）。また［指標 5.6.2：15 歳以上の女性及び男性に対し，セクシュアル／リプロダクティブ・ヘルスケア，情報，教育を保障する法律や規定を有する国の数］については，データのある 115 か国のうち，SRHR への完全かつ平等なアクセスを保証するために必要な法律や規制は，平均で 76％しか整備されていなかった（United Nations 2022）。

　さらに，RH に関連して，児童婚（child marriage）をなくすことなどがターゲット 5.3「未成年者の結婚，早期結婚，強制結婚及び女性器切除など，あらゆる有害な慣行を撤廃する」として掲げられている。

第 3 節　開発途上地域の農村部における家族計画と女性労働・家計・ジェンダー関係

　避妊は家族計画の理念を実行する主な手段である。ここでは避妊法のうち，サブサハラ・アフリカで最も多く用いられているホルモン避妊法（ピル，注射法，インプラント）に着目する。ホルモン避妊法の利用が増えてきた一方で，その中止率が高いという問題があり，健康への懸念と副作用が避妊を実行しないことや中止することの主な理由となっている（Tsui et al. 2017）。ホルモン避妊法には頭痛，出血，悪心といった副作用や症状が出ることがある（Grossman 2010）。これらの症状は典型的には数か月で消失するが，しばしば女性の日常行動の妨げとなる。副作用は女性の健康資本（health capital）を損ない，女性の労働供給に影響することになりかねない。ことに途上国の農村部では，女性は農業労働と家事労働を二重に担っており，避妊実行（に起因する副作用）と女性の地位との関わりが重要な研究主題として挙がってくる。そこで本節では，このテーマに関する既存研究から特に次の 4 点に注目する。

(1) 女性の労働参加と家計経済への貢献

サブサハラ・アフリカのルワンダを例にとると，農業が経済の主柱であり，2010-11 年時点で人口の 76％が農業に従事し，家計所得の 57％は農業から得られている（NISR et al. 2011）。ルワンダの女性は農業労働の主たる担い手であり，農業生産高に対する貢献は 70％近いといわれる（African Development Bank Group 2008）。一部の女性は賃労働にも従事している。その上で女性は家事と子育てにも責任を負っている。家事は炊事，掃除，家畜に食べさせる草や薪を拾ってくる，市場に行って水を運んで帰るといったことである。ルワンダの Kayonza 地区では，女性の 1 週間の家事時間の中央値は 28 時間（男性は 10 時間）であったと報告されている（NISR et al. 2011）。

(2) 人的資本（健康，労働，生産性）

健康資本は個人の労働生産性と労働参加の決定要因といわれる（Bridges and Lanson 2011, Novignon et al. 2015, Straus and Thomas 1995, Thomas and Straus 1997）。健康を損なうと働ける時間が少なくなり（Pitt and Rosenweig 1986），世帯の稼得能力にも影響を与えることになる（Mwabu 2008, Novignon et al. 2015, Straus and Thomas 1995）。逆に生産性や所得が減ると，健康を改善しようとする力がそがれてしまう。効果的な避妊の実行は意図しない妊娠を防ぎ，妊産婦死亡のリスクも下げるので女性の人的資本にとってプラスの作用があるといえる。一方で避妊の副作用は女性の労働供給能力を低め，家計にも影響する可能性がある。

(3) 世帯内労働配分

健康は労働供給の配分に関する決定に影響する（Ghatak and Madheswaran 2014, Ghatak 2017）。女性が避妊の副作用によって労働供給能力が損なわれたとき，生活を維持するには他の世帯員が補填しなければならない。この補填のために夫や家族が労働供給を増やしてもよさそうだが，完全にカバーするに至

らないことが多い。さらに，夫婦関係の形成と安定に影響する要因は，労働供給とその世帯内配分を決定する要因と関係があるとの指摘もある（Lundberg 1988）。

(4) 避妊実行と世帯の厚生

　一般に避妊は妊娠関連の健康リスク（意図しない妊娠，妊産婦死亡など）を減らし，女性の健康状態を高め，女性の健康資本を増大させる（Yazdkhasti et al. 2015）。家族計画プログラムを含む福祉プログラムは女性の人的資本を増やすことにより，女性の経済的な能力を向上させ（Canning and Schultz 2012, Yazdkhasti et al. 2015），家族内における女性の交渉力を高め，資源配分に関する女性のコントロールを高めることが期待される（Schulz 2001）。避妊は女性の機会費用を減らすことにもなる（Kim and Assave 2006）（多産だと，労働時間を減らさざるを得ない）。しかし副作用があると，女性の人的資源は減少する。あるいは避妊の利益は相殺される。

第4節　ルワンダの事例

　ルワンダ共和国（以下，ルワンダ）は，北をウガンダ共和国，東をタンザニア共和国，南をブルンディ共和国，西をコンゴ民主共和国に囲まれた，東アフリカの内陸国である。面積は2万6340平方キロメートル（World Bank 2022a）と日本の近畿地方（2府4県）と同程度であり，非常に狭隘である。「千の丘の国」と呼ばれるように，丘陵地帯が広がっている。ルワンダの経済の主柱は農業であり，人口の7割は農業部門に従事している（NISR et al. 2011）。

　ルワンダは人口密度が非常に高く，2015年の時点で，サブサハラ・アフリカ全体の人口密度がわずか42人／平方キロメートル（World Bank 2022b）であったのに対し，ルワンダの人口密度は462人／平方キロメートル（World Bank 2022c）と10倍以上である。

（1）ルワンダの人口と人口政策

　ルワンダの人口（棒グラフ）と人口密度（折れ線グラフ）の推移を図 4-5 に示す。ルワンダの人口は増加の一途を辿ってきた。特に 1990 年に始まった内戦の直前に著しい増加が見られている。1994 年のルワンダ大虐殺（ジェノサイド）で人口が一時的に減少したものの，その後，大虐殺で家族を失った人々が家族規模を回復しようとしたこと（NISR 2012b），また国外に逃げていた避難民の帰還（武内 2003）も相まって，人口はさらに急増した。

　人口増加に伴い，農家 1 戸あたりの所有する土地面積は，1960 年には 2.0ha であったのが，1984 年 1.2ha，1990 年 0.7ha，2001 年 0.5ha と激減している（Musahara and Huggins 2004）。1994 年には世界を震撼させたルワンダ大虐殺が起こったが，この直前（1988〜1993 年）にルワンダでも特に人口密度が高い地域で行われた研究によると，土地をめぐる抗争が，社会的な緊張を生み出し，大虐殺の遠因となったと見られている。（Andre and Platteau 1998）。

　ルワンダにおける人口政策の変遷を見ると，まず 1974 年から 1990 年にかけて出生抑制政策がとられた時期があった。1981 年には，国立人口局（ONAPO: National Office of Population）が設置され，家族計画を保健サービスに統合するなどして，家族計画の強力な推進が開始された（Solo 2008）。その後，1990 年には，ルワンダ人口政策（National Population Policy）が打ち出され，2000 年ま

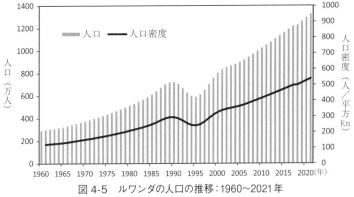

図 4-5　ルワンダの人口の推移：1960〜2021 年

（資料）World Bank（2022c），World Bank（2022d）より筆者作成.

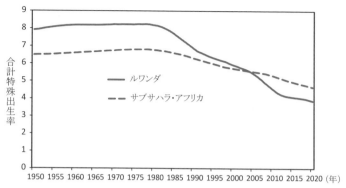

図4-6　サブサハラ・アフリカ地域とルワンダの合計特殊出生率の推移：1950〜2020年
（資料）United Nations, Department of Economic and Social Affairs, Population Division (2022) World
Population Prospects 2022, Online Edition より筆者作成.

でに TFR を 8.6 から 4.0 まで下げ，避妊実行率を 2%から 48%に引き上げると
いう目標が掲げられた（Solo 2008）。しかし内戦（1990〜1994年）と大虐殺
（1994年）により，家族を亡くした人々が，家族規模を回復しようとしたため，
家族計画の推進は難航した（NISR 2012b）。その後，2003年より「人口と持続
可能な開発」（Population and Sustainable Development）が人口政策の中心課題
となっている。すなわち，人口抑制政策からリプロダクティブ・ヘルスへと政
策転換が起こったわけである。

　ここでルワンダの合計特殊出生率の推移（サブサハラ・アフリカ全体と比較）
を見てみよう（**図4-6**）。サブサハラ・アフリカ（SSA）は，東部アフリカ，西
部アフリカ，南部アフリカ，中部アフリカからなり，ルワンダは東部アフリカ
に含まれる。ルワンダの出生率は，かつては SSA 全体を上回っていたが，1980
年代より急速に低下し 2005年以降は SSA 全体の出生率を下回っている。

(2) 指標に見るルワンダの家族計画

　ルワンダでは政府によって家族計画プログラム推進の強力な努力が払われ，
避妊実行率は上昇した（Westoff 2013）。近代的避妊法の実行率は 2014〜15年
には 47.5%に達した（**表4-1**）。

表に示した通り，ルワンダ女性の多く
は注射法（24.0％），ピル（8.4％），イン
プラント（7.7％）といったホルモン避妊
法によっている。近代的避妊法の中でも，
その効果と効率の観点から推進されてい
るホルモン避妊法の使用率は，農村部で
も都市部と大差がない。このことから，避
妊法の普及という面では必要とされる家
族計画サービスが行き届いていることが
うかがえる。

表 4-1　ルワンダの近代的避妊法に
よる避妊実行率：2014～15 年

近代避妊法	(%)
注射法	24.0
経口避妊薬（ピル）	8.4
インプラント	7.7
男性用コンドーム	3.8
IUD	1.1
女性不妊手術	1.2
男性不妊手術	0.2
リズム法	0.8
授乳無月経法	0.2
合計	47.5

（資料）(DHS 2014/15) による. NISR
et al. (2015) より筆者作成.

　1978 年以降の RH の状況を見ると，避
妊実行率の大幅な上昇に伴い，合計特殊出生率，乳児死亡率，5 歳未満児死亡
率ともに著しく低下している（**表 4-2**）。すなわちルワンダの RH 政策は大きな
成功を収めたということができる。しかし既婚女性の 28％が健康への懸念と副
作用から 12 か月以内に避妊を中止しているともいわれる（NISR et al. 2015）。

(3) ルワンダ農村部におけるフィールド調査から

　筆者は 2017 年 3 月，ルワンダの東部州の Kayonza 地区にある 2 つの農村地
域（R Sector と M Sector）で世帯調査とインタビュー調査を実施した。この両
地域のすべての村から 179 組の夫婦を対象に選んだ（女性の年齢は調査時 21～

表 4-2　ルワンダのリプロダクティブ・ヘルスに関する指標の推移

年	1978	1991	1992	2000	2002	2005	2007-08	2010	2012	2014-15
合計特殊出生率	8.6	–	6.2	5.8	5.9	6.1	5.5	4.6	4.0	4.2
避妊実行率（%）	–	–	13	4	–	10	27	45	–	47.5
乳児死亡率	144	118	85	107	139	86	62	50	49	32
5歳未満児死亡率	221	182	150	196	227	152	103	76	72	50

（資料）　GOR et al. (2012), NISR et al (2012a), NISR et al. (2012b), NISR et al. (2015), Solo (2008) より
　　　　筆者作成.
　（注）　乳児死亡率と 5 歳未満児死亡率は，出生 1,000 に対する死亡数.

49 歳であった）。

1）被調査女性の年齢分布と生存児数

20 代（21〜29 歳）は 49 人（全体の 27.4%）で，その子ども数は平均 2.0 人であった。30 代（30〜39 歳）は 97 人（54.2%）で子ども数は平均 3.9 人，40 代（40〜49 歳）は 33 人（18.4%）で子ども数は平均 3.6 人であった。

2）ホルモン避妊法の健康への影響

調査時点までに一度でもホルモン避妊法を試したことのある女性は 179 人中 138 人であった。そのうち，56 人（40.6%）が副作用を経験しなかったと回答し，82 人（59.4%）が何らかの副作用を経験したと回答した。この 82 人のうち，副作用が労働時間に影響しなかったと回答したのは 24 人（65.9%）で，労働時間に影響したと回答したのは 54 人，わからないと回答したのは 4 人（4.9%）であった。

3）ホルモン避妊法を用いた女性の副作用の経験

調査時点までにいずれかのホルモン避妊法（注射法，ピル，インプラント）を使用したことのある延べ人数は 198 人であった。そのうち副作用を経験しなかったのは 80 人（40.4%），経験したのは 117 人（59.1%），不明が 1 名（0.5%）であった。

避妊法別では，注射法を使用したことのある女性は合計 120 人で，うち副作用を経験したのは 66 人（55.0%）であった。ピルを使用した女性 44 人中副作用を経験したのは 25 人（56.8%），インプラント（皮下埋没法）を使用した女性 34 人中副作用を経験したのは 26 人（76.5%）であった。

調査時点での避妊法別副作用は**表 4-3** に示した。調査時点で，注射法を使用していた女性は 63 人（35.2%）で最も多かった。他のホルモン避妊法としては，20 人（11.2%）がインプラント，18 人（10.1%）がピル使用していた。コンドームによる避妊実行率は，DHS2014/15 では 4% であったが，本調査では 10.1%（18 人）と高めであった。

調査時点での避妊法が男性用コンドーム，リズム法，女性不妊手術のいずれか，あるいは避妊を実行していないと答えた女性が 72 人いた。このうち 34 人

はホルモン避妊法の副作用を経
験したため，現在の避妊法に切
り替えたか，あるいは避妊を中
止したのであった。このように
ホルモン避妊法は調査地区で最
も多く用いられている方法で
あったが，頭痛，めまい，痙
攣，出血といった副作用が女性
の健康状態を損なうなどの問題
が見られた。

表4-3　調査時点での避妊法別避妊実行率と副作用

避妊法	女性の人数(%)	副作用あり(%)
注射法	63 (35.2)	23 (36.5)
経口避妊薬(ピル)	18 (10.1)	8 (44.4)
インプラント	20 (11.2)	14 (70.0)
男性用コンドーム	18 (10.1)	
リズム法	17 (9.5)	
女性不妊手術	1 (0.6)	
使用していない	36 (20.1)	
母乳保育中	4 (2.2)	
閉経	2 (1.1)	
合計	179 (100.0)	45 (44.6)

（資料）　Shimamura et al.（2019）による.

4) 労働供給能力への影響

　ホルモン避妊法を用いたことのある138人の女性に調査したところ，1日当たりの平均農業労働時間は副作用のなかった女性では4.96時間であったのに対し，副作用のあった女性では2.23時間であり，2.74時間減っていた。また平均家事時間は，副作用のなかった女性3.12時間対し，副作用のあった女性では2.19時間であった。

　この副作用の有無と夫の労働時間について見ると，1日当たりの平均農業労働時間は副作用のなかった女性の夫5.54時間に対し，副作用のあった女性の夫は5.05時間で，0.49時間減少していた。なお，減少した時間の各世帯の平均は0.9時間であった。また平均家事時間は，副作用のなかった女性の夫では0.80時間であったのに対し，副作用のあった女性の夫では1.41時間であり，0.61時間増加していた。増加した時間の各世帯の平均は1.50時間であった。これは，夫が家事（炊事や子どもの世話）をしなければならなくなったためである。

　まとめると図4-7の通りである。妻に避妊の副作用があった世帯では，なかった世帯に比べて，夫婦合算した労働時間（農業と家事の両方）は減少していた。これは，家計経済に深刻な影響を及ぼすことになる。またジェンダー関係（夫婦生活，どちらが避妊法の決定権を持つか）にも影響を及ぼす（Farmer et al. 2015）。具体的には，①女性が副作用のために農作業や家事・育児に従事でき

108

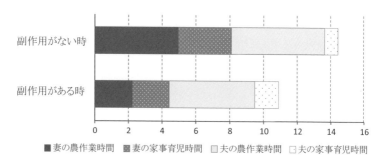

図 4-7 ホルモン避妊法の副作用の労働時間への影響
(資料) Shimamura et al. (2019) による.

ない場合，夫はそれを怠惰とみなし，夫婦関係に軋轢をもたらす，②副作用が原因で女性が性的欲求を失う，あるいは不正出血などにより性行為ができない場合，夫婦関係が悪くなる，③副作用によって夫婦生活に支障が生じた場合，女性は避妊法の決定権を失い，夫が次の避妊法を決める傾向にあるといったことに表れる。

(4) 女性の健康・労働従事と避妊実行のジレンマ

　本来，避妊は女性の妊娠による健康リスクを減らし，生産活動への労働投入を増やすことで，女性の経済的地位を高めるはずのものであった。しかし避妊の副作用により女性の労働投入量が減少すると，家計経済を悪化させるだけでなく，夫婦関係にも悪影響が及んでしまう。一方で，副作用があるからといって避妊を中止すると，意図しない妊娠（unintended pregnancy）が増える可能性がある。それもまた家計を圧迫し，女性の地位を低めてしまう。ルワンダのように元来農家1戸当たりの土地が少なく，なおかつ人口増加でさらに少なくなっている国では，世帯員がさらに増えることは世帯の生計が成り立たなくなることであり，受け入れ難いことである。このように，ルワンダの農村の女性は資源制約のもとで深刻なジレンマに陥っている。開発途上諸国の中でも，とりわけルワンダは農業国でありながら人口が稠密でかつ人口増加が急速なため，このジレンマが典型的に表れているといえるであろう。

以上述べたことから見えてくる家族政策・RH 政策の課題は，SDGs の課題でもある。

(5) ルワンダの事例から家族計画・RH の評価指標について考える

1) ルワンダの事例の含意

　ルワンダ農村社会の実状から，女性の健康，とりわけリプロダクティブ・ヘルスが，生産活動に従事することを通して家計全体の厚生に貢献するものであることは明らかである。換言すると，避妊行動（家族計画）が家族の構成員の健康資本や，労働といった生産活動の量・質をも直接的に左右し，自給自足農業に生計を依存する家計の厚生を規定している。しかし，その効果の高さと効率の良さからホルモン避妊法が推進されている中で，本章で示したように高率に副作用が出現している。したがって人的資本（健康・労働投入量）が直接生産量を規定する農業が生業である場合，ホルモン避妊法が避妊法として最も適しているのか検討し直す必要があるといえよう。ホルモン避妊法による避妊実行中に高率に副作用が出現することは，この方法によって身体的・精神的・社会的に良好（well-being）な状態が得られるとはいえないからである。

　ホルモン避妊法に代わる避妊法としては男性用コンドームが推奨される。コンドームは副作用なく用いることができる。コンドームの避妊効果はホルモン避妊法にはやや劣るものの，合計特殊出生率が 4 程度のルワンダのような社会では，完璧な避妊が求められているわけではない（仮に避妊失敗で 1 人くらい追加の出生があっても許容される）ので，まずまずの避妊法といえる。しかも性感染症予防の観点から，コンドームは優れた方法である。

　しかし，社会的・文化的事情から，ルワンダではコンドームは特に既婚者には好まれない。ルワンダでは，コンドームは性感染症対策として導入されたため，避妊具というよりも，HIV／エイズや梅毒など性感染症予防のための用具として認識されている。したがって，そうした性感染症の感染リスクのないはずの既婚夫婦がコンドームを使用することは，不貞や売春行為の疑念を生じ，性規範に著しく反することとみなされてしまう。このスティグマにより，ホル

モン避妊法の副作用を認識・経験し，家計の厚生が低下したとしても，解決策となるべきコンドームの使用へと移行しないのである。すなわち性感染症予防の推進がスティグマを形成し，家族計画のための避妊法の選択肢を狭めるという，いわばリプロダクティブ・ヘルスに関連した政策間の不整合性が生じ，問題が複雑化している（Shimamura 2020）。

2）SDGs の評価指標に対する問題提起

まず開発途上地域におけるプロダクティブ・ヘルスの評価に関して，避妊法の副作用の問題が看過されていることを問題として指摘したい。筆者のルワンダ農村での聞き取りによると，ホルモン避妊法の使用者は，使用し続けていたとしても，体調不良を抱えながらであったり，夫婦間にわだかまりを残したままであったりと，その使用状況に「満足感」を持っているのかどうか疑問が残った。すなわち副作用は身体面に限らず，間接的な影響として精神的な健康も損ない，夫婦関係にも影響を及ぼす可能性がある。こうした世帯内の問題は，量的に把握されることがなく，指標化されにくいため統計上は表れてこず，見過ごされているケース多いことであろう。

第2節で述べたように，途上地域では家族計画プログラムを含む RH 政策の評価は，避妊実行率やアンメットニーズで測られる。しかし，これらは，しばしば当該社会の現状を反映しておらず，画一的かつ成果主義的である。RH の本来の理念に立ち返れば，直接避妊実行に関する指標よりも，むしろ個人・家計の厚生の面から評価がなされることが望ましいと考えられる。具体的な評価手法は今後の課題である。

もちろん SDGs は世界のすべての国を対象に共通の指標で評価をなそうとするものである。指標の数を絞り，データ収集に加重な負担がかからないように内容を簡便化することはやむを得ないことである。そのことは承知した上での話であるが，今後 RH 関連の評価を発展させるにあたっては，避妊実行率という指標のみならず，当該社会のコンテクストを踏まえた，かつ女性の人的資本やジェンダー関係（女性の従属や家事と労働の二重負担といった問題）も視野にいれた幅広い視点が求められることを指摘しておきたい。こういった視点は

SDGs の目標の間に矛盾が起こり得る（すなわち避妊の普及は女性の教育・就業を促進し経済成長に貢献するが，一方で副作用により健康を害することは「すべての人に健康を」という目標に背く）という SDGs が本来的に抱える課題でもある。この課題に対処するには，現地における事例研究の積み重ねも重要である。

おわりに

　本章では，まず開発途上地域の出生力転換の状況を概観し，特にサブサハラ・アフリカでの遅れに注目した。出生力転換の政策面における鍵は家族計画を含むリプロダクティブ・ヘルス（RH）の状況にある。家族計画・RH の国別の状況は国連において指標化され，SDGs のターゲット（3.7，5.3，5.6）にも含まれている。

　しかし避妊の実行率のみ問題にすべきでなく，途上地域の農村部における家族計画と女性労働・家計・ジェンダー関係などとの関わりに注目する必要があることは明らかである。ここでは，既存研究から，①女性の労働参加と家計経済への貢献，②人的資本（健康，労働，生産），③世帯内労働配分，④避妊実行と世帯の厚生の 4 点に着目した。

　その上で，サブサハラ・アフリカのルワンダに目を向けた。マクロの統計指標の面では，ルワンダの家族計画プログラムは，出生率の低下や，避妊実行率の観点から国際的にも高い評価を受けている。しかし，ルワンダ農村におけるフィールド研究から，多くの問題点が浮かび上がってきた。ルワンダの女性の間で多く用いられるホルモン避妊法の使用により高率に副作用が出現し，女性のみならず夫の生産活動を阻害し，ひいてはジェンダー関係にも悪影響を及ぼしていた。ホルモン避妊法に代わる方法としてはコンドームの使用が推奨されるところであるが，ルワンダの社会的文化的事情から現状では困難がある。RH の向上のためには，そのようなコンテクストを踏まえた研究の推進が求められる。

〈付記〉本研究は，JSPS 特別研究員奨励費（課題番号：17J09349）の助成を受けた。

注

(1) 出生力転換については佐藤・池上（2012），佐藤（2018ab）参照。

(2) 第3・4節について詳しくは Shimamura, et al.（2019）および Shimamura（2020）参照。

(3) Japan SDGs Action Platform 参照（https://www.mofa.go.jp/mofaj/gaiko/oda/sdgs/statistics/index.html）。

参考文献

佐藤龍三郎（2005）「少子化とリプロダクティブ・ヘルス／ライツ」大淵寛・阿藤誠編『少子化の政策学』原書房，pp.189-214。

佐藤龍三郎（2016）「日本の超少子化の原因論と政策論を再考する：政策による少子化是正は可能か」『中央大学経済研究所年報』48 号，pp.15-40。

佐藤龍三郎（2018a）「出生力転換をめぐる理論」日本人口学会編『人口学事典』丸善出版，pp.124-127。

佐藤龍三郎（2018b）「発展途上地域の出生率低下」日本人口学会編『人口学事典』丸善出版，pp.138-141。

佐藤龍三郎（2020）「人口転換と人口論の展開：マルサスから SDGs まで」『日本健康学会誌』86(5), pp.231-254。

佐藤龍三郎・池上清子（2012）「出生力転換とリプロダクティブ・ヘルス／ライツ」阿藤誠・佐藤龍三郎編『世界の人口開発問題』原書房，pp.137-174。

武内進一（2003）「難民帰還と土地問題：戦後ルワンダの農村変容」『アジア経済』44(5/6), pp. 252-275。

African Development Bank Group (2008) "Rwanda Gender Assessment: Progress towards Improving Women's Economic Status," (https://www.afdb.org/fileadmin/uploads/afdb/Documents/Project-andOperations/rwanda.pdf, 2019 年 7 月 25 日閲覧).

Andre, C. and J.P. Platteau (1998) "Land Relations under Unbearable Stress: Rwanda Caught in the Malthusian Trap," *J Econ Behav Organ*. Feb, Vol.34(1),pp.1-47.

Bridges, S. and D. Lawson (2008) "Health and Labour Market Participation in Uganda (Discussion Paper 2008/007)," Helsinki: UNU-WIDER (Retrieved from United Nations University. UNU-WIDER) (https://www.wider.unu.edu/sites/default/files/dp2008-07.pdf).

Canning, D. and T. P. Schultz (2012) "The Economic Consequences of Reproductive Health and Family Planning," The Lancet, Vol.380(9837), pp.165-171.

Farmer, D. B., L. Berman, G. Ryan, L. Habumugisha, P. Basinga, and C. Nutt (2015) "Motivations and Constraints to Family Planning: A Qualitative Study in Rwanda's Southern Kayonza District," Glob Health Sci Pract, Vol.3(2), pp.242-254.

Ghatak, A. and S. Madheswaran (2014) "Impact of Health on Labour Supply and Wages: A Case Study of Agricultural Workers in West Bengal!," Journal of Health Management, Vol.16(3), pp.441-457.

Ghatak, A. (2017) "Health, Labour Supply and Wages: A Critical Review of Literature," The Indian Economic Journal, Vol.57(4), pp.118-143.

Government of Rwanda [GOR], Ministry of Health, and Maternal and Child Health (2012) "Family Planning Policy," in collaboration with USAID and CHIP (Maternal and Child Health Integrated Program).

Grossman, N. B. (2010) "Managing Adverse Effects of Hormonal Contraceptives," American Family Physician, Vol.82(12), pp.1499-1506.

Kim, J. and A. Assave (2006) Fertility and its Consequences on Family Labour Supply (IZA Discussion Papers No.2162), Bonn, Germany: Institute for the Study of Labour (IZA), (Retrieved from constor.eu/bitstream/10419/34180/1/513554106.pdf).

Lundberg, S. (1988) "Labor Supply of Husbands and Wives: A Simultaneous Equations Approach," The Review of Economics and Statistics, Vol.70(2), pp.224-235.

Machiyama, K., J. B. Casterline, J. N. Muma, F. A. Huda, D. Obare, G. Odwe, C. W. Karibu, S. Yeasmin, and J. Cleland (2017) "Reasons for Unmet Need for Family Planning, with Attention to the Measurement of Fertility Preference: Protocol for a Multi-Site Cohort Study," Reproductive Health, Vol.14(23).

Mushahara, H. and H. Huggins (2004) "Land Reform, Land Scarcity and post-Conflict Reconstruction: A Case Study of Rwanda," Security Studies, Vol.3, pp.269-346.

Mwabu, G. (2008) "Health Economics for Low-Income Countries," T. P. Schultz and J.

Thomas (Eds.), *Handbook of Development Economics Volume 4,* UK: Elsevier Science.

National Institute of Statistics of Rwanda (NISR), Department of International Development, and United Nations Rwanda (2011) *EICV3 District Profile East-Kayonza.*

National Institute of Statistics of Rwanda (NISR) and Ministry of Finance and Economic Planning (MINECOFIN) [Rwanda] (2012a) *Rwanda Fourth Population and Housing Census. Thematic Report: Mortality.*

National Institute of Statistics of Rwanda (NISR) and Ministry of Finance and Economic Planning (MINECOFIN) [Rwanda] (2012b) *Rwanda Fourth Population and Housing Census: Thematic Report: Fertility.*

National Institute of Statistics of Rwanda (NISR) *[Rwanda]*, Ministry of Health (MOH) [Rwanda], and ICF International (2015) *Rwanda Demographic and Health Survey 2014-15, Rockville, Maryland, USA: NISR, MOH, and ICF International.*

Novignon, J., Nonvignon, J., and Arthr, E. (2015) "Health Status and Labour Force Participation in Sub-Sahara Africa: A Dynamic Panel Data Analysis," *African Development Review,* Vol.27 (1), pp.14-26.

Pitt, M. and M. Rosenweig (1986) "Agricultural Prices, Food Consumption, and the Health of Indonesian Farmers," I. Singh, L. Squire, and J. Strauss (Eds.) *Agricultural Household Models: Extensions, Applications and Policy,* Baltimore, USA: Johns Hopkins University Press.

Schultz, P. T. (2001) "Population Policies, Fertility, Women's Human Capital, and Child Quality," T. P. Shultz and J. Thomas (Eds.) *Handbook of Development Economics Volume 4,* UK: Elsevier Science.

Sedgh, G. and R. Hussain (2014) "Reasons for Contraceptive Non-Use Among Women Having Unmet Need for Contraception in Developing Countries," *Studies in Family Planning,* Vol.45 (2), pp.151-169.

Shimamura, Y., H. Matsuda, and M. Sekiyama (2019) "Hormonal Contraceptive Use and Women's Labor Supply: Qualitative Evidence from Kayonza District in Rwanda," *International Journal of Science and Technology (STECH),* Vol.8 (2), S/N18, pp.1-18.

Shimamura, Y. (2020) *Fertility Transition, Family Function, and Resource Constraints in Sub-Sahara Africa: A Case Study of Rwanda* [サブ・サハラアフリカにおける出生力

転換と家族機能，資源制約：ルワンダ共和国を事例に］，(Graduate Program in Sustainability Science ·· Global Leadership Initiative. Graduate School of Frontier Sciences. The University of Tokyo. Doctoral Thesis).

Solo J. (2008) *Family Planning in Rwanda: How a Taboo Topic Became Priority Number One,* Chapel Hill, North Carolina: IntraHealth International.

Strauss, J. and D. Thomas (1995) "Human Resources: Empirical Modelling of Household and Family Decisions," J. Behrman and T. N. Srinivasam (Eds.), *Handbook of Development Economics Volume 3,* UK: Elsevier Science.

Thomas, D. and J. Strauss (1997) "Health, Wealth, Wages of Men and Women in Urban Brazil," *Journal of Econometrics*, Vol.77(1), pp.159-185.

Tsui, A. O., W. Brown, and Q. Li (2017) "Contraceptive Practice in Sub-Saharan Africa," *Population and Development Review*, Vol.43(1), pp.166-191.

United Nations (2022) *The Sustainable Development Goals Report 2022.*

United Nations, Department of Economic and Social Affairs, Population Division (2015) *Trends in Contraceptive Use Worldwide 2015* (ST/ESA/SER.A/349).

United Nations, Department of Economic and Social Affairs, Population Division (2022) *World Population Prospects 2022,* (https://population.un.org/wpp/Download/Standard/ MostUsed/，2022 年 7 月 23 日閲覧).

United Nations Population Fund (2020) *Tracking Women's Decision-Making for Sexual and Reproductive Health and Reproductive Rights: Sustainable Development Goal Indicator 5.6.1.* (unfpa.org/sites/default/files/resource-pdf/20-033_SDG561- BrochureA4-v1.21.pdf，2022 年 7 月 23 日閲覧).

Westoff, C. (2013) "The Recent Fertility Transition in Rwanda," *Population and Development Review*, Vol.38, pp.169-178.

World Bank (2022a) "Surface Area (sq.km)-Rwanda," (https://data.worldbank.org/ indicator/AG.SRF.TOTL.K2?locations=RW，2022 年 7 月 17 日閲覧).

World Bank (2022b) "Population Density (people per sq.km of land area)-Sub-Sahara Africa," (https://data.worldbank.org/indicator/EN.POP.DNST?locations=ZG，2022 年 7 月 17 日閲覧).

World Bank (2022c) "Population Density (people per sq.km of land area)-Rwanda," (https://data.worldbank.org/indicator/EN.POP.DNST?locations=RW，2022 年 7 月 17

116

日閲覧).

World Bank (2022d) "Population, Total-Rwanda," (https://data.worldbank.org/indicator/ SP.POP.TOTL?locations=RW, 2022 年 7 月 17 日閲覧).

World Bank (2022e) "Adolescent Fertility Rate (birth per 1,000 women ages 15-19)," (https://data.worldbank.org/indicator/SP.ADO.TFRT, 2022 年 7 月 23 日閲覧).

Yazdkhasti, M., A. Pourreza, A. Pirak, and F. Abdi (2015) "Unintended Pregnancy and Its Adverse Social and Economic Consequences on Health System: A Narrative Review Article," *Iranian Journal of Public Health*, Vol.44 (1), pp.12-21.

（島村由香）

第5章　ジェンダーと開発
──シンガポールの事例より──

はじめに

　『持続可能な開発のための 2030 アジェンダ』の中で，ジェンダー平等が達成された世界は次のように描かれている。「すべての女性と女児が完全なジェンダー平等を享受し，その能力強化を阻む法的，社会的，経済的な障害が取り除かれる世界」。これまで世界的には初等教育の男女格差などにおいて改善が見られたが，地域差も大きく，決して十分とは言えない成果にとどまっている分野も多い。本章では第 1 節において，世界のジェンダー平等の現状について概観し，SDGs 目標 5 が設定されるまでのジェンダー平等に関する国連の取り組みを追う。第 2 節では女性の社会進出が目覚ましいアジアの国の一例としてシンガポールを取り上げ，特に政治と経済の分野におけるジェンダー平等の取り組みについて紹介する。そして第 3 節では，シンガポールにおいて女性の社会進出を支える家事労働者に関する議論を整理する。

第 1 節　SDGs におけるジェンダー平等と女性のエンパワーメント

(1) ジェンダー平等と世界の状況

　SDGs の 17 の目標のうち，「ジェンダー平等を達成し，すべての女性及び女児の能力強化を行う」ことが，持続可能な世界のために必要不可欠だとしているのが，目標 5 である。ジェンダー（gender）とは，生物学的に決定された性別（sex）とは異なり，社会的に構築された女性と男性の特徴を表す言葉である

（WHO 2002）。多くの社会において，女性と男性の間には，責任や資源へのアクセス，意思決定の機会などにおいて，不平等が存在している。ジェンダー平等とは，女性と男性，少女と少年の権利，責任，機会が平等であることを指すが，ここで言う平等とは，女性と男性が同じになることではなく，女性と男性の権利，責任，機会が，男性として生まれたか女性として生まれたかによって左右されないということである（UN Women）[1]。目標5が目指すジェンダーの平等は，人々に当然に与えられた基本的な人権の一つであると同時に，個々人がそれぞれの能力を性別にとらわれることなく発揮し，評価されるために必要な基盤である。

　現在ジェンダーがどの程度不平等なのかを表す指標には，国連開発計画（UNDP）によるジェンダー不平等指数（Gender Inequality Index: GII）や世界経済フォーラムによる世界男女格差指数（Global Gender Gap Index: GGGI）などがある。GIIでは，3分野5指標[2]，GGGIでは4分野14指標[3]によって，各国のジェンダー平等の進行度を数値化し，国別のランキングを行っている。

　ここでは，日本の平等度の順位の低さからも話題になることが多いGGGIを例にとって世界のジェンダー平等の状況を見てみよう。『Global Gender Gap Report』（World Economic Forum 2022）によると，1位はアイスランド，2位フィンランド，3位ノルウェーと上位3か国を北欧の国々が独占した。1位となったアイスランドの男女格差指数は0.908と極めて高く（1に近いほど平等），2006年の公表開始以降，総合指数としては初めて0.9を超えた。日本の男女格差指数は0.650，146か国中116位にランクインし，G7の中でも，東アジア・太平洋地域の中でも，最低順位となっている。日本は健康，教育の分野ではそれぞれ0.973（63位），1.000（同率1位）とほぼジェンダー平等な状態を実現しているが，政治，経済分野ではそれぞれ0.061（139位），0.564（121位）となっており，女性が政治活動や経済活動を行う上で男性並みに活躍できていない社会であることがわかる。

　SDGsの17の目標全体についても，各国の達成状況をランキングした報告書『SDGs Index and Dashboards Report』（Sachs et al. 2022）がSustainable Development Solution Network（SDSN）によって毎年公表されている。その2022年版によると，1位〜3位までフィンランド，デンマーク，スウェーデンと北欧の国々が続き，達成スコアは86.5，85.6，85.2（上限100）と上位の国は既に目標の8割以上を達成している。日本のスコアは79.6となっており，達成状況は163か国中19位でアジアではトップだが，ことジェンダー平等に関する目標5については，目標14「海の豊かさを守る」に次いで達成状況が低い[4]。

(2) 国連とジェンダー平等：北京行動綱領からSDGsへ

　女性の地位向上に対する国連の取り組みの歴史は，その設立当初から続いている。1945年の設立時に採択された「国連憲章」の中に，男女の同権が謳われていること，また1946年に「国連女性の地位委員会」（The Commission on the Status of Women: CSW）が設置されたことからも，当初から国連の関心が高かったことがうかがえる。国連は1975年を「国際婦人年」と定め，メキシコシティにて第1回世界女性会議を開催した。その後の10年を「国際婦人の10年」として，5年おきにコペンハーゲン（1980年），ナイロビ（1985年）にて世界女性会議が開催されている。この間の最も大きな成果の一つが1979年に国連総会で採択された「女子差別撤廃条約」である。この条約は，締約国に対して，政治的，経済的，社会的，文化的，市民的その他のあらゆる分野における女性に対する差別を撤廃する政策を遅滞なく追求することを求めている。また，批准各国に4年ごとの報告を義務付けており，その報告に基づいて女子差別撤廃委員会（Committee on Elimination of Discrimination Against Women: CEDAW）が条約の履行状況を審議・検討し，締約国に対して提案・勧告を行うことができる。

　「国際婦人の10年」の流れを汲み，1995年に北京で開催された「第4回世界女性会議」では，国際的なジェンダー平等の取り組みの規範となる「北京宣言・北京行動綱領」が採択された。北京行動綱領では，ジェンダー平等，開発，平和が目標として掲げられ，女性の地位向上とエンパワーメントを達成するための12の重大問題領域（女性と貧困，女性の教育と訓練，女性と健康，女性に対する暴力，女性と武力紛争，女性と経済，権力及び意思決定における女性，女

性の地位向上のための制度的な仕組み，女性の人権，女性とメディア，女性と環境，女児）に対する戦略目標と具体的な行動指針が示された。北京行動綱領は，政策決定過程のあらゆる段階にジェンダーの視点を取り入れる「ジェンダー主流化」が提唱された点でも画期的であった。採択から25年以上を経た現在に至ってもなお，北京行動綱領は国際社会におけるジェンダー平等と女性のエンパワーメントに関する最も包括的な合意文書となっている。

　2015年は，北京行動綱領が採択されて20年，かつ，発展途上国の貧困問題や開発に焦点があてられたミレニアム開発目標（MDGs）の完了を迎えた節目の年であった。国連は「北京+20」として，同年に開催された国連女性の地位委員会において，それまでの女性の地位向上に関して得られた前進と，いまだ残る課題について合意を形成した。それによって新たな世界的合意である「持続可能な開発目標（SDGs）」の目標5を生み出す道が開かれ，現在に至っている。

(3) SDGs におけるジェンダー平等のターゲットと指標

　SDGsの目標5は，9つのターゲット及び14の指標によってジェンダー平等と女性のエンパワーメントの達成を目指している（**表5-1**）。

　ターゲットをそれぞれ一言で表すと，1から6は差別撤廃，暴力の排除，有害な伝統的慣習の根絶，アンペイドワークの評価，リーダーシップの機会確保，セクシュアル・リプロダクティブ・ヘルス／ライツの保障，aからcは経済的資源への平等なアクセスの保障，情報通信技術の活用，ジェンダー平等政策の推進となっている。算用数字1〜6は具体的な課題であり，アルファベットa〜cは課題達成のための手段や措置となっている。さらにこの9つのターゲットの下に，その達成度合を測るための指標が用意されており，例えば，暴力の排除を提唱するターゲット5.2では，「過去12か月以内に，現在，または以前の親密なパートナーから身体的，性的，精神的暴力を受けた者の割合」が，ターゲット5.4（アンペイドワークの評価）では，「無償の家事・ケア労働に費やす時間の割合」がそれぞれの指標となっている。

　ジェンダー平等は分野横断的な課題であるため，SDGsにおけるジェンダー

表 5-1　SDGs 目標 5 のターゲットとグローバル指標

ターゲット(Target)	グローバル指標(Global Indicator)
5.1 あらゆる場所における全ての女性及び女児に対するあらゆる形態の差別を撤廃する。	5.1.1 性別に基づく平等と差別撤廃を促進, 実施及びモニターするための法律の枠組みが制定されているかどうか
5.2 人身売買や性的, その他の種類の搾取など, 全ての女性及び女児に対する, 公共・私的空間におけるあらゆる形態の暴力を排除する。	5.2.1 これまでにパートナーを得た15歳以上の女性や少女のうち, 過去12か月以内に, 現在, または以前の親密なパートナーから身体的, 性的, 精神的暴力を受けた者の割合(暴力の形態, 年齢別) 5.2.2 過去12か月以内に, 親密なパートナー以外の人から性的暴力を受けた15歳以上の女性や少女の割合(年齢, 発生場所別)
5.3 未成年者の結婚, 早期結婚, 強制結婚及び女性器切除など, あらゆる有害な慣行を撤廃する。	5.3.1 15歳未満, 18歳未満で結婚又はパートナーを得た20〜24歳の女性の割合 5.3.2 女性性器切除を受けた15歳〜49歳の少女や女性の割合(年齢別)
5.4 公共のサービス, インフラ及び社会保障政策の提供, 並びに各国の状況に応じた世帯・家族内における責任分担を通じて, 無報酬の育児・介護や家事労働を認識・評価する。	5.4.1 無償の家事・ケア労働に費やす時間の割合(性別, 年齢, 場所別)
5.5 政治, 経済, 公共分野でのあらゆるレベルの意思決定において, 完全かつ効果的な女性の参画及び平等なリーダーシップの機会を確保する。	5.5.1 国会及び地方議会において女性が占める議席の割合 5.5.2 管理職に占める女性の割合
5.6 国際人口・開発会議(ICPD)の行動計画及び北京行動綱領, 並びにこれらの検証会議の成果文書に従い, 性と生殖に関する健康及び権利への普遍的アクセスを確保する。	5.6.1 性的関係, 避妊, リプロダクティブ・ヘルスケアについて, 自分で意思決定を行うことのできる15歳〜49歳の女性の割合 5.6.2 15歳以上の女性及び男性に対し, セクシュアル/リプロダクティブ・ヘルスケア, 情報, 教育を保障する法律や規定を有する国の数
5.a 女性に対し, 経済的資源に対する同等の権利, 並びに各国法に従い, オーナーシップ及び土地その他の財産, 金融サービス, 相続財産, 天然資源に対するアクセスを与えるための改革に着手する。	5.a.1 (a)農地への所有権又は保障された権利を有する総農業人口の割合(性別ごと) (b)農地所有者又は権利者における女性の割合(所有条件別) 5.a.2 土地所有及び/又は管理に関する女性の平等な権利を保障している法的枠組(慣習法を含む)を有する国の割合
5.b 女性の能力強化促進のため, ICTをはじめとする実現技術の活用を強化する。	5.b.1 携帯電話を所有する個人の割合(性別ごと)
5.c ジェンダー平等の促進, 並びに全ての女性及び女子のあらゆるレベルでの能力強化のための適正な政策及び拘束力のある法規を導入・強化する。	5.c.1 ジェンダー平等及び女性のエンパワーメントのための公的資金を監視, 配分するシステムを有する国の割合

(資料)　外務省：SDG グローバル指標 (SDG Indicators) サイト (JAPAN SDGs Action Platform：外務省 (mofa.go.jp)) (https://www.mofa.go.jp/mofaj/gaiko/oda/sdgs/effort/index.html) より引用。

の視点は，この目標 5 のみならず，随所に散りばめられている。例えば目標 1「貧困をなくそう」では，「貧困撲滅のための行動への投資拡大を支援するため，国，地域及び国際レベルで，貧困層やジェンダーに配慮した開発戦略に基づいた適正な政策的枠組みを構築する」というターゲットがあるほか，目標 4「質の高い教育をみんなに」では，10 のターゲットのうち 7 つに女児，女性，ジェンダーといったワードを含んだターゲットが設定されている。そういったジェンダーの視点を持つターゲットは SDGs の 169 のターゲットのうち約 2 割を占めている。

(4) 人口の視点から見たジェンダー平等と女性のエンパワーメント

　人口学的な観点からジェンダー平等を考えたとき，高い注目を集め，政策的な関心も高い問題の一つとして，女性の労働力参加と出生力の関係がある。女性の労働力参加と合計特殊出生率は，先進諸国において横断的なデータで見た時，1970 年には負の関係にあったが（女性の労働力率が高い国では出生率が低い），1980 年代半ばを境に一部の国で正の関係（女性の労働力率が高い国では出生率も高い）に転じた（Ahn and Mira 2002）。その要因について，保育所整備や子育て支援などの政策的支援によって女性が仕事と子育てを両立することの葛藤を減らすことに成功した国々と，そうではない国とで明暗が分かれたことを指摘する研究がある（Rindfuss et al. 2003 など）。一方で，時系列的データを用いて国ごとの事情を考慮した分析では，女性の労働力参加と合計特殊出生率の間の負の相関は弱まっているものの正の相関に転換したわけではないことを示す研究もある（Kögel 2004）。

　この 1970 年代からの 30 年間は，人口に関する国際的な合意にも大きな動きがあった。この間，国連は人口に関する政府間会議として 1974 年にブカレストで世界人口会議，1984 年にメキシコシティで国際人口会議，そして 1994 年にエジプトのカイロで国際人口開発会議（International Conference on Population and Development：ICPD）を開催している。カイロ会議で採択された「行動計画」の特徴は，マクロ的視点が大幅に後退し，政府による人口増加抑制を求め

る人口政策的アプローチがほとんど姿を消したことである（阿藤 1994）。代わりに強調されたのがミクロ的な視点であり、その中心概念が、子どもを産む産まないの選択を個人の自己決定権の問題ととらえる、リプロダクティブ・ヘルス／ライツ（性と生殖に関する健康／権利）であった。リプロダクティブ・ヘルス／ライツとは、性と生殖（子どもを持つこと）に関するすべての事項について、身体的、精神的、社会的に本人の自由意思で決定できる状態／権利のことである。カイロ行動計画では、すべての夫婦及び個人にリプロダクティブ・ヘルス／ライツを基本的人権として保障すると同時に、女性のエンパワーメントを通して、女性の人生の選択肢を広げることが、結果的に人口抑制につながる可能性が示された。このカイロ会議からの流れが、SDGs目標5のみならず、健康の増進を目指す目標3にも息づいている。

第2節　シンガポールとジェンダー平等

　本節では、東南アジアの都市国家であるシンガポールを取り上げ、これまでのジェンダー平等政策を概観していく。シンガポールにおけるジェンダーを取り巻く状況の背景には、独特の理念や政策など日本にとっても学べることが多い一方で、短期間で急激な経済成長を遂げたことによる課題も明らかになっている。本節では、日本がなかなか前進させることができていない政治、経済分野のジェンダー平等に着目し、シンガポールにおける女性活躍の光と影に焦点を当てていきたい。

（1）シンガポールの概観

　シンガポールはマレー半島の先端に位置する東南アジアの都市国家である。1819年にイギリス東インド会社によって「建設」され、中継貿易の拠点として栄えたシンガポールは、1959年イギリスから外交と国防を除く内政自治権を獲得した。1963年にはマレーシア連邦の一部となるが、わずか2年後の1965年

に分離独立した。国土面積は東京 23 区と同じくらいの小さな国だが、マレーシアからの独立後、政府主導によって強力な外貨導入政策を行い、トップダウンで時流を捉えた産業構造の転換を行ったことで目覚ましい経済発展を遂げた。2022 年の国民 1 人あたりの GDP は、79,576 米ドルで世界 7 位となっている[5]（日本は 39,243 米ドルで 31 位）。

シンガポールはまた、多民族国家であり、人口約 564 万人（東京 23 区の人口は約 950 万人）の民族構成は中華系が 75.7%、マレー系 15.2%、インド系 7.5%、その他 1.6% となっている[6]。公用語は英語、中国語、マレー語、タミル語であり、街中にはいたるところにこの 4 言語の表示がある。人口のうちシンガポール人は 63.0%、PR（Permanent Resident）と呼ばれる永住権を持った外国人が 9.2%、永住権を持たない外国人が 27.7% となっており、外国人労働者の割合が高いことも特徴である。

第 1 節で取り上げた GGGI（男女格差指数）におけるシンガポールの評価は、指数 0.734、ランキングは 146 か国中 49 位である。ASEAN 諸国の中でフィリピンに次いで第 2 位に位置している（**表 5-2**）。経済活動における指数が 0.765（28 位）となっており、4 分野の中で最も順位が高い。また、国会議員に占める女性割合は 29% となっており、北京行動綱領で定められた目標値である 30% はほぼ達成されている。

表 5-2　シンガポールの男女格差指数

総合ランキング			経済分野への参画・機会			政治参加		
順位	国	指数	順位	国	指数	順位	国	指数
1	アイスランド	0.908	1	ラオス	0.883	1	アイスランド	0.874
2	フィンランド	0.860	2	ブルンジ	0.855	2	フィンランド	0.682
3	ノルウェー	0.845	3	バルバドス	0.832	3	ノルウェー	0.662
⋮				⋮			⋮	
19	フィリピン	0.783	15	タイ	0.795	35	フィリピン	0.360
	⋮		16	フィリピン	0.794		⋮	
49	シンガポール	0.734	28	シンガポール	0.765	66	シンガポール	0.217
	⋮			⋮			⋮	
116	日本	0.650	121	日本	0.564	139	日本	0.061

（資料）Global Gender Gap Report 2022 より筆者作成.

(2)　シンガポールの政治とジェンダー平等

　女性のエンパワーメントを測る政治分野の指標として最も多く取り上げられるのが，女性議員が議会に占める割合である。シンガポールは都市国家であるため地方議会は存在せず，国会（一院制）によって政治分野における女性の活躍を知ることができる。2020年の総選挙を経て，93議席中27議席（29%）を女性議員が占めており，1959年当時の10%から数字の上では大幅な躍進を遂げている。さらに2017年には初の女性大統領が誕生している[7]。しかし実は，女性議員の数は順調に増加してきたわけではなく，過去には女性の国会議員が一人もいない時期が14年間存在している。図5-1は，シンガポールの選挙年と，当選した女性議員の割合を示したものである。1959年に女性議員割合は約10%からスタートしたが，その後低迷し，唯一の女性議員が引退した1970年から1984年の選挙まで女性議員はおらず，その間3回の総選挙において与党である人民行動党（People's Action Party，以下PAP）は女性の候補者を立てることもなかった。その後1984年から1996年までの4回の選挙においても，女性議員は5%を超えることはなかったが，それ以降目覚ましい伸びを見せ，2020年の選挙ではマイノリティグループが一定の影響力を持つと言われる30%に今にも届く勢いとなった。この動きには独立以来第一党であり続けているPAPの，後述のよ

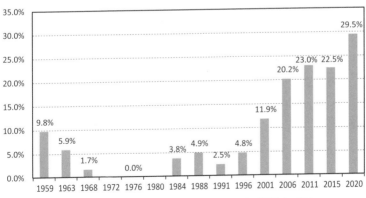

図5-1　シンガポールにおける女性議員割合（選挙年ごと）
（資料）Inter-Parliamentary Union（https://data.ipu.org/）より筆者作成.

うな実利的な思惑が大きな影響を与えている。

　シンガポールの政治におけるジェンダー平等の推進は，1961年の女性憲章の制定に端を発する。女性憲章は，非イスラム教徒のシンガポール人に対して一夫一婦制を義務付けたことがその大きな功績として挙げられることが多い。女性憲章成立以前は既婚女性の法的な地位が曖昧で，重婚や不倫，一方的な離婚などに苦しむ女性が多かったが，一夫一婦制の確立により不誠実な配偶者を法的に訴える権利が認められた。女性憲章は初めて既婚女性に夫と平等の権利を付与したことから[8]，家庭内における女性の地位向上に貢献し，シンガポールの男女平等は大きく前進した。

　興味深いのは，他の先進国に見られるような活発なフェミニズム運動がこの女性憲章の制定を促したわけではなかったことである（Wai 2008）。1959年，内政自治権獲得に伴う最初の総選挙において，PAPは女性有権者へのアピールのために一夫一婦制を公約に盛り込んだ。折しも同年に投票が義務化されたことから，有権者の半数を占める女性票の取り込みが選挙の鍵を握っていた。結果としてPAPは選挙で大勝し，選挙公約を守る形で女性憲章を立法化した。この時の選挙でPAPは女性候補者の擁立にも力を入れ，選出された5人の女性議員のうち，4人がPAPから選出された。「建国の父」と呼ばれる当時のPAP党首であったリー・クアンユーが後に回顧録で述べているように，マニフェストに女性解放を盛り込み，当時としては異例の数の女性候補者を擁立したのは，PAPを他の政党と区別するための戦略だった（Lee 1998）。しかし選挙での勝利を目的とした表面的な男女平等推進であったため，その後マレーシアからの独立という歴史的な事件を経験してからは，経済成長が最優先の政策課題となり，女性の権利保護や男女平等の達成という視点は欠落していった（田村2018）。

　PAPはもともと非常に保守的な政党であり，女性に対して差別的な政策を多く導入してきた。例えば1984年に導入された「Graduate Mother Scheme」では，経済的なインセンティブや学校への入学特権を通じて，高学歴女性の出産を奨励し，低学歴女性の（出産後の）不妊手術を奨励するなど，一連の優生的な政

策を展開している。また，国立大学医学部の女子学生の数を 3 分の 1 に制限する大学入学枠を設けたり，シンガポール人女性が外国人男性と結婚した場合，その子どもに市民権を与えなかったり（シンガポール人男性が外国人女性と結婚した場合は，その子どもには市民権が与えられる），男性公務員の扶養家族は免税措置や医療費優遇を受けられる一方で，女性公務員の扶養家族はそのような措置を受けられないなど，伝統的な性別役割観に基づくジェンダー不平等が温存された。しかしその後 2000 年代にかけて，女性の権利に対する世界的な意識の高まりを受け，PAP はジェンダーに配慮した政策立案を行う方向に舵を切り，2003 年に医学部の女性入学制限枠が撤廃され，2004 年にはシンガポール人女性の子どもに，シンガポール人男性の子どもと同等の市民権が与えられることになった。また，2001 年，2006 年の国会議員選挙で PAP はそれ以前と比較して最大のそれぞれ 11 人，17 人の女性候補者を擁立している。これらの動きは，より先進的な考えを持ち，将来に渡って有権者の過半数を占めるようになる若い世代に対するアピールとして，党の家父長的なイメージを刷新するための選挙戦略の一環でもあった（Tan 2016）。

　2020 年の総選挙では，それまで 20％台前半で停滞していた女性議員割合が約 30％へと大きく上昇したが，選出された 20 名の閣僚のうち女性は 3 名で，選挙前と変化がなかった。UN Women による『Women in Politics 2021』によると，シンガポールは女性国会議員の割合は 190 か国中 54 位だが，女性閣僚の割合となると 118 位となり，上位のポジションに行くほど女性割合が少なくなる（日本は，女性議員割合が 166 位，女性閣僚割合が 151 位となっており，どちらも低いがシンガポールのような乖離はない）。

　このように，シンガポールでは圧倒的な議席数を持つ PAP による政治戦略により，トップダウンで法・政治分野のジェンダー平等が進められてきた。そのため，どのようなジェンダー平等を推し進めていくかは PAP の方針に左右されやすく，選挙で他により大きな関心事が争点になった場合は，平等推進の歩みが遅くなる可能性があるという特徴がある。

(3) シンガポールの経済とジェンダー平等

　1961 年の女性憲章の制定とともに，シンガポールにおけるジェンダー平等の推進に貢献したのが，1965 年のマレーシア連邦からの独立である。これは，独立という響きからイメージされる「勝ち取った」独立ではなく，合併からわずか 2 年足らずでマレーシア側から追い出された形の不本意な独立であった。当時シンガポールは水さえも隣国に頼っている天然資源に乏しい小さな国で，それ以外にも失業，教育，住宅，軍事など様々な問題を抱えていたため，単体で国家として生存が可能なのか他国は懐疑的であった。国家として生き残るために唯一利用可能だったのは人的資源であり，全国民が可能な限り高い教育を受けて経済的な生産性を高めることが喫緊の課題であった。女性たちは，国家存続をかけた経済成長のために必要な労働力として，上からの主導で強力に社会進出を促されたのである。1965 年当時，女児は男児に比べて教育機会が少なく，識字率は女性が 42.6％，男性が 76.4％と大きな開きがあったが[9]，徹底的なメリトクラシー（能力主義）が教育システムに採用されたことも，女性の経済進出にはプラスに働いた。

　シンガポールの女性（15 歳以上）の労働力率は，1970 年には 29.5％だったが，2021 年には 64.2％と大きく上昇している。図 5-2 は 1991 年と 2021 年の女性の労働力率を年代別に見たものであるが，これによると，1991 年のシンガポールは，学卒直後の労働力率が最も高く，結婚や出産によって離職した後は労働市場への再参入はしない，「きりん型」のカーブを描いている。これは台湾や香港，日本の高学歴女性にも見られた形であり，結婚や出産などで離職した場合，硬直的な労働市場により再就職が難しい社会を表している。2021 年になると，学歴の上昇に伴い労働力のピークは 20 代後半にずれ，きりんの背の部分にあたる落ち込みは大きく改善される。比較のために日本を同時に掲載しているが，シンガポールと日本では，2021 年時点では，日本に結婚・出産による一時的な労働力率の落ち込みが 30 代に見られる「M 字型」カーブが若干見られる以外は同じような形を描いており，むしろ 50〜60 代にかけての労働力率は日本の方が高い。ただし，日本の 15〜64 歳女性の非常用雇用の割合が 43.0％であ

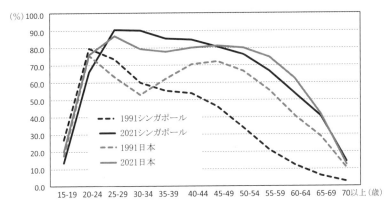

図 5-2　シンガポールと日本における女性の年齢階級別労働力率：1991 年, 2021 年
（資料）シンガポール：Comprehensive Labour Force Survey, Manpower Research & Statistics Department,
Ministry of Manpower, Singapore. 日本：『労働力調査』（総務省）長期時系列データより筆者作成.

るのに対し，シンガポールの同数値は 10.5％であり，両国では女性の担う労働
の質が大きく異なる事が推測される。賃金に関して前出の『Global Gender Gap
Report 2022』（世界経済フォーラム）によると，シンガポールにおける男女の
賃金格差は男性を 1 とした場合 0.805（5 位）であり，非常に男女差が小さい。
日本は 0.642（76 位）となっている。シンガポールの男女の賃金差の大部分を
説明するのは学歴や勤続年数などの人的資本や職業，労働時間などの違いであ
り，それらが男女で同等と仮定した場合，男女の賃金差はさらに 6.0％まで縮小
する（Lin, E. et al. 2020）。

　また，GGGI における「指導的な地位についている女性」のスコアは，日本
の 0.152（130 位）に対してシンガポールは 0.592（50 位）となっており，女性
管理職も多いことが分かる。しかし，実はここでも政治と同じように女性には
ガラスの天井が存在している。Council For Board Diversity が公表した，シンガ
ポール証券取引所（SGX）に上場している大手 100 社の取締役会に占める女性
の割合は 19.7％にとどまっている。「30% Club Japan」が 2022 年に発表した年
次報告書によると，日本の TOPIX100 社の取締役会における女性取締役割合は
14.2％である。日本は管理職割合も取締役割合もどちらも低いが，シンガポー

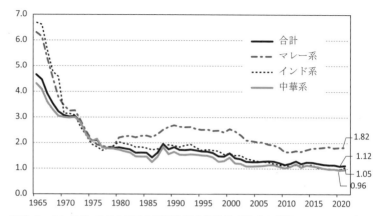

図5-3　シンガポールにおける主要民族別合計特殊出生率の推移：1965〜2021年

（資料）　Births and Fertility, Annual (Data.gov.sg), Population Trends 各年版 (Department of Statistics Singapore) より筆者作成.

（注）　「合計」は中華系，マレー系，インド系，その他を含めたシンガポール国民及び永住権保持者全体の値を示す

ルは高い管理職比率に対して取締役割合は低く，多くの女性は中間管理職にとどまり，トップマネジメントに参画できていない様子がわかる。

　女性の経済進出が進む一方で，シンガポールでは強烈な少子化が進んでいる。シンガポールの合計特殊出生率[14]（TFR）は，2021年時点で1.12と，日本よりも速いペースで少子化が進んでいる。**図5-3**は民族別のTFRを見たものであるが，これによると，マレー系のTFRは1.82と人口置換水準である2.1を下回っているものの比較的高い一方で，インド系は1.05，人口の約76％を占める中華系では1.0を下回っている。ただしシンガポールは，医療・年金財政ともに現役世代が自身の将来に備えて積み立てを行う積立方式を採用しており世代間の人口比に影響されないため，少子化が財政に影響を与える程度は日本と比較すると小さい[15]。人口政策と民族別出生力の変化の関係は，菅（2022）に詳しい。

　ここで出生率について言及したのは，出生が女性の労働力と密接にかかわってくる人口学的に重要な変数であると同時に，シンガポールでは政府による家族政策あるいは人口政策が女性の労働力に与えた影響が非常に大きかったためである。そして，シンガポールの人口・家族政策は，個人や家族の幸せという

側面を押し出しながらも，実際は経済発展を促進するために慎重に取り入れら
れてきた経緯をもつ（Pyle 1997）。次節では，4つの時期区分によりその流れ
を概観する。

第3節　シンガポールの人口・家族政策

(1) 出生抑制政策（マレーシアから独立以降）

　1965年のマレーシアからの独立後，政府はまず，高い失業率と資金不足を解
決するために外国資本を誘致し，労働集約的な製造業の成長（電機・電子部品
等）に力を入れたことで，低賃金の工場労働者を多く必要とした。

　この時期の人口・家族政策は，出生抑制の方向に展開されている。1966年か
ら展開された家族計画プログラムでは，「小さな家族を」と謳った社会的キャン
ペーンを行い，避妊手術にインセンティブが与えられた。図5-3における1965
年から1969年にかけての出生率の急激な低下はこの家族計画プログラム推進政
策によって説明される。1972年からは「二人っ子政策」を導入し，1974年に初
めてTFRが人口置換水準である2.1を下回った。伝統的に女性が子育てを担っ
ていたシンガポール社会において，女性の家庭負担が減少し，女性の労働力率
は1966年の25.3％から1974年の39.1％へと増加している。ただし，女性は単
純・未熟練な作業を担う労働力とみなされており，経済進出していても社会的
な地位が高いとは言えなかった（田村 2018）。

(2) 優生思想に基づく家族政策（1980年代）

　1980年代，東南アジア地域の他の新興経済国が力を増し，シンガポールは労
働集約的な低賃金労働を供給する競争力を世界市場の中で失っていく。そこで
政府は，高付加価値産業への転換に成長戦略をシフトし，IT，金融などの発展
に力を入れるようになった。

　この時期には，階層的な出生奨励策と出生抑制策が展開されている。1980年

の国勢調査において，学歴の高い女性が低い女性に比べて出産する確率が低い傾向があることが明らかになったことから，政府は 1984 年，高学歴の女性には 2 人以上の子どもを産むことを奨励し，低学歴の女性には少数の子どもを産むことを奨励する「Graduate Mother Scheme」の導入に踏み切った。これが大変な批判を受けたため早々に撤回すると，今度は 1987 年，「Have Three or More (If You Can Afford It)」（余裕があれば 3 人以上を）をキャッチコピーに，従来の二人っ子政策を転換して新しい人口政策を打ち出した。Graduate Mother Scheme で高学歴の女性に着目したことで批判を受けたため，今度は「経済的余裕」のある層に焦点を当てているが，政府は依然として高学歴者と低学歴者の間の出生率の違いに関心があり，夫婦に十分な収入がない場合には 2 人以上の子どもを持つことを推奨しなかった。またこの頃，未婚率の高まりを受け，政府主導のお見合いパーティーが開催されている（初期は大卒者対象）。この事業は政府系団体の「社会開発ネットワーク」（Social Development Network）によってその後も継承されていく。

(3) 出生奨励政策（1990 年代）

1990 年代は 80 年代と同様，ハイテク産業の導入を確実にすることに引き続き力を入れていた。この頃には経済成長にも関わらず続く少子化により労働力不足が深刻になり，積極的な移民の受け入れを行っている。シンガポールの外国人労働者については次節に詳細を述べるが，当時のシンガポール政府は移民を「一時的な」労働力と考えていたため，外国人労働力に過度に依存しないよう，女性やシニア世代の労働力参加の推進も同時に積極的に行っている。家庭内の家事や育児を行うメイドの数も増加し，女性の社会進出を後押しした。

(4) 出生奨励政策（経済支援・両立支援策）（2000 年代以降）

2000 年代以降はリプロダクティブ・ヘルス／ライツなどの人権意識の高まりを受け，政府はあからさまな出生介入策は取らず，出産に対する負担を減らし，出産という選択を取りやすくするような政策へとシフトしている。2001 年に結

婚と子育てのパッケージ（Marriage and Parenthood Package：M&P Package）と称して一連の結婚・出産・子育て支援策が実施され，その後も随時強化・拡充されている。

　2001 年に導入された子どもの出生に対する経済的支援を行う「ベビーボーナス制度」は，出生に対する現金給付と，専用の貯蓄口座（Child Development Account：CDA）に対する政府からの給付金から成る制度である。出産に対する現金給付は，2015 年以降金額が引き上げられ，出生した子が第 1・2 子の場合は 8,000 シンガポールドル（以下 S$，日本円で約 77 万円），第 3 子以降の場合は S$10,000（同約 97 万円）が，子が 1 歳半になるまで 5 回に分けて（出生時，生後 6 か月，12 か月，15 か月，18 か月）一時金として支給される。CDA は，子の出生時に両親が開設する子どものための貯蓄口座であり，口座内の貯蓄は子の保育や教育費，医療費など子どものための支出にしか使用することができないが，両親が入金した預金と同額が政府から支給されるというユニークな仕組みになっている（上限あり）。

　経済的支援によって夫婦に子どもを（複数）持つインセンティブを与えると同時に，従来 12 週間だった産前産後休暇を 16 週間に延長（2008 年），男性の育児休暇を 1 週間から 2 週間へ延長（2017 年）など，共働き夫婦の多いシンガポールにおける仕事と子育ての両立に配慮した制度変更も行われている。そのような手厚い支援にもかかわらず出生率は依然として下がり続けており，2020年には TFR は 1.1 と過去最低を記録し，いまだ回復の兆しは見えない。

第 4 節　シンガポールの経済成長と外国人家事労働者

　第 2 節の冒頭で，シンガポール社会の特徴の一つとして，永住権を持たない外国人が人口の 3 割弱を占めることを挙げた。シンガポールの女性活躍を支える大きな柱の一つに，外国人家事労働者（Foreign Domestic Workers: FDW）がいる。本節では，今やシンガポールで 5 世帯に 1 世帯が雇用していると言われ

るFDW がシンガポール社会に与えた影響について詳しく見ていきたい。

(1) シンガポールにおける移民労働者

　人口に占める外国人割合を国別（26 か国）に示した OECD のデータ[17]（シンガポールは対象外）によると，最も高いのはルクセンブルクで 2019 年時点で 47.3％，次がスイスで 24.2％である。シンガポールの人口における永住権を持たない外国人の割合が 27.7％であることがどれほど高いかが分かるだろう。ちなみに日本の人口における外国人割合は 2.2％である。[18]

　外国人がシンガポールで働くためには，外国人雇用法に基づいた Work Pass を取得する必要がある。Work Pass の種類は主に Employment Pass（EP），S Pass，Work Permit があり[19]，それぞれスキルレベルと最低月収が定められている。EP は外国人高度人材向けの雇用パスで，取得するには最低月収が S$4,500（日本円で約 44 万円）[20]以上であることが求められ，外国人駐在員や，高度な専門的スキルを持つ外国人，役職付きの外国人などが取得する Work Pass である。次に，S Pass は中程度スキルレベルの外国人労働者向けの雇用パスで，最低月収は S$2,500（同，約 24 万円）である。シンガポール人の雇用と競合するため，EP，S Pass ともに年々取得要件である最低月収が上昇している。低スキルレベルの外国人労働者には，Work Permit があり，この取得には最低月収の定めはない。男性なら主に建設業，港湾，生産・加工業，女性なら住み込みヘルパーやさま

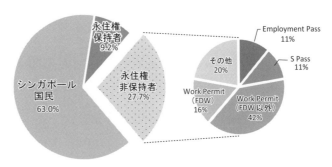

図 5-4　シンガポールにおける人口構成と外国人労働者の内訳：2022 年 6 月現在
（資料）Population in Brief 2022, National Population and Talent Division et al. より筆者作成.

ざまなサービス業に就く外国人労働者向けの雇用パスである。S Pass と Work permit については，職場における取得者の割合が，定められた割合以上にならないよう制限する DRCs（Dependency Ratio Ceilings）が定められている。それぞれの Pass を持つ外国人労働者の内訳を示したのが**図 5-4** である。これによると，シンガポールにおいて人口の約 27.7％を占める永住権を持たない外国人のうち，高度人材と中程度スキル人材が約 11％ずつ，低スキルレベルの外国人労働者が 58％，Pass 保持者の家族や，学生などその他が 20％となっている。外国人のうち過半数を占める低スキルレベルの移民労働者は，シンガポールにおける教育レベルの上昇に伴い，シンガポール人が就きたがらないような職業を担っている。

　家庭の中に入って家事や育児，介護などを担う外国人労働者である FDW は，23 歳から 50 歳の女性であり，政府に承認された 13 か国[21]の出身者であること，また，最低 8 年の義務教育を受けていることが受け入れの条件として法律によって定められている。シンガポールでは FDW は「ヘルパー」と呼ばれ，住み込みでの就労のみが可能であり（通いは不可），フィリピンとインドネシアがその 2 大供給国である。

　シンガポールでは，マレーシアからの独立以前から，中国の農村部出身の貧

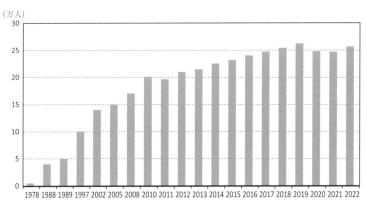

図 5-5　シンガポールにおける外国人家事労働者の推移

（資料）　Foreign Domestic Workers in Singapore: Social and Historical Perspectives.（Lee Kuan Yew School, 2016）及び Foreign workforce numbers, Ministry of Manpower より筆者作成.

しい女性を家事使用人として雇う文化が根付いていたが，独立前後の深刻な経済不況以降は移民の受け入れを厳しく制限していた。1970年代，女性の社会進出に伴い，家事労働者が不足し，家事労働者に対して支払う賃金が上昇したため，シンガポール人女性たちは家庭にとどまり，自分たちで家事や育児をこなす必要が出てきてしまった。政府は繊維産業や電子機器産業などの高成長産業にシンガポール人女性を就かせたい思惑があったため，1978年「外国人メイド計画」(Foreign Maid Scheme) を発表した。この当時約5千人だったFDWは，その後急速に増加し，コロナ禍を経て若干減少したが，2022年には再び約25万人を超えている（図5-5）。もちろんFDWだけではなく，様々な要因によってシンガポール人女性の社会進出は増加しているが，FDWはシンガポール人女性の社会での経済活動を後押しする重要な役割を担ってきた。

(2) FDW をめぐる課題

　家事労働者は雇用法の適用を受けないため，賃金の支払い，労働時間や休日など，労働者なら当然あるべき法的拘束力のある規定が存在しない。また，雇用主との力関係の不均衡，家事や育児の日常性という労働の性質に加え，家庭の中というプライベートな空間で職務が行われているため，可視化が難しいという特徴がある。そのため，雇用主による賃金不払い，雇用条件を超えた違法な働かせ方，暴力や虐待の問題が後を絶たない。FDWは，職を失うとWork Passも失効し，Work Passが失効するとシンガポール国内にいられなくなること，また，問題を起こすと本国へ送還されるかもしれないという恐怖があり，なかなか第三者に訴えることができない。

　加えて，FDWはシンガポールで人材派遣業者に所属して職を探すことになるが，その手数料について上限を規定している法律がWork Permit保持者については適用外としているため，FDWは法外な手数料を支払わなければならないリスクに常にさらされている。そのため，職場環境がどんなに悪くても職場を変えることに躊躇してしまうFDWも存在する。

　しかし一方で，日本の厚生労働省にあたる Ministry of Manpower が FDW を対

象に行った調査によると（Ministry of Manpower 2015），雇用先に対する全体的な満足度として，10 段階の満足度指標において 7 から 10 の点数をつけた者が回答者の 97.2％を占めており，もともと高かった 2010 年の同調査における88.6％からさらに上昇していた。また，現在の雇用主の下で働き続けたいかという問いに対しては 77.5％が働き続けたいと回答していることから，シンガポールにおける FDW は概ね自身の雇用環境に満足している様子が見られる。先進国による途上国の搾取，富める者による貧しい者の搾取という図式を一概に当てはめて理解しようとするのは，あまりにも表面的に過ぎるかもしれない。

　シンガポールにおける雇用主による FDW への虐待や賃金未払いに対する対策としては，警察に通報すると強制送還されるかもしれないと考える FDW が多いことから各国大使館にヘルプデスクを設置したり，調停にかけたりすることで，現在の雇用主から逃れる術を与えている。ただし，自分の権利を知らない，調べる術がない FDW もおり，万全な対策とは言えないのが現状である。

(3) SDGs と移民労働者

　SDGs では，目標 10「人や国の不平等をなくそう」の中で，移民について言及しており，ターゲット 10.7「計画に基づき良く管理された移民政策の実施などを通じて，秩序のとれた，安全で規則的かつ責任ある移住や流動性を促進する」を掲げていることから，SDGs は合法移民に関しては支持し保護する姿勢と理解される。しかし，家事や育児・介護などを担う出稼ぎ労働者など，さらに踏み込んだ移民の詳細にまでは言及がなく，そのようなジェンダー役割に固定された移民というトピックが持つ特有の問題まではカバーできていない。その問題とはつまり，ジェンダー化された出稼ぎ労働者は，目標 5 に定めるジェンダー平等を推進するよりも，むしろ性別役割分業をさらに強化してしまう可能性がある，ということである。特にシンガポールにおける FDW は女性に限定されているため，シンガポール人女性が社会進出をして家庭における家事労働者の雇用が増えるほど，より貧しい国の女性が家事や育児・介護などの人口・世代の再生産を家庭内で支える労働に従事することになり，伝統的な性別役割

分業体制がむしろ強化されてしまうという矛盾をはらんでいるのである。

おわりに

　国連の創設により男女平等についての国際的な取り組みが始まって70年余が経ち，その集大成としての現在のSDGs目標5によって，法的拘束力はなくとも多くの国がジェンダー平等についてさらに意識し，取り組むようになっている。

　本章で紹介したシンガポールでは，諸指標によって表される「ジェンダー平等」は，少なくとも表面上は政治においても経済においても政府が明確な目標を持ってトップダウンで主導することで，スピード感を持って前進していた。一見すると，SDGsの目指す「すべての女性と女児が完全なジェンダー平等を享受し，その能力強化を阻む法的，社会的，経済的な障害が取り除かれる世界」に向けての政策努力をシンガポールは建国当初から実践してきたかのようである。ただし，それは必ずしもジェンダー平等の理念だけに基づいた実践ではなかった。政治においては与党であるPAPの集票のための選挙戦略の目玉として，経済においては経済成長のために必要不可欠な労働力確保のため，手段として「女性の地位向上」が用いられてきたのである。

　また，シンガポールにおける人口・家族政策は，他の先進国の市民から見れば驚くべき程度まで政治化されていた。家族は，国家に結束力を与える中心的な単位と考えられており，家族の安定，将来の労働力確保が経済成長につながるという信念に基づいた家族政策が取られ，ここにも経済成長至上主義にはブレがない。

　そんなシンガポール社会においても，出生率の著しい低下による超少子化は避けられず，いまだ打開策は見えていない。また，外国人女性が家事労働者として家事・育児，介護などの仕事を担うことによって，シンガポール人女性が人口再生産に関わる労働（家族・世代間のケア）から解放され，労働市場において周縁的な仕事ではなく中心的な仕事を担うことができるようになるという

メリットがある一方で，ジェンダー化した移民の増加は，伝統的なジェンダー
差別を補強するという矛盾も明らかになっている。

注

(1) UN Women Concepts and definitions Gender（https://www.un.org/womenwatch/osagi/
conceptsandefinitions.htm，2022 年 5 月閲覧）.

(2) 3 分野 5 指標の詳細は，1. リプロダクティブ・ヘルス（①妊産婦死亡率，②若年
出生率），2. エンパワーメント（③国会議員の女性比率，④中等以上教育修了率
の男女比），3. 労働市場への参加（⑤女性の労働力参加率）である。

(3) 4 分野 14 指標の詳細は，1. 健康（①出生性比（率），②健康寿命），2. 教育（③識
字率，④初等教育比率，⑤中等教育比率，⑥高等教育比率），3. 経済活動（⑦労
働力参加率，⑧賃金格差，⑨所得格差，⑩管理職比率，⑪専門職比率），4. 政治
（⑫議員比率，⑬閣僚比率，⑭行政府の長の在任年数）である。それぞれの男女
比率に基づいてスコア化を行っている。

(4) 目標 5 の達成度は，①近代的な避妊法の実施率，②平均教育年数の男女比率，③
労働力参加率男女比，④国会での女性議員比率，⑤男女賃金格差，⑥アンペイド
ワークに費やす時間の男女差によって測定されている。

(5) 名目値。GDP per capita 2022, International Monetary Fund.

(6) 2022 年 6 月時点。Population and Population Structure, Statistics Singapore.

(7) ただし，大統領の権限は限定的であり，行政府の長は首相である。

(8) 夫婦の権利と義務を規定した第 45 条（現在は第 46 条）において，以下が定めら
れている。(1) 婚姻の成立により，夫と妻は，家庭の利益を守り，子どもを養育
するために，相互に協力する義務を負う。(2) 夫と妻は，それぞれ別に，あらゆ
る商売，職業，社会活動に従事する権利を有する。(3) 妻は，自己の姓と名を個
別に使用する権利を有する。(4) 夫と妻は，婚姻関係にある家庭の運営について，
同等の権利を有する。ただし，罰則のない道徳規定である。

(9) 15 歳以上識字率。Singapore Department Statistics.

(10) Employees by sex, age and temporary or permanent contract (thousands), Annual,
ILOSTAT. 日本は 2019 年，シンガポールは 2021 年の値。

(11) Council For Board Diversity (2022). Progress of Women on Boards, 2022-03-22-CBD-

NewsRel-Womens-participation-on-Sg-boards-reaching-20-at-top-companies-30-at-statutory-boards_revised-16-Jun-2022.pdf (councilforboarddiversity.sg)（2022 年 7 月 25 日閲覧）.

(12) 30% Club は 2010 年に英国で創設された，取締役会を含む企業の重要意思決定機関に占める女性割合の向上を目的とした世界的キャンペーン。Investor Group Annual Report 2021,（https://30percentclub.org/wp-content/uploads/2022/03/30-club-inv_J-fix-release.pdf, 2022 年 7 月 25 日閲覧）.

(13) 東証株価指数（TOPIX）は，東証一部に上場する企業の株価の平均を指し，景気動向を表す重要な経済指標である。そこからさらに「TOPIX Core30」と「TOPIX Large70」の構成銘柄をあわせた 100 社の株価指数を TOPIX100 と呼ぶ。

(14) TFR は，ある年の年齢別出生率の合計値であり，この年齢別出生パターンが不変と仮定した場合，1 人の女性が一生の間に生む子ども数を表す。

(15) 日本では，公的年金は現役世代が受給世代を支える賦課方式を取っているため，現役世代の減少が財政に与える影響が大きい。

(16) 2022 年 6 月平均，1 シンガポールドル（S$）＝ 96.6942 円で換算。

(17) Foreign population, OECD Data.

(18) 令和 2 年（2020 年）国勢調査による。

(19) 図 5-4 で「その他」としては，Training Pass や主な Pass 保持者の家族の Pass である Dependent Pass，それ以外の近親者等が持つ Long Term Visit Pass，学生が持つ Student Pass などがある。

(20) 注 16 と同様。

(21) バングラデシュ，カンボジア，香港，インド，インドネシア，マカオ，マレーシア，ミャンマー，フィリピン，韓国，スリランカ，台湾，タイ。

参考文献

阿藤誠（1994）「国際人口開発会議（カイロ会議）の意義―新行動計画とその有効性」『人口問題研究』50(3), pp1-17。

菅桂太（2022）「シンガポールにおける出生力転換，超少子化と人口政策―主要民族の差異と類似性」『人口問題研究』78(3), pp270-292。

田村慶子（2018）「東南アジアにおけるジェンダー問題の発生と展開」川村晃一編『東

南アジア政治の比較研究調査研究報告書』アジア経済研究所。

Ahn, N. and P. Mira (2002) "A Note on the Changing Relationship Between Fertility and Female Employment Rates in Developed Countries," *Journal of Population Economics*, Vol.15 (4), pp. 667-682.

Department of Statistics Singapore (2019, 2020, 2021) *Population Trends*.

Kögel, T. (2004) "Did the Association between Fertility and Female Employment within OECD Countries Really Change Its Sign?," *Journal of Population*, Vol.17, pp.45-65.

Lee, Kuan Yew (1998) *The Singapore Story: Memoirs of Lee Kuan Yew*, Singapore: Times Pub.

Lee Kuan Yew School (2016) *Foreign Domestic Workers in Singapore: Social and Historical Perspectives*, National University of Singapore.

Lin, E., G. Gan, and J. Pan (2020) *Singapore's Adjusted Gender Pay Gap,* Ministry of Manpower, Singapore.

Ministry of Manpower (2015) *Ministry of Manpower Foreign Domestic Worker Study.*

National Population and Talent Division, Singapore Department of Statistics, Ministry of Home Affairs, Immigration & Checkpoints Authority, Ministry of Manpower (2022) *Population in Brief.*

Pyle, Jean L. (1997) "Women, the Family, and Economic Restructuring: The Singapore Model?," *Review of Social Economy*, Vol.55 (2), pp.215-223.

Rindfuss, R. R., K. Guzzo, and S. P. Morgan (2003) "The Changing Institutional Context of Low Fertility," *Population Research and Policy Review,* Vol.22 (5-6), pp.411-438.

Sachs, J., G. Lafortune, C. Kroll, G. Fuller, and F. Woelm (2022) "From Crisis to Sustainable Development: the SDGs as Roadmap to 2030 and Beyond," *Sustainable Development Report 2022*, Cambridge: Cambridge University Press.

United Nations (2021) *The Sustainable Development Goals Report 2021.*

Tan, N. (2016) "Why Are Gender Reforms Adopted in Singapore? Party Pragmatism and Electoral Incentives," *Pacific Affairs*, Vol.89 (2), pp.369-393.

UN Women (2021) *Women in Politics 2021.*

Wai Kum Leong (2008) "Fifty Years and More of the Women's Charter of Singapore," *Singapore Journal of Legal Studies,* vol.2008 (1), pp.1-24.

142

World Economic Forum (2022) *The Global Gender Gap Report 2022.*

World Health Organization (2002) *Integrating Gender Perspectives in the Work of WHO: WHO Gender Policy.* World Health Organization.

（横山真紀）

第6章　水・衛生と地域開発
——フィリピンの事例より——

はじめに

　2015年の国連サミットで「持続可能な開発のための2030アジェンダ」が合意された。持続可能な開発（SDGs）は，ミレニアム開発目標（MDGs）の成果をさらに一歩進め，あらゆる形態の貧困に終止符を打つことをねらうものであり，2030年までに，世界の全ての国で，経済成長，社会的包摂，環境保護という3つのテーマの調和のとれた開発を実現するために社会経済の変革を目指すものである。そこでは「誰一人取り残されない」ことが謳われ，また途上国だけではなく先進国が対象になっていることが特徴である。

　このように，開発理念・開発戦略はMDGsからSDGsに至る過程で大きく変化したが，世界には多数の「取り残された」人々が存在するのが現実であり，特に途上国においては，貧困削減という古典的開発目標が，依然として最重要な政策目標であることに変わりはない。

　本章では，貧困にかかわる問題領域の中で，特に，SDG6（水と衛生）とSDG11（持続可能な都市および人間居住）がいかに関連しているかを，SDG3（すべての人に健康と福祉）との関連で検討する。

　SDG6は8つのターゲット，SDG11は10のターゲット，SDG3は13のターゲットから構成される目標であるが，本章では，SDG6については，特に安全で安価な水へのアクセス（SDG6.1，以下目標・ターゲット番号のみ記す）と下水・衛生施設へのアクセス（6.2）を，SDG11については，スラム改善による住宅および基本的サービスへのアクセス改善（11.1）を，SDG3については新生児・5歳未満児死亡率（3.2）と感染性疾患の罹患率（3.3）に注目し，これらの

間の関連をフィリピンの事例をもとに分析する。

　以下まず，本章が対象とする SDG6（水と衛生）と SDG11（持続可能な都市
および人間居住）を構成するターゲットについて概説し，両ゴールは水と衛生
問題という領域において深く関連していることを指摘する。その上で，SDG3
（すべての人に健康と福祉）のターゲットである新生児・5歳未満児死亡率（3.2）
と感染性疾患の罹患率の改善（3.3）が，SDG6 と SDG11 が関連する領域の改善
に寄与することを指摘する。また，その観点から特に水系感染症の特徴につい
て整理する。

　次に，センサスデータとフィリピン統計局の National Demographic and Health
Survey にもとづき，新生児・乳幼児死亡率・感染症と安全な水・トイレへのア
クセスとの関連を，地域別，都市・農村別，また，所得階層別に明らかにする。

　さらに個票データを用い，乳児の下痢症の発生状況を被説明変数，飲料水の
水源やトイレの有無・形式，地域環境の特徴，家族・乳幼児の人口社会学的属
性および世帯の経済階層を説明変数として用いたロジスティック回帰分析を行
うことにより，各変数の影響について分析する。

　最後に，フィリピンにおいて SDG6 と SDG11 が SDG3 を媒介としていかに関
係するか要約したうえで，フィリピンのような途上国においては，SDGs の目
標である経済成長，社会的包摂，環境保護という3つのテーマの調和のとれた
開発が特に重要な政策課題であることを明らかにする。[1]

第1節　SDG3，SDG6 と SDG11[2]

　まず，SDG6（水と衛生）は8ターゲットから構成されており，安全で安価な
水へのアクセス（6.1），下水・衛生施設へのアクセス（6.2），汚染物質・未処理
の排水の削減による水質の改善（6.3），水利用の効率化（6.4），国際的水資源管
理（6.5），水に関する生態系の保護・回復（6.6），水と衛生分野の能力開発支援
（6.a）及び水と衛生管理に関するコミュニティ参加支援（6.b）の実現を目指す

ものである。全てのターゲットは，途上国でも強く解決が求められているものであるが，安全で安価な水へのアクセス（6.1）と下水・衛生施設へのアクセス（6.2）は，感染症が蔓延する途上国において，特に解決を求められている問題である。

　次に，SDG11（持続可能な都市および人間居住）は10のターゲットから構成されているが，第1番目のターゲットであるスラム改善による住宅および基本的サービスへのアクセス改善（11.1）が，まさに途上国の保健衛生環境と直接関係するターゲットである。それ以外に，現地資材を用いた途上国の強靭な建造物の整備支援（11.c）が主に途上国を対象とするターゲットである。それに対し，利用可能な輸送システムへのアクセス改善（11.2），水関連災害の軽減（11.5）や，緑地・公共スペースへのアクセスの改善（11.7）は，発展のレベルにかかわらず，すべての脆弱な立場にある人々，特に女性，子ども，障がい者を対象とする目標である。都市計画・管理能力の強化（11.3），各国・地域規模の開発計画の強化（11.a）や災害リスク管理を考慮した総合的政策の導入・実施（11.b）は，持続可能な都市作りのための，かなりマクロな計画・実施の側面に焦点を当てた目標となっている。最後に，文化遺産・自然遺産の保護（11.4）と大気汚染の軽減・廃棄物の規制（11.6）は，都市環境の改善を目標とするものである。

　以上明らかなように，SDG6の安全で安価な水へのアクセス（6.1）および下水・衛生施設へのアクセス（6.2）と最も関係しているターゲットが，SDG11のなかでは，スラム改善による住宅および基本的サービスへのアクセス改善（11.1）である。一般的に言って，多くの途上国ではSDG6における上下水道や衛生施設へのアクセスは，SDG11が目標とするような貧困地区において最も深刻な状況にある。従って，貧困地区における上下水道や衛生施設の改善は，最も脆弱な人々の生活をより直接的に改善するという意味で，SDGsの理念に沿うものということができる。

　ただし，スラム地域における上下水道や衛生施設の改善は，単なる飲料水の供給量の増加や生活環境の改善にとどまらず，特定の疾病の改善を通じ貧困地

区住民の生活改善につながるものであり，その点について明示的にターゲットとしているのがSDG3である。

SDG3は「すべての人に健康と福祉」を目指すものであり，13のターゲットから構成されている。そこでは，妊産婦死亡率（3.1），新生児・5歳未満児死亡率（3.2）[3]，感染性疾患の改善（3.3）という途上国に典型的に生じる問題に加え，非感染性疾患にかかわる問題の改善（3.4），薬物・アルコール問題（3.5），交通事故（3.6），性と生殖に関する保健サービス（3.7），ユニバーサル・ヘルス・カバレッジの達成（3.8），環境物質による疾病（3.9）など，発展のレベルにかかわらず世界全体が直面しつつある健康・福祉問題が指摘されている。

その中で，上述のSDG6（6.1, 6.2）とSDG11（11.1）の改善と特に関係すると思われるのが新生児・5歳未満児死亡率（3.2）と感染性疾患の改善（3.3）であり，感染性疾患の中でも，特に水系感染症疾患である[4]。水系感染症は安全な水・衛生的トイレへのアクセスが劣悪な状況にある貧困地域において特に深刻な状況にあるため，水系感染症と水・トイレへのアクセスの間にある発症メカニズムについて次節でさらに詳説する。

以上要約すると，「安全・安価な水や下水・衛生施設へのアクセス問題」（6.1, 6.2）は，一般に，貧困地域において最も深刻な状況にある。貧困地域における劣悪な衛生環境，特に衛生的トイレの欠如は，新生児・5歳未満児死亡率や感染性疾患の蔓延につながる要因である（3.1, 3.2）。従って，安全な水と衛生的トイレ環境の整備は，特に貧困地域において，感染症問題の解決という具体的な形で，最も脆弱な立場にある居住者の健康改善につながる（11.1）ことが予想される。

なお，SDG3.2では新生児・5歳未満児死亡率の改善を指標として取り上げているが，一般的によく用いられる指標でありデータ入手が容易であるため，本章では，新生児死亡率・5歳未満児死亡率（以下乳幼児死亡率）に加え，乳児死亡率を指標として分析する[5]。

「水問題」の解決は，実際には，感染症の改善（3.3）にとどまらず，妊産婦死亡率の低下（3.1）や，水質汚染による死亡・疾病（3.9）の解決に貢献する要

因でもある。同様に，都市貧困地域では，下水・生活用水が未処理のまま河川
に排水されたり，地面に浸透しているという点で，水問題の解決は，SDG6 ター
ゲット３の「2030 年までに，汚染の減少，投棄の廃絶と有害な化学物質や危険
物の放出の最小化，未処理の排水の割合の半減及び再生利用と安全な再利用を
世界的規模で大幅に増加させることにより，水質を改善する」や，SDG11 ター
ゲット６の「2030 年までに，大気の質及び一般並びにその他の廃棄物の管理に
特別な注意を払うことによるものを含め，都市の１人当たりの環境上の悪影響
を軽減する」の改善につながる問題でもあることに注意する必要がある。

第２節　水系感染症の４分類と対策

　水はその中で病原菌が繁殖したり病原菌の媒介生物の移動を促進したりする
側面もあるが，同時に病原菌を洗浄することにも用いられる。水は病原菌のよ
うな有機物のみならず，人体に有害な化学物質が溶け込むことで「汚水」とな
り，病気を引き起こす場合がある。「安全な水」へのアクセスはその意味で非常
に重要であり，また「汚水」との接触を避けるために「衛生的なトイレへのア
クセス」が重要となる所以である[6]。
　水系感染症はまず病原菌の感染経路の観点から４つのタイプに分類すること
ができる。
　第１は，下痢，コレラ，腸チフス，赤痢などを引き起こす糞口感染（Fecal-
oral）である。水に混じった糞便を口から摂取したり，汚れた手やハエなどに
より汚染された食材が直接口に入ることにより発生するタイプの疾病である。
予防策としては，まず，トイレの整備や安全な飲み水の確保が必要である。ま
た，手洗いや食材を洗浄するために用いる生活用水の量の増加が必要である。
さらに，石鹸による手洗いなどの衛生行動の徹底が必要となる。
　第２は水のみで予防可能な（strictly water-washed）な疾病で，疥癬のような
皮膚疾患やトラコーマが代表的疾患群である。第一の糞口感染とは異なり，経

口摂取によっては感染せず，水で病原菌を洗い流すことができることが特徴である。顔や手の洗浄，タオルや衣類の洗濯で予防することができる。

　第3は淡水中の媒介生物（Water-based intermediate host）によってもたらされるもので，住血吸虫症やギニア虫症といった寄生虫病である。住血吸虫は水田や池や湖などに生息する巻貝を中間宿主として，水に入ってきた人の皮膚から人体に侵入することにより感染する。発症の90％はアフリカであるが，東アジア，東南アジアの淡水中でも感染の危険がある。卵が尿や便に混じって水中に排出されると，再び巻貝に寄生し，感染の連鎖を生むことになる。それに対して，ギニア虫症は水中のミジンコに寄生し，飲み水を通して人間に感染する。湖や井戸など水がよどんでいるところに潜んでいることが多い。このように，住血吸虫症やギニア虫症のような寄生虫病についても，衛生的で安全な飲料水の確保とトイレの整備が効果的な予防策となる。

　最後に，第4のタイプは水辺で繁殖し人を刺す蚊や蠅などが媒介する感染症（Water-related insect vector）である。汚染された水との接触や経口摂取を通じて感染するわけではないので，上下水道の整備が直接これらの疾病の削減につながるわけではないが，よどんだ水たまりや湖沼が発生源になることから，低湿地帯や流れの悪い排水路沿いに位置することの多い貧困地域においては，特に注意が必要な疾病である。

　以上は水系感染症の類型であるが，「水の汚染」は有害な化学物質のような無機物によってももたらされる。日本の公害病である水俣病（有機水銀）やイタイイタイ病（カドミウム）は特に有名であるが，天然自然に存在する物質であっても，地下水に溶け出し，飲料水として用いられる中で健康被害が発生する場合がある。ゴミ処理場近隣のスラム地域などには特にその危険がある。井戸の水質検査とともに，やはり安全な水の確保が求められる所以である。

第 3 節　水と衛生，感染症
――フィリピンの全国的傾向――

（1）全国の概況

　フィリピンには 17 の地域（Region）の中に 81 の州（province），33 の高度都市地域（highly urbanized cities: HUCs）と 42,036 のバランガイ（barangay）[7]がある。

　フィリピンの総人口は 2000 年の 7,651 万人から 2010 年の 9,234 万人，そして 2020 年の 1 億 904 万人へとこの 20 年間に 3,250 万人増加した。この間の年平均人口増加率は，2000〜2010 年が 1.9％，2010〜2020 年は 1.67％というように低下傾向にあるとはいえ，依然としてかなり高い水準にある（PSA 2021）。その背後にあるのが高い出生率である。

　2003 年の合計特殊出生率は全国 3.5，都市部 3.0，農村部 4.3 であったが，2017 年は，全国 2.7，都市部 2.4，農村部 2.9 となった。着実に低下しつつあるとはいえ，人口置換水準である 2.1 を上回っているだけでなく，農村部については依然としてかなり高い水準にあることは間違いない（PSA 2018）。

　地域ごとの社会経済的水準にはかなりの格差がある。2018 年の家計調査によると，首都圏の年平均世帯所得が 46 万ペソ（1 ペソは約 2.1 円／2018 年当時）であるのに対し，ルソン島北部山岳地帯のカガヤン・バレーとイロコス地域は 27 万〜

表 6-1　地域別家計所得・貧困世帯割合：2018 年

	地域	家計所得 (1,000ペソ)	貧困世帯 割合(%)
	フィリピン	313	12.1
ルソン	マニラ首都圏	460	1.4
	コルディリェラ	354	8.6
	イロコス	287	7.0
	カガヤン・バレー	265	12.5
	中部ルソン	334	5.2
	カラバルソン	384	5.1
	ミマロパ	257	10.5
	ビコール	235	20.0
ビサヤ	西ビサヤ	266	11.9
	中部ビサヤ	308	13.4
	東ビサヤ	227	23.9
ミンダナオ	サンボアンガ	228	25.4
	北ミンダナオ	250	17.3
	ダバオ	268	13.9
	ソクサージェン	242	22.4
	カラガ	243	24.1
	ARMM (イスラム・ミンダナオ自治地域)	161	54.2

（資料）PSA（2020）及び PSA（2021）にもとづき筆者作成.

29 万ペソ，ルソン島南部のビコールとミマロパは 24 万〜26 万ペソ，フィリピン中部ビサヤ地域が 23 万〜31 万ペソ，および南部ミンダナオ地域は全て 26 万ペソ以下である[8]。長年フィリピン政府軍とイスラム教徒の間の紛争地帯であったイスラム・ミンダナオ自治地域（以下 ARMM）にいたっては，その所得は約 16 万ペソであり，首都圏の約 3 分の 1 という低い水準にある。大都市圏である首都圏の物価が高いことを考慮しても，首都圏とそれ以外の地域の所得水準に相当の隔たりがあることは間違いない。

　貧困人口の分布はこのような地域間所得格差にほぼ一致している。フィリピン全体としての貧困世帯人口は 12％であり，首都圏の貧困世帯の割合はわずか 1.4％であるが，上述のフィリピン中部・南部諸州の多くでは，貧困世帯の割合は 20％を越えている。ARMM に至っては，貧困世帯の割合は 50％を越えている[9]（**表6-1**）。

　次に，2017 年版の National Demographic and Health Survey（NDHS）をもとに，飲料水，衛生環境（トイレの有無・形態），新生児・乳幼児死亡率，下痢などの感染症の蔓延状況について，その現状を順に明らかにしたい。NDHS は国際比較調査である Demographic and Health Survey（人口保健調査：DHS）の一部であり，人口，健康，栄養等に関する各国共通の質問項目にもとづきフィリピンで調査を行ったものである[10]。2017 年度版 NDHS は，全国からランダムに抽出した 27,496 世帯について調査を行っている。

　なお，上述のように，フィリピンの行政区は地域，州，都市，バランガイであり，水・衛生環境や保健医療環境の分析単位として，地域はいささか大きすぎる単位である。同じ地域の中でも，州ごと，都市ごと，さらにバランガイごとに，かなり多様性に富んでいるのが実態だからである。ただし，州以下の単位で比較可能な水・衛生施設及び保健医療データがないため，以下，居住地の水・衛生及び保健医療環境の分析単位として地域を用いることにする。

(2) 飲料水

　日本の水道の普及率は全国平均で 98.1％（2019 年）に達している。ただし，

今でこそ当たり前の状態であるが，1950 年の普及率は 25％に過ぎず，1960 年代になって 50％を越え，80％を越えたのは 1970 年代に入ってからであった。日本では一部飲用井戸を用いている地域・世帯もあるが，ほとんどは水道事業者により飲用に適する水が生産され，多くの場合地方公共団体が経営する公営企業を介し，各戸に個別に給水されている。[11]

　それに対し，フィリピンの場合，2005 年現在 5,000 以上の給水業者があり，そのうち 3,100 がバランガイ水道組合，約 1,000 が地方自治体，580 が水道区，約 500 が農村水道組合，約 200 が生協と民間企業であった。マニラ首都圏についてみると，公営のマニラ首都圏上下水道サービス（Manila Metropolitan Waterworks and Sewerage Services: MWSS）が 1977 年に民営化され，首都圏東部と西部を担当する民間企業に分割委託されている。[12]このように給水システムの観点からみると，日本と異なり，様々な規模の水業者が地域的に混在しており，かなり非効率的状態にある（World Bank 2005）。

　家庭で飲用に使用される水は，フィリピンの場合，日本のように各戸に個別配水されているわけではない。多様な水源及び供給方法が用いられているのが実態である。そのため，NDHS の調査においては，水源をさらに細かく分類の上調査している。まず大きく以下の 2 種類の水源に分類される。
① 「改善された水源」（improved source）：個人宅・隣人宅への配管，公共立水栓，管理井戸・湧水，雨水，瓶・ペットボトル詰め飲料水（以下ボトル水）[13]
② 「非改善水源」（unimproved source）：非管理井戸・湧水，地表水

　上記分類において，隣人宅へも供給された水道の共有，コミュニティ内の立水栓，コミュニティ等により管理された井戸・泉からの給水，さらには雨水の利用が「改善された水源」として分類されているのは，日本では考えられないような「途上国的状況」といえよう。[14]

　まず全体的傾向を見ると，都市部では 98％，農村部でも 94％が「改善された」飲料水にアクセスがある。しかし給水形態の内訳をみると，このうち特に個人宅や，汚染水と接する機会の少ない特定隣人宅に配管された水道を共有しているものの割合は，都市部で 31％，農村部では 23％に過ぎず，先進国の状況

表 6-2　地域別・経済階層別水源：2017 年

	地域	改善された水源(%)	非改善水源(%)	改善された水源の内訳			安全に管理(%)
				個人・隣人宅へ配管(%)	ボトル水(%)	管理井戸・湧水(%)	
	フィリピン	95.9	4.1	26.8	44.6	21.0	80.6
	都市部	98.2	1.8	31.3	58.8	6.7	91.2
	農村部	94.0	6.0	22.9	32.4	33.3	71.6
ルソン	マニラ首都圏	100.0	0.0	27.7	72.1	0.2	99.9
	コルディリェラ	88.6	11.4	12.1	45.5	29.9	80.7
	イロコス	99.2	0.8	12.9	45.1	41.0	78.2
	カガヤン・バレー	93.8	6.2	14.9	28.2	49.6	76.2
	中部ルソン	99.7	0.3	24.9	56.3	17.3	93.7
	カラバルソン	97.9	2.1	27.8	61.6	7.2	93.9
	ミマロパ	94.1	5.9	21.2	29.0	39.7	70.3
	ビコール	92.6	7.4	27.2	24.7	33.8	59.4
ビサヤ	西ビサヤ	94.1	5.9	16.5	37.6	38.4	67.5
	中部ビサヤ	97.7	2.3	18.5	56.5	16.0	79.3
	東ビサヤ	97.0	3.0	29.9	30.7	24.3	59.6
ミンダナオ	サンボアンガ	91.0	9.0	35.8	24.5	23.7	66.2
	北ミンダナオ	96.2	3.8	44.3	26.7	19.1	76.2
	ダバオ	94.6	5.4	51.3	19.2	21.6	78.5
	ソクサージェン	93.8	6.2	29.4	19.7	35.9	74.4
	カラガ	94.4	5.6	18.0	41.5	18.7	63.1
	ARMM（イスラム・ミンダナオ自治地域）	72.1	27.9	22.7	4.9	37.4	44.2
経済階層	1(下位)	85.4	14.6	24.2	7.2	44.9	48.5
	2	96.3	3.7	36.2	21.8	33.1	73.3
	3	98.5	1.5	32.9	46.5	16.6	87.7
	4	99.6	0.4	25.0	66.2	7.6	95.3
	5(上位)	99.9	0.1	14.7	82.9	2.1	98.9

（資料）　PSA（2018）にもとづき筆者作成.

と大きく異なっている。改善された飲み水として最もよく使われているのがボトル水であり，都市部では約59％が，農村部でも32％がボトル水を飲用に使っている。農村部では，管理井戸・湧水の利用が33％に達しているのが大きな特徴である（**表6-2**）。ボトル水は確かに安全な水の代表であるが，貧しい家庭にとっては決して安価ではなく，SDG6.1 が目指す安全で安価な水へのアクセスの目標の一部としてよいか疑問の残るところではある。

　水道のような基本的インフラの普及率は地域の所得格差と関係する要因であり，貧困世帯の多いビコール，ザンボアンガや ARMM においては非改善の水源に頼る世帯が多い。最貧地域である ARMM では28％がこのような非改善の水源に依存している。なお，コルディリェラの非改善水源利用率が高いのは，ここはフィリピン有数の山岳地域であるためであろう。

　なお，NDHS では資産指標にもとづき世帯の経済状態を 5 段階の経済階層に分類しているが，最下層世帯における非改善の水源利用率が約 15％であり，他の階層と著しい違いを示している。⁽¹⁵⁾

　経済階層別に「改善された水源」利用者の水源内訳をみると，最下層世帯において「個人・隣人宅への配管」の利用者の割合が低いことは予想通りであるが，上位層においてそれらの割合が最も低く，むしろ「ボトル水」の利用率が著しく高い。これは「フィリピン的」状況であり，所得の高い世帯においては，安全性に疑問のある公共給水に頼らず，価格が高くとも，安全な水を水業者から定期的に購入するようになるためである。⁽¹⁶⁾最後に配管による給水ではなく，管理井戸・湧水を飲料に使用する世帯の割合は，最下層と次に低い階層の世帯において最も多い。

　これらの水源から飲用にするにあたって，何らか形で浄化（煮沸，消毒，濾過等）しているかについて別に集計してみたところ，全世帯のうち浄化していた世帯の割合は，改善された水源の使用世帯では 21％，非改善の水源の使用世帯では 41％であった。逆に言うと，非改善の水源を利用している場合であっても，60％近くが何らの対策も講ぜずに飲用しているのが実態である。

　実際には「改善・非改善」という視点は主に MDGs で用いられていたものであり，SDGs ではさらに「安全に管理された水」という視点が重視されるようになった。その観点から，「改善された水源」はさらに「安全に管理」（敷地内，必要な時に入手可能），「基本的」（往復 30 分以内に入手可能）と「限定的」（往復 30 分以上）という 3 つのサービスレベルに再分類され，各国の現状把握に用いられている（望戸 2019，WHO and UNICEF 2017）。NDHS によると，改善された水源利用者のうち，都市部で 91％が，また農村部で 72％の世帯は「安全に管理」された水（隣人宅も含む敷地内で利用可能な水源）を利用している。ただし，地域的に見ると，やはり貧困世帯の多い地域で「安全に管理された」水へのアクセス率が低く，特にビコール，東西ビサヤ，ザンボアンガ，カラガ，ARMM の割合が低く，ARMM にいたっては，その割合は 44％に過ぎない。経済階層別にみると，階層の上昇に伴い，「安全に管理された」水利用者の割合が

上昇する。

(3) トイレ

　飲料水同様，各戸で利用しているトイレの形態はさまざまである。以下 NDHS の分類を踏襲する。ここでは改善・非改善に加えて，その施設を他人と共有しているかという基準が加わっている。⁽¹⁷⁾

① 個人所有の改善型トイレ：水洗式下水排水型，浄化槽型，ピットラトリン（落とし込み型簡易トイレ），通気改良型・セメント床強化ピットラトリン，バイオトイレ

② 共有・改善型トイレ：共有された上記型トイレ

③ 非改善型トイレ：下水道や浄化槽に排水されない水洗式トイレ，セメント床のないピットラトリン，バケツ等への排泄，ハンギングトイレ等

④ トイレなし：施設なし，野外排泄

　まずフィリピン全体としてみると，76％が上記基準による個人所有改善型トイレを使用している。各戸個別の使用であるため，他人が汚物に触れる機会が少なく，コレラ，腸チフスなどの感染症が広がることを防止することができる。それに対し，形状的には改善型であっても，他人と共同使用しているものが17％，非改善型が3％，トイレを有しないものが5％，合わせて25％が感染症の危険にさらされていることになる。都市農村別にみると，農村部のほうが若干非改善型のトイレが多い。

　地域的にみると個人所有改善型トイレの所有率は首都圏の83％に加え，ルソン島の中部ルソンが87％，カラバルソンが85％と高いのに対し，飲料水同様，貧困世帯の多いビコールに加え，ビサヤ地方やミンダナオ島においては，共有・改善トイレ，非改善型トイレやトイレなしの割合が高い。西・中部ビサヤのトイレなしの割合は10％を越え，ARMM では20％以上がトイレなしの世帯である。

　経済階層別にみると，最上位階層世帯における改善型トイレの所有率が98％

表 6-3　地域別・経済階層別　トイレタイプ：2017年

	地域	個人所有の改善型(%)	共有・改善型(%)	非改善型(%)	なし(%)
	フィリピン	75.7	17.1	2.7	4.5
	都市部	75.6	19.6	1.9	3.0
	農村部	75.8	14.9	3.5	5.8
ルソン	マニラ首都圏	83.0	15.9	0.8	0.2
	コルディリェラ	75.6	18.0	5.3	1.1
	イロコス	78.1	20.8	0.6	0.6
	カガヤン・バレー	81.2	16.0	1.2	1.7
	中部ルソン	86.7	11.5	0.7	1.1
	カラバルソン	84.7	13.1	1.1	1.1
	ミマロパ	73.5	17.4	3.6	5.6
	ビコール	70.4	18.8	3.2	7.6
ビサヤ	西ビサヤ	74.6	12.5	2.2	10.8
	中部ビサヤ	67.9	15.5	2.1	14.6
	東ビサヤ	76.6	13.2	1.7	8.5
ミンダナオ	サンボアンガ	72.1	16.7	4.4	6.8
	北ミンダナオ	74.1	16.7	4.2	4.9
	ダバオ	54.8	40.1	4.2	0.9
	ソクサージェン	67.0	23.2	2.1	7.7
	カラガ	79.4	13.0	4.4	3.2
	ARMM(イスラム・ミンダナオ自治地域)	36.1	11.4	30.0	22.6
経済階層	1(下位)	45.7	25.2	9.6	19.5
	2	63.7	30.8	2.9	2.6
	3	78.8	19.8	0.8	0.6
	4	92.7	6.9	0.4	0.0
	5(上位)	98.4	1.6	0.0	0.0

（資料）　PSA（2018）にもとづき筆者作成.

であるのに対し，最下層世帯は 46%，下から 2 番目の階層が 64%である。最下層世帯の約 20%はトイレ設備を持っていない（**表6-3**）。

(4) 感染症の現状

　感染症は身近な日常生活の中で罹患することが多く，感染症対策としては，家族・地域社会単位で予防を重視するプライマリー・ヘルスケアの考え方が有効である。フィリピンでは，地域レベルの保健制度の中心がバランガイ健康ステーション（Barangay health station）であり，通常，医師，看護師，助産師，ヘルス・ボランティアが勤務している。しかし，フィリピンの医療機関や医療従事者は都市部に集中している。また，医療機関の 60%が私立病院であること，医療従事者の海外流出等による病院経営の悪化のため，地方都市，農村，さら

には，特に貧困層に対する良質安価な医療サービスの提供は十分ではない（金子 2014，厚生労働省 2019）。[18]

WHO の死因別統計によると，2019 年のフィリピンの主要死因は，感染性疾患によるものが 24％，非感染性疾患によるものが 70％と，着実に疫学的転換が進んでいることがわかる。非感染性疾患の中では，先進国同様，心疾患，脳血管疾患，がんが 3 大死因である。ただし，日本の感染症による死亡者数の割合は 10.3％，米国が 5.3％であるので，まjust改善の余地があることは間違いない（WHO 2020）。

感染症による死亡率の中では，結核が人口千人あたり 27.1（日本は 3.5，以下かっこ内は日本），下痢が 6.2（2.7），新生児期の病態によるもの（早産時障害，出生時仮死・障害，新生児敗血症・その他感染等）が 23.6（0.5），栄養不良が 9.6（3.2），寄生虫・媒介生物による感染症（マラリア，デング熱，狂犬病など）が 2.8（0.0）であった。以上の多くは，貧困改善と生活環境の整備により予防できるものばかりである。ただし，WHO のデータからはフィリピン全体の状況しかわからないので，NDHS データにもとづき，子どもの死亡・疾病に係るものを中心に地域別傾向を明らかにしたい。

（5）地域別の衛生状況
1）乳幼児死亡

1998 年から 2017 年までの過去 19 年の間に行われた 5 回の NDHS によると，乳幼児の死亡率は徐々に低下している。乳児死亡率は出生千人あたり 34 から 21 に，5 歳未満児死亡率は 54 から 27 に低下した。ただし，新生児死亡率は 1998 年の 18 から 2013 年の 13 まで低下したが，2017 年は 14 であり，近年下げ止まった感がある。新生児死亡が乳児死亡の約 3 分の 2 を占めているだけに，今後の乳児死亡率の低下にあたり，新生児死亡率の低下がさらに重要な課題であることがわかる。ちなみに，日本の乳児死亡率と新生児死亡率は，それぞれ 1.9 と 0.9 なので，フィリピンの乳児・新生児死亡率は，日本の 10 倍以上の高い水準にある。

都市農村別にみると，都市部の乳児死亡率が 18 であるのに対し，農村部は 23 である。新生児死亡率は大差ないが，乳幼児死亡率は都市部で 23 であるのに対し，農村部では 30 であることから，乳児・乳幼児について農村部の死亡率がかなり上回っていることがわかる。

　地域別にみると，マニラ首都圏の新生児死亡率は 6，乳児死亡率は 8，乳幼児死亡率が 11 なので，保健医療環境がもはや先進国レベルに近づきつつあること

表 6-4　地域別・経済階層別　新生児・乳児・幼児死亡率，下痢症：2017 年

	地域	新生児死亡率	乳児死亡率	乳幼児死亡率	下痢症(%)
	フィリピン（全国）	14.0	21.0	27.0	6.1
	都市部	13.0	18.0	23.0	5.8
	農村部	14.0	23.0	30.0	6.3
ルソン	マニラ首都圏	6.0	8.0	11.0	2.6
	コルディリェラ	7.0	8.0	11.0	4.0
	イロコス	11.0	26.0	29.0	9.8
	カガヤン・バレー	10.0	19.0	24.0	6.0
	中部ルソン	6.0	14.0	19.0	5.9
	カラバルソン	11.0	18.0	21.0	5.5
	ミマロパ	13.0	28.0	33.0	11.8
	ビコール	22.0	30.0	38.0	8.5
ビサヤ	西ビサヤ	33.0	38.0	46.0	11.7
	中部ビサヤ	15.0	25.0	29.0	5.3
	東ビサヤ	16.0	27.0	32.0	7.6
ミンダナオ	サンボアンガ	10.0	20.0	26.0	6.6
	北ミンダナオ	16.0	26.0	32.0	3.7
	ダバオ	13.0	17.0	24.0	3.4
	ソクサージェン	19.0	29.0	48.0	6.0
	カラガ	15.0	24.0	28.0	8.1
	ARMM（イスラム・ミンダナオ自治地域）	19.0	37.0	55.0	2.7
経済階層	1（下位）	18.0	31.0	42.0	7.6
	2	17.0	23.0	29.0	7.0
	3	15.0	26.0	31.0	5.9
	4	6.0	11.0	12.0	4.8
	5（上位）	8.0	9.0	11.0	3.5
	改善された水源				5.9
	個人宅・隣人宅への配管、公共立水栓				6.7
	管理井戸・湧水・雨水				7.4
	ボトル水				4.5
	非改善水源				9.9
	非管理井戸・湧水、地表水				9.8
	個人所有の改善型トイレ				5.6
	共有・改善型トイレ				6.9
	非改善型				4.6
	なし				8.6

（資料）PSA（2018）にもとづき筆者作成．なお，新生児死亡率，乳児死亡率，乳幼児死亡率は PSA（2018）Table 10.9 にもとづき作表．下痢症については PSA（2018）乳幼児データより直接集計．

を示している。⁽¹⁹⁾ただしその他の地域との差は大きい。特に，ルソン島では，イロコス，ミマロパ，ビコールが，ビサヤ地域では東・中・西ビサヤが，ミンダナオ島では，北ミンダナオ，ソクサージェン，ARMM 地域の乳児死亡率が 25 を超えている。中でもビコール，西ビサヤと ARMM 地域は 30 を超えている。いずれも家計所得が低く，貧困世帯割合の多い地域である。新生児死亡率についても同様な傾向を示しているが，西ビサヤの死亡率が特に高い点が注目される。

　乳児死亡率を経済階層別にみると，最下層の乳児死亡率が 42，その次に低い第 2，第 3 階層の死亡率がそれぞれ 29，31 であるのに対し，所得の高い第 4，第 5 階層の死亡率が 12，11 と非常に低い。このように，経済階層別にみると，下位 60％とそれ以上の階層との間に非常に明瞭な差異が観察できる（**表 6-4**）。

　2）下痢症

　次に，新生児・乳幼児死亡の重要な要因である下痢症の罹患状況についてみてみたい。以下の数字は各調査地において，調査時に 5 歳未満の幼児のうち，過去 2 週間の間に下痢の罹患経験のあるものの割合（罹患率）である。

　まず都市農村別にみると，都市部の罹患率が 5.8％であるのに対し，農村部の罹患率は 6.3％と若干都市部より高い。次に地域別にみると，マニラ首都圏の罹患率が 2.6％と最低であるのに対し，その他の地域はマニラ首都圏よりかなり高い。特に，ルソン島のミマロパと西ビサヤの罹患率は 12％近い水準にある。ただし，確かにマニラ首都圏の罹患率は最低（2.6％）であるが，最貧地域である ARMM の発症率がマニラに次ぐ低さ（2.7％）であるなど，地域の所得水準・貧困度と必ずしも連動していない地域がみられる。

　下痢症の原因としての水源との関係についてみると，改善された水源の利用者のうち下痢に罹患したものの割合が 5.9％であるのに対し，非改善の水源の利用者の罹患率は 9.9％とかなり高い。改善された水源といっても実際には多様である。最も下痢症の発症率の低いのがボトル水の 4.5％であり，次に低いのが個人宅・隣人宅等への配管（6.7％）である。改善された水源の中に分類されているが，管理井戸・湧水・雨水の下痢症発症率は 7.4％であり，非管理井戸・湧

水，地表水，雨水の9.8％に次ぐ高さである。このことは，現状把握と国際比較のために改善・非改善という視点は重要であるが，「安全な水」の供給方法として，途上国では多様な解決方法が存在しており，現地の状況をふまえ，可能かつ効果的な解決方法を探る必要があることを示唆している。なお，下痢の罹患率は経済階層とも明瞭に関係しており，経済階層の上昇に伴い，発症率が減少している。

　ただしトイレの有無・タイプと下痢症の関係は，上述の水源や経済階層と比べあまり明瞭ではない。例えば，個人所有の改善型トイレにおいては罹患率が5.6％であるのに対し，非改善トイレ所有者の罹患率は4.6％である（表6-4）。この理由としては第2節で指摘したように，下痢症は基本的には経口感染（糞口感染）であり，「安全な水」へのアクセスが直接的な要因であるのに対し，トイレの有無・タイプは，石けんによる手洗い習慣の有無など，その他の個人的・世帯的要因と関係していることが考えられる。これらの点については次節でさらに確認・考察したい。

　以上，フィリピンの疫学的状況は着実に「近代化」しつつあるとはいえ，感染症は依然としてフィリピンが直面する重要な開発課題ということができる。その象徴である新生児死亡，乳幼児死亡は依然として深刻な状況にあり，都市部よりは農村部，地域的にはより貧困な地域で高い傾向にある。下痢症は乳幼児死亡と関係の深い細菌性疾患であり，その発生率はマニラ首都圏以外で高く，また利用する水源の安全性と高い相関を示している。

　ただし，新生児・乳幼児死亡率や下痢症は，世帯の属する経済階層との関係も深い。また，NDHSの調査結果によると，一般に，子どもの年齢が低いほど，出生時の母親の年齢が高いほど，既往出生児数が多く出生間隔が短いほど，乳幼児の死亡率や下痢症の発症率が高くなる傾向にある。母親の教育程度との相関も報告されている（PSA 2018）。

　このように，地域の世帯所得・貧困率など本章の主題である居住地の地域環境の特徴（SDG11要因）と安全な水・トイレ（SDG6要因）へのアクセスは，確かに感染症の蔓延状況と深く関係していることが示されているが，厳密にみ

ると，世帯の経済階層や家族・対象者の人口社会学的属性と同時に分析する必要がある。また，トイレの有無・形態については，必ずしも予想された通りの結果とはなっていない。そこで，この関係性を明らかにするために，NDHS データの世帯別個票データを用い，飲料水の水源やトイレの有無・形式，地域環境と下痢症の関連を，家族・対象者の人口社会学的属性や世帯経済階層とともに次節でより詳しく分析してみたい。[20]

第4節　乳幼児下痢症の発生要因を通して見た 水・衛生問題と地域開発の関連

　対象者は NDHS の調査時5歳未満の乳幼児であり，過去2週間に下痢を経験したか否かを被説明変数とする。説明変数としては，前節までに説明した安全な水の有無，トイレの有無・形態にかかわる指標，居住地の特徴に加え，新生児・乳幼児の養育の中心となる母親の教育程度，世帯の経済階層指標を用いる。免疫が十分に発達していない乳児期に感染症にかかる可能性が高いことにかんがみ，対象者となった乳幼児の年齢の影響もあわせて推計する。

　安全な水の有無は前節の指摘を踏まえ，単純な改善・非改善ではなく，下痢症の発症と高い相関を示した井戸・湧水・地表水・雨水の影響を推計する。具体的には，管理・非管理井戸・湧水，地表水，雨水の利用を1，それ以外を0のダミー変数として用いる。

　同様に，トイレの有無・形態については「個人所有の改善型トイレ」を1，それ以外を0として代入する。母親の教育程度については高卒以上の学歴を1，それ未満を0として用いる。世帯の経済階層については，上位階層と下層階層の特徴はかなり明瞭に分かれているので，上位2階層を1，それ以外を0のダミー変数として世帯の経済階層の影響を推計する。家族が居住する居住地域の影響については，マニラ首都圏と他地域の経済格差の大きさにかんがみ，マニラ首都圏居住か否か（マニラ首都圏居住を1，それ以外を0）という観点からその影響を検討する。年齢については0歳から4歳であるので，0〜4としてそのまま

代入する。

　被説明変数は下痢症の有無（0 か 1）というダミー変数であるので，ここではロジスティック回帰モデルを用いて分析する。以上単純なモデルであるが，前節で述べた水・衛生環境と居住地域の下痢症に対する影響を，家族・対象者の属性と世帯の経済的属性とともに推計することができる[21]。

　各変数の分布についてみると，過去 2 週間に下痢を発症した乳児は 6.1％であった。対象者は 5 歳未満乳幼児であり，各年齢にほぼ均等に分布している。母親の学歴は高卒以上が 64％である。経済階層についてみると，最下層は 28％であり，上位 2 階層の対象となる世帯（ダミー変数が 1）は約 30％である。

　水源についてみると，「井戸・湧水・地表水・雨水」（ダミー変数が 1）の利用世帯は 29％である。井戸・湧水には，管理・非管理両タイプを含むものとする。なお，「個人宅・隣人宅への配管，公共立水栓」は 28％，「ボトル水」は 43％であるため，「改善された水源」全体としてみると 95％，すなわちほぼ全世帯となる。このことからも，感染症の地域的決定要因としての「改善・非改善」は，SDGsが目標とする政策施行的な分析においては，あまり効果的な変数でないことは明らかである。

　トイレの有無・形態については，「個人所有の改善型トイレ」の保有者が 68％，「共有・改善型トイレ」が 21％，「非改善型トイレ・トイレなし」が 11％であっ

表 6-5　下痢症の決定要因の記述統計

(単位：％)

下痢症	6.1
子どもの年齢	
0-1歳未満	19.3
1-2歳未満	20.0
2-3歳未満	19.0
3-4歳未満	20.4
4-5歳未満	21.3
母親高卒以上	63.7
経済階層 (1-5)	
1 (低)	28.1
2	22.2
3	19.7
4	16.6
5 (高)	13.4
改善された水源	94.8
個人宅・隣人宅への配管、公共立水栓	28.1
管理/非管理井戸・湧水、地表水、雨水	29.1
ボトル水	42.9
個人所有の改善型トイレ	68.1
共有・改善型トイレ	21.1
非改善型トイレ・トイレなし	10.8
マニラ首都圏居住(%)	12.0

（資料）PSA（2018）データにもとづき筆者作成.

162

た。最後に，マニラ首都圏居住者は12％である（**表6-5**）。

　分析結果を見ると，モデル全体として有意であり，また6つの説明変数のうち，子どもの年齢，母親の学歴，マニラ首都圏居住が5％有意水準で有意であった。世帯の経済階層と水源は有意ではないが，予想された方向に回帰係数が推定されている。トイレの有無・形態は有意ではない。以下個々の変数について検討する。

　まず子どもの年齢についてみると，0から1歳になると約19％下痢の発症率が低下すること，すなわち，乳児期に最も下痢症にかかりやすく，年齢とともにその確率が低下することが示されている。母親の教育程度についてみると，高卒以上の学歴を持つと子どもの下痢の発症確率が20％以上低下する。衛生環境のよいマニラ首都圏居住の影響は特に大きく，首都圏居住者は他地域居住者と比べ，下痢の発症確率が50％以上低下する。世帯の経済階層と水源については5％有意水準では有意ではないが，世帯の属する経済階層が高いほど下痢症の発症率が低下すること，また，井戸・湧水・地表水・雨水など，安全とは言えない水源を利用していると下痢にかかりやすいことが示されているように思われる。「個人所有の改善型トイレ」については有意ではない（**表6-6**）。

　前節でも「トイレ」と下痢症の間には予想に反し若干不規則なパターンが観察されたわけであるが，本節の分析によっても，統計的に有意な結果は見出すことはできなかった。この背景として，第2節でも述べたように，下痢症は基

表6-6　下痢（過去2週間の）の決定要因

	B	p値	Exp(B)
子どもの年齢(0-5歳未満)	-0.205	0.000	0.815
母親高卒以上(=1)	-0.295	0.002	0.745
経済階層（上位2階層＝1）	-0.215	0.077	0.806
井戸・湧水・地表水・雨水	0.170	0.077	1.186
個人所有の改善型トイレ(=1)	-0.048	0.620	0.953
マニラ首都圏(=1)	-0.786	0.000	0.456
定数	-2.083	0.000	0.125
対数尤度		4,259.97	
サンプルサイズ		10,551	

（資料）PSA（2018）データにもとづき筆者作成.

本的には経口感染（糞口感染）であり，手洗い習慣など他の要因にも影響されるため，下痢の発症に直接影響する「安全な水」の影響と比べ，下痢症との関係が明瞭に出ないのではないかと思われる。

　しばしばトイレがないと，汚染水が地下水や河川を通じて飲料水に混じることにより下痢が発症するわけであるが，「安全な水源」にアクセスがあり，手洗い習慣等があり，また食材を洗浄する安全な水が十分あるならば，その可能性は低下する。本章の分析結果はこのような可能性を示唆しているように思われる。ただし，従来の知見によっても，トイレの有無・形態のような衛生環境の整備と感染症との間に深い関係があることは明らかであり，実際には下痢症以外の感染症との関連の可能性も存在する。NDHS には世帯員のより詳細な衛生行動や，下痢症以外の水系感染症のデータがないため，この点についてのより詳しい解明は将来の課題である。

おわりに

　本章では，貧困にかかわる問題領域の中で，特に，SDG6（水と衛生）と SDG11（持続可能な都市および人間居住）がいかに関連しているのかを，SDG3（すべての人に健康と福祉）との関連で検討した。具体的には，特に安全で安価な水へのアクセス（6.1）と下水・衛生施設へのアクセス（6.2）及び居住する地域環境の改善（11.1）がいかに新生児死亡・乳幼児死亡（3.2）と感染性疾患の改善（3.3）をもたらすかについて，フィリピンのデータにもとづき検討した。

　開発理念・開発戦略は MDGs から SDGs に至る過程で大きく変化したが，途上国には依然多数の「取り残された」人々が存在しているのが現実であり，その意味で，貧困問題は途上国では今もなお重要な政策課題である。本章で事例として取り上げたフィリピンでは，着実に疫学的転換が進行中であるとはいえ，先進国と比べると，依然として多くの命が感染症によって奪われているのが実態である。感染症の全てが水系感染症というわけではないが，途上国で罹患す

る可能性が高い感染症の多くは，きれいな水・衛生環境と関係するものが多い。そのため水と衛生環境の改善は必須である。ただし，日本では当たり前にアクセス可能な「きれいな水」や「衛生的トイレ」は，フィリピンにおいてはまだ当たり前の状態ではない。

　例えば，個人宅への配管給水は，マニラ首都圏のような大都市部であっても3割に満たない状況にある。首都圏外や農村部ではその割合はさらに低い。管理井戸・湧水へのアクセスを考慮にいれても，「安全に管理された水」へのアクセスは，貧困世帯や貧困地域では特に低い。フィリピンでは安全な水を求めて「ボトル水」を購入する家庭が多いが，それは貧困世帯の経済的負担となっている。衛生施設についても，トイレがなかったり，他人と共有しているため，感染症の危険にさらされている世帯がフィリピン全体で4分の1近くあり，その割合は特に貧困地区に多い。

　その意味で，SDG3（すべての人に健康と福祉を）は依然として極めて優先順位の高い政策課題であり，その解決のためには，本章で示したようにSDG6（水と衛生）の改善が重要である。SDG6（水と衛生）の問題は，特に脆弱な状況に置かれた人々が多数居住するスラム地区のような貧困地域において特に深刻な状況にある。その意味で，SDG11（持続可能な都市および人間居住）のターゲットである都市貧困地域を中心に水と衛生問題の改善に取り組むことは，SDG6（水と衛生）の目標実現を促進し，その結果，SDG3（すべての人に健康と福祉を）を実現するための効果的施策となるという関係にある。

　SDGsの目標は経済成長，社会的包摂，環境という3つのテーマの調和のとれた開発の実現であるが，本章のテーマはまさにこの3つの領域に直結するものである。SDG3の実現のためには，地域間の経済格差を縮小し（経済成長と公正の実現），貧困世帯に焦点を当て（社会的包摂の促進），水・衛生施設の整備（環境改善）を同時に進めることが必要だからである。本章で取り上げた課題は，保健，医療，貧困対策，地域開発など従来個別に対応することが多かったテーマであるが，フィリピンのような途上国では，これまでにもまして，SDGsの狙いに即し，各ゴール間で調和のとれた対策を講じていくことが必要である。

注

(1) 本稿は令和 3 年度拓殖大学国際開発研究所研究助成金にもとづく研究成果の一部である。

(2) SDGs の各目標，ターゲットおよびその指標の詳細（日本語訳）については，外務省（https://www.mofa.go.jp/mofaj/gaiko/oda/sdgs/statistics/index.html）参照。

(3) 1 年間の出生数のうち 28 日未満の死亡数を年間出生数 1,000 に対する比として算出したものが新生児死亡率。同様に 5 歳に達するまでに死亡した児を出生数 1,000 に対する比としてあらわしたものが 5 歳未満児死亡率。第 3 節以降は合わせて乳幼児死亡率と記す。

(4) 3.3 は具体的には，「2030 年までに，エイズ，結核，マラリア及び顧みられない熱帯病といった伝染病を根絶するとともに肝炎，水系感染症及びその他の感染症に対処する」ことを目標とするものである。

(5) 1 年間の出生数のうち生後 1 年未満の児の死亡数のその年の出生数 1,000 に対する比。

(6) 杉田（2007）参照。熱帯病と感染症についてはエーザイ（2019）参照。

(7) フィリピンで最小の行政区。

(8) フィリピンの行政区ではないが，その文化・歴史・風土の違いにもとづき，ルソン（フィリピン北部），ビサヤ（中部），ミンダナオ（南部）というように大きく三つの地域に分けられることが多い。ルソンとミンダナオはそれぞれ一つの大きな島であるが，ビサヤは多数の島から構成されている地域である。

(9) フィリピン統計局による貧困の定義であり，日常生活上で最低必要とする食料・生活物資購入水準によって計算される。詳細は，Poverty and Human Development Statistics Division（2020）参照。なおマニラ首都圏の貧困世帯分布は全体としては低い水準にあるが，首都圏の中でもマニラ湾岸地域や，ケソン市の特定地域にスラムや不法占拠地域の集中がみられる。

(10) DHS は 1984 年に始まり，現在 90 以上の国で調査が継続中である。フィリピン版 NDHS は 1993 年に始まった。フィリピンにおける人口・保健調査の歴史は古く，NDHS の前身である National Demographic Survey（1968）から数えると，2017 年の NDHS は 11 回目の全国的人口調査となる。2017 年 NDHS 報告書は PSA（2018）。なお，1978 年調査以降は，World Fertility Survey として実施されてきた歴史を持つ。

(11) 厚生労働省「水道の基本統計―資料」参照。

(12) マニラ首都圏の水供給と水源資源開発計画については日本工営株式会社・国立大学法人東京大学（2013）参照。

(13) 途上国ではよく見る飲料。小島（2001）参照。「ミネラルウォーター」などと言われることもあるが，その多くは，水道水，井戸水等を濾過し工業的に生産された精製水（distilled water）である。「フィリピンの飲料水」（https://primer.ph/guide/food-life/post_4/）の写真を注意してみると，ボトル水によって標記が違うことがわかる。

(14) ただしこの分類はフィリピン独自の分類ではなく，WHO/UNICEF の水供給のサービス水準分類に準じている。この分類は当初 MDGs で採用され，SDGs でさらに細分化され使われるようになった。MDGs 時の内容と評価については下ヶ橋・浅見・秋葉（2013），SDGs への推移については望戸（2019）。これらの分類を前提として，衛生施設と安全な飲料水の普及の国際的現状については，WHO and UNICEF（2017）参照。

(15) NDHS では世帯の持ち物（電気，ラジオ，テレビ，冷蔵庫，自転車，車・バイク，電話，携帯，家屋の床の材料，壁の材料，屋根の材料等）を主成分分析にかけ，それにもとづき「資産」を表す合成指標を構築している。本章で用いる経済階層は，そのようにして構築された「資産指標」（Wealth Index）を等分の5階級に分類したもの。

(16) 2010 年におけるマニラ首都圏の無収水率（水の生産量のうち実際の販売代金に反映されなかった水の割合）は 32.8% であり，その大半が配管設備の不備に由来する物理的漏水であった。首都圏西部地域では，無収水率は 43%，漏水率は 30% であった（日本工営・東京大学 2013）。配管から水が漏れているということは，当然そこから細菌等が侵入し水が汚染されている可能性を示唆している。

(17) この分類は MDGs の分類を踏襲している。MDGs の衛生施設に関する Indicator7.9 参照。なお，以下の分類で，ピットラトリン（pit latrine）は落とし込み型簡易トイレ。日本の汲み取り式トイレと異なり，満杯になるといったん閉鎖し，他の場所に穴を掘り使用することが多い。ハンギングトイレは地表が湿地状態にあり直接穴を掘りトイレが設置できない場合，かさ上げした土台上にトイレを設けたもの。

(18) フィリピンの医療機関数は，2006 年の 1,921 をピークに，2015 年には 1,195 まで減少した（PSA 2019）。

(19) アメリカ合衆国の乳児死亡率（2018）は5.8。1978年の日本の乳児死亡率は8.4
であった（国立社会保障・人口問題研究所　2021）。

(20) 乳児死亡率との関係についても検討したが，発生件数が少ないため，ここでは下
痢症の罹患経験を被説明変数とする分析を報告する。

(21) 本章で示した分析に加え，乳幼児の看護に対する児の性差の存在と17の地域の
影響について予備的分析を行った。性差については有意ではなかったため最終モ
デルから省略した。17の地域の多くは第4節の分析と合致する方向で有意となっ
たが，煩雑となるため，また分析単位としての適切性について疑義が残るため，
最終モデルから省いた。具体的には，本章では地域ごとの「発展レベル」と感染
症の影響を指摘したが，実際には，地域を構成する州市町はさらに個別特有の事
情を有している。そのためここではもっとも単純化したモデルのみ報告する。な
お，今後特定の州・地域の状況や特に貧困地域に焦点を当てた分析を行う予定で
ある。

参考文献

エーザイ（2019）「社会問題でもある顧みられない熱帯病と三大感染症について」（https://
atm.eisai.co.jp/ntd/，2021年10月15日閲覧）。

金子勝規（2014）「ASEAN保健医療人材の国際労働移動—OECD諸国への移動の分析
を中心に」『アジア研究』60(2), pp.20-43。

厚生労働省「水道の基本統計—資料」（https://www.mhlw.go.jp/stf/seisakunitsuite/bunya/
topics/bukyoku/kenkou/suido/database/kihon/index.html，2021年10月15日閲覧）。

厚生労働省（2019）「第5章第4節フィリピン共和国」『2019年海外情勢報告』（https://
www.mhlw.go.jp/wp/hakusyo/kaigai/20/，2021年10月15日閲覧）。

国立社会保障・人口問題研究所（2021）『人口統計資料集2021』。

小島道一（2001）「統計でみる発展途上国の飲み水」『アジ研ワールドトレンド』2001年
10月号。

下ヶ橋雅樹・浅見真理・秋葉道宏（2013）「水衛生分野の国際的な動向と今後の展望」
『保健医療科学』62(5), pp.514-525。

杉田映理（2007）「水問題への働きかけ—安全な水と衛生」佐藤寛編著『テキスト社会
開発』日本評論社。

日本工営株式会社・国立大学法人東京大学（2013）『フィリピン国マニラ首都圏及び周

辺地域における水資源開発計画に係る基礎情報収集調査（水収支解析等）ファイ
ナル・レポート』独立行政法人国際協力機構（JICA）。

望戸昌観 (2019)「世界の水の現状・課題―持続可能な開発目標 (SDGs) と私たち」『地
理・地図資料』1 月期号。

Philippine Statistics Authority (PSA) and ICF (2018) *Philippine National Demographic and Health Survey 2017*, Quezon City, Philippines, and Rockville, Maryland, USA: PSA and ICF.

Philippine Statistics Authority (PSA) (2019) *2019 Philippine Statistical Yearbook,* (https://psa.gov.ph/sites/default/files/2019-PSY_1003.pdf，2021 年 10 月 15 日閲覧).

Philippine Statistics Authority (PSA) (2020) *2018 Family Income and Expenditure Survey* (https://psa.gov.ph/sites/default/files/FIES%202018%20Final%20Report.pdf，2021 年 10 月 15 日閲覧).

Philippine Statistics Authority (PSA) (2021) *2020 Census of Population and Housing* Table A.（https://psa.gov.ph/content/2020-census-population-and-housing-2020-cph-population-counts-declared-official-president，2021 年 10 月 15 日閲覧).

Poverty and Human Development Statistics Division; Philippine Statistics Authority (PSA) (2020) *Updated Full Year 2018 Official Poverty Statistics of the Philippines*, Quezon City.

World Bank (2005) *Philippines: Meeting Infrastructure Challenges*, Washington DC.

World Health Organization (WHO) and United Nations Children's Fund (UNICEF) (2017) *Progress on Drinking Water, Sanitation and Hygiene: 2017 Update and SDG Baselines*, Geneva.

World Health Organization (WHO) (2020) *Global Health Estimates 2019: Deaths by Cause, Age, Sex, by Country and by Region, 2000-2019,* Geneva.（https://www.who.int/data/gho/data/themes/mortality-and-global-health-estimates/ghe-leading-causes-of-death，2021 年 10 月 15 日閲覧).

（新田目夏実）

第7章　SDGsから見る人口と経済

はじめに

　本章では，成長と分配のマクロ経済と人口問題という2つの観点から，SDGs
のそれぞれの目標の相互関係を議論する。そのうえで，発展途上国と日本の
SDGs の各目標の現状と目標到達のため課題について考察したい。

　SDGs は17項目という多岐にわたる目標を掲げており[1]，それらの目標は相互
に入り組んでいる。このため，それぞれの目標が他の目標を補完する場合もあ
る。しかし，貧困を解決するための事業が環境破壊につながるといったように，
ひとつの目標を達成するためには，別の目標が犠牲になるといったトレードオ
フの関係となる場合もある。このように，SDGs は多岐にわたる目標が入り組
んでいるうえに，インプット―アウトプット―アウトカムを区別しない目標と
ターゲットが多いために，評価と査定をめぐる問題を引き起こしているという
批判もある（Stiglitz et al. 2018）。そこで，SDGs の多くの目標を俯瞰し，体系
的に相互関係を説明するために，本章ではマクロ経済学の成長会計という軸を
中心に据えることで，SDGs の各目標が相互補完的に社会厚生を改善すること
を目的にしていることを明らかにする。

　SDGs を論じるにあたって，マクロ経済モデルと人口問題を繋げるキーワー
ドとして，物的資本と人的資本に特に注目する。人口問題は人間の数に注目し
がちであるが，人的資本という概念を用いることで人間の質について議論する
ことが可能となる。また，人的資本を構成する健康や教育は，それ自体が SDGs
の目標であるだけではない。健康状態や教育条件の改善は，経済成長の大きな

源泉でもある。そこで，人的資本の改善の重要性と現状について説明をしたうえで，人的資本の現状と将来について考察したい。

　一方，多くの経済学者は経済成長が「心身の幸福」（well-being）を改善する重要な要素であると考えるが，今後も従来型の経済成長を続けるのは無理があり，不可能ではないかという見方も根強く存在する。そこで，両者の議論を整理したうえで，重要なことは GDP（国内総生産）が人々の幸せを測る指標としてどの程度，機能しているのかという点であることを示す。つまり，論点はGDP が人々の幸福を測る指標として適切であるのかということである。

　そこで，GDP が幸福度を測る指標としての意義と限界を考察する。経済成長の質が重要なことは言うまでもないが，経済成長の質を識別するうえで GDP を超える簡便な指標を作ることの難しさがある。この難しさが，SDGs の目標とターゲットが多いことの一因でもある。また，経済成長だけではなく投資も単に収益性だけを考えるのではなく，社会や環境にも配慮することが重要であるとされてきている。このような状況の下で ESG という概念が提起された。そこで，ESG 投資の現状を説明したうえで，可能性についても考察したい。

第1節　成長会計を通して考える SDGs と人口

（1）成長会計と SDGs の相互関係

　本節では，SDGs の各目標が経済といかなる関係があるかについて考察したい。その際，成長会計というマクロ経済を分析する手法を用いる。成長会計によって，SDGs の各目標の相互関係を明確にしたい。さらに，成長会計を用いることで，それらの各目標が経済とどのように関係づけられるのか説明したい。そのうえで，成長会計を用いて，マルサス以降，議論され続けてきた人口と経済の関係についても検討する

　はじめに成長会計について説明したい。成長会計（growth accounting）とは，GDP 成長率を技術進歩率，資本成長率，労働力成長率に分解する手法であり，

以下のように書くことができる。

$$\frac{\Delta Y(t)}{Y(t)} = \frac{\Delta A(t)}{A(t)} + \alpha\frac{\Delta K(t)}{K(t)} + (1-\alpha)\frac{\Delta L(t)}{L(t)}$$

GDP 成長率＝技術進歩率＋資本分配率×資本成長率＋労働分配率×労働力成長率

　GDP 成長率に関しては，ターゲット 8.1 では「1 人あたりの経済成長率を持続させ，特に後発開発途上国では少なくとも年率 7％の GDP 成長率を保つ」ことを掲げる。GDP 成長率を上昇させるためには，資本，労働といった投入量を増やすか，効率性を上昇させるかの 2 つの方法がある。

　技術に関しては，SDGs の目標 9「レジリエントなインフラを構築し，だれもが参画できる持続可能な産業化を促進し，イノベーションを推進する」として，イノベーションに言及している。また，その手段として，ターゲット 9.5 では研究開発従事者の数を大幅に増やし，官民による研究開発費を増加すること，ターゲット 8.2 では高付加価値セクターに重点を置くことでイノベーションを通じた高レベルの経済生産性を達成，ターゲット 8.3 では創造性やイノベーションを支援する開発重視型の政策の推進，といったようにイノベーションに関しては，多くの箇所で目標やターゲットとして取り上げられている。

　資本に関しては，物的資本と人的資本に分けて説明したい。物的資本に関しては，先ほどの目標 9 の前半部分で「レジリエントなインフラ構築」として言及しており，11.2 では公共交通機関の拡充などがターゲットになっている。人的資本は健康と教育に分けることができる。健康については目標 3「あらゆる年齢のすべての人々の健康的な生活を確実にし，福祉を推進する」，教育については目標 4「すべての人々に，だれもが受けられる公平で質の高い教育を提供し，生涯学習の機会を促進する」ことを掲げる。労働に関しては，ターゲット 8.5 でディーセント・ワーク（decent work）と同一労働同一賃金，ターゲット 8.8 では労働基本権の保護を掲げている。

　このように SDGs の各目標やターゲットはそれ自体が目的であるだけではなく，経済成長の源泉となっている。さらに，成長会計の式の左辺である経済成

長率もターゲットであるだけではなく，次節でも説明するように，それ自体が
貧困問題などの解決のための1つの手段でもある。究極的な目標は人間の幸福
（well-being）であり，経済成長もそのための手段に過ぎない。そこで第2節で
は，経済成長が人間の幸福に繋がっているのかを検証するために，1人当たり
GDPと絶対的貧困や乳児死亡率の関係を議論する。

（2）人口と経済の関係について

　次に，人口と経済に関して考察したい。人口問題に関しては，SDGsでは直
接的には言及していない。しかしながら，SDGsで人口が問題にならないこと
を意味しない。むしろ，経済，貧困，食糧，環境問題と人口問題は，歴史的に
も密接な関連があるとされてきた。

　人口と経済の関係を論じた源流として，マルサス「人口論」がある。1798年
に初版が出版された『人口の原理』において，マルサスは3つの命題を示した。
第1に，人口の増加にとって食料などの生存資料の供給が制約になること，第
2に，生存資料の増加がある限り人口も増加すること，第3に人口と生存資料
の増加率には著しい差があり，人口は幾何級数的に増加するが，生存資料の増
加はせいぜい算術級数的にとどまるという。そこで両者を同一水準に保たせる
もろもろの妨げ（check）は窮乏（misery），罪悪（vice）および道徳的抑制から
なるとされる。窮乏や罪悪には飢餓や戦争が含まれる。道徳的抑制とは，晩婚，
すなわち結婚時期を遅らせることである。

　言い換えると，食糧が増えるとそれによって人口が増え，1人当たりの食糧
が減るために，産業革命以前は食糧と人口が上下変動の波動を繰り返し，人口
や食糧が増加し続けることはない。つまり，マルサスの主張によれば，人口増
加が経済発展やそれがもたらす豊かさの制約になる。このように人口と，SDGs
の目標1と目標2で取り上げられている「貧困」と「食料」は歴史的にも密接
な関係にあった。

　マルサスの悲観論は，「近代経済成長」によって，人口と1人当たりGDPが
ともに持続的に成長したことで当てはまらなかった。しかし，戦前の日本にお

いては過剰人口がもたらす食糧不足は深刻な問題であり，これに対処すべく
1927 年に内閣に人口食糧問題調査会が設置された[2]。さらに，第二次世界大戦後
の途上国における急激な人口増加に直面したことで，再びマルサスが脚光を浴
びた。このように，途上国やかつての日本では過剰人口が食糧不足や貧困をも
たらすことが大きな問題となっていた。

　経済と人口の関係についても成長会計を用いて明らかにしたい。先ほどの式
の両辺から労働成長率（= $\varDelta$ L/L）を引いて計算することで，1 人当たり GDP
成長率を求めることができる。

$$\frac{\Delta y(t)}{y(t)} = \frac{\Delta A(t)}{A(t)} + \alpha \frac{\Delta k(t)}{k(t)}$$

1 人当たり GDP 成長率＝技術進歩率＋資本分配率×1 人当たり資本成長率

　これを使用すると，人口が増えると 1 人当たり資本 k（=K/L）が減少するこ
とで，1 人当たり GDP である y（=Y/L）が低下する。これを資本の希釈化とい
い，この式は過剰人口となると資本が相対的に不足することで，貧困をもたら
すことを示唆している。

　さらに，マルサスの悲観論は，人口と環境問題との関係でも注目されること
になる。人口増加が資源減少や環境悪化の原因となっているという主張が，レ
スター・ブラウンやエーリック夫妻からなされた。また，メドウズらは人口増
加と環境悪化に警鐘を鳴らして，大きな衝撃を与えた（Meadows et al. 1972）。
このことは第 3 章で詳しく説明されている。

　まとめると，本章の第 1 節では，はじめに成長会計を用いて，SDGs の目標
はそれ自体が目的であるだけではなく，SDGs のターゲットの 1 つである経済
成長の原動力にもなることを示した。ただし，経済成長も最終目標ではなく，
人類の幸福の手段の一つに過ぎないことに留意すべきである。そこで，第 2 節
では経済成長が人類の厚生を改善するか否かを明らかにするため，SDGs の主
要な目標である貧困や健康との関係を考察する。また本節では，SDGs では人
口問題が主要な目標として明示されていないものの，SDGs の主要な対象であ

る貧困や環境問題と人口は，歴史的にも密接に関係することについて，マルサスを手掛かりに説明した。

第2節　発展途上国の持続可能な発展

(1) 経済成長と貧困・健康

　第1節では，成長会計に基づきながら，経済成長の源泉が，資本，労働，技術であることを説明した。さらに，物的資本だけではなく人的資本も経済成長にとって重要であることを示した。そこで，本節では経済成長がSDGsの各目標といかなる関係にあるのかを途上国に焦点を当てて議論したうえで，途上国の現状に着目する。

　はじめに，経済成長と貧困の関係について説明したい。SDGsの目標1では「あらゆる場所のあらゆる形態の貧困を終わらせる」を掲げており，SDGsの目標の中心には貧困問題の解決がある。貧困の指標として，絶対的貧困と相対的貧困がある。絶対的貧困とは生活する上で最低必要条件の基準が満たされていない状態のことであり，相対的貧困とはある地域社会の大多数よりも貧しい状態のことである。絶対的貧困に関してはターゲット1.1「2030年までに，現在のところ1日1.25ドル未満で生活する人々と定められている，極度の貧困をあらゆる場所で終わらせる」が，相対的貧困に関してはターゲット1.2「2030年までに，各国で定められたあらゆる面で貧困状態にある全年齢の男女・子どもの割合を少なくとも半減させる」が掲げられている。

　まず，絶対的貧困の現状についてみていきたい。**図7-1**は絶対的貧困の推移を示したものである。[3] 全体的に絶対的貧困の割合は低下傾向であるが，東アジア・太平洋での割合の低下が顕著である。1980年代初頭では東アジア・太平洋の80%の人々が絶対的貧困に直面していた。しかし，その後，急速に低下して，2000年代前半には世界平均を下回り，2010年代前半にはラテンアメリカ平均を下回った。主な原因として，中国の経済成長が考えられる。一方，サブサハ

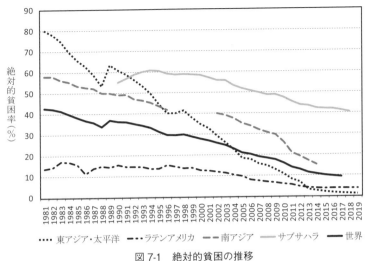

図 7-1　絶対的貧困の推移
（資料）世界銀行：World Development Indicators より筆者作成.

ラ・アフリカは低下の速度が遅く，2017 年でも 4 割以上の人が絶対的貧困に直面している。

　しかしながら，国連の『持続可能な開発目標（SDGs）報告 2021』では，極度の貧困に直面している人の割合が 2015 年の 10.1％から 2017 年の 9.3％に低下したものの，低下のスピードは減速した。さらに，2020 年には新型コロナウィルス感染症により，1990 年代のアジア通貨危機以降，初めて極度の貧困が 1.19 億人から 1.24 億人程度増加した。増加者の 60％はサブサハラ出身である。

　次に，経済成長と絶対的貧困の関係に着目する。その結果が，**図 7-2** である。1 人当たり GDP が高くなると絶対的貧困率が低下し，1 人当たり GDP が 1 万ドルを超えると，ほとんどの国では絶対的貧困の割合がほぼ 0 となる。つまり，少なくともターゲット 1.1 の絶対的貧困を根絶するためには経済成長が重要であることをこの結果は示唆する。

　目標 8 の経済成長や雇用に関しては，新型コロナ・パンデミック以前から成長の伸びが緩やかであった。しかし新型コロナウィルス感染症により，2020 年の世界の 1 人当たり実質 GDP 成長率は世界恐慌以来の最大の落ち込みとなっ

た。特に雇用に大きな被害をもたらした（国連 2021）。

　さらに，ターゲット 3.2 では「2030 年までに，すべての国々が，新生児の死[(4)]
亡率を出生 1,000 人あたり 12 人以下に，5 歳未満児の死亡率を出生 1,000 人あ
たり 25 人以下に下げることを目指す」とする。このように，乳幼児死亡率の低
下も SDGs の大きな柱となっている。また，乳幼児死亡率は国の発展状況を示
す重要な指標である。とりわけ，女児はその社会において最も弱い存在であり，
社会の歪みがもたらす影響を最も受けやすい存在である。[(5)]

　そこで，女児死亡率と 1 人当たり GDP の関係を分析した。その結果が，図
7-3 に示される。この図が示すように，1 人当たり GDP が高くなると女児死亡
率が低下する。ただし，絶対的貧困の場合と異なり，ばらつきが大きく，1 人
当たり GDP が 10,000 ドルを超えても女児死亡率が高い国もある程度，観察さ
れる。女児死亡率は経済発展の度合いだけではなく，女児に比べて男児をどの
程度優先させるかといった文化的な要因も死亡率を左右するものと考えられる。

　Duflo（2012）は，通常の環境下では，最貧国であり男児が女児よりも優遇さ
れている地域であっても，男児の方が女児よりも多くの資源を割当てられると
いうことは，我々が想定するほど明らかではないとする。例えば，予防接種の
比率などは男女差がない。しかし，病気になった場合に男児の方が女児よりも

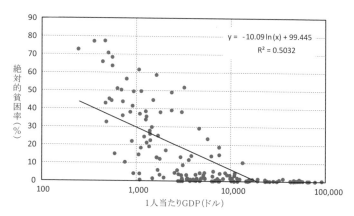

図 7-2　1 人当たり GDP と絶対的貧困：2017 年
（資料）世界銀行：World Development Indicators より筆者作成.

優先的に看護されるといったことが確認される，とする。さらに Baird ら
（2011）は，1986 年から 2004 年に調査されたデータを用いて，男児と女児の乳
児死亡率の差に注目し，途上国では男児よりも女児の死亡率の方が経済状況の
悪化という要因に影響されることから，家計内で男児と女児の扱いに差があり，
男児の方が守られやすいことを示している。このように女児死亡率は，経済成
長だけではなく，目標 5 のジェンダー平等とも関係する。ジェンダー平等を推
進することは女児死亡率の改善にもつながるため，SDGs の各目標に補完性が
認められる。

　さらに，Duflo（2012）は，貧困国では特に災害などの負のショックが起きた
場合における男女間の被害の格差が大きいことから，貧困状態を解決すること
は女性のエンパワーメントに有意義であると述べる。ただし，経済発展が男女
不平等を完全に解決できるわけではないため，女性のエンパワーメントを促進
する政策も重要である。一方で，女性のエンパワーメントが経済発展に対して
正の効果もあることを指摘する。

　次に，ターゲット 1.2 の相対的貧困や目標 10 の不平等と経済成長の関係につ
いてみてみたい。目標 10 とは「国内および国家間の不平等を是正する」ことで
ある。パンデミック以前は，様々な不平等に関する指標は改善する方向であっ

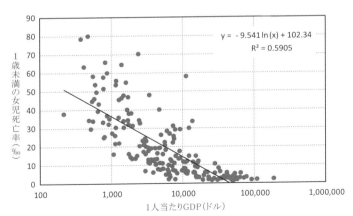

図 7-3　1 人当たり GDP と女児死亡率：2017 年
（資料）世界銀行：World Development Indicators より筆者作成.

178

た。しかし，新型コロナウィルス感染症により，国家内や国家間の格差が拡大
した。新興国と途上国における平均ジニ係数が 2.6 ポイント悪化して 42.7 となっ
た。これは，6％の上昇を意味する（国連 2021）。

　経済成長と不平等に関しては，クズネッツが逆 U 字の関係を示し，経済成長
の初期段階では格差が広がるが，一定水準を超えると経済成長に伴い格差が縮
小するとした。これに対して，ピケティはクズネッツの逆 U 字カーブは第二次
世界大戦後の一時期に観察された現象であり，近年では再び格差が広がってい
るために，逆 U 字カーブは当てはまらないとする（Piketty 2013）。また，**図
7-4**（相対的貧困率の国際比較）が示すように，アメリカの 1 人当たり GDP は
高いものの相対的貧困率も高いことが示すように，1 人当たり GDP と相対的貧
困率にも関係性はみられない。

　これらをまとめると，貧困（目標 1，目標 10）や不平等（目標 10）と経済成
長（目標 8）の関係については，相対的貧困率や格差や不平等と経済成長につ
いては議論の余地があるものの，途上国に見られる絶対的貧困，女児死亡率の

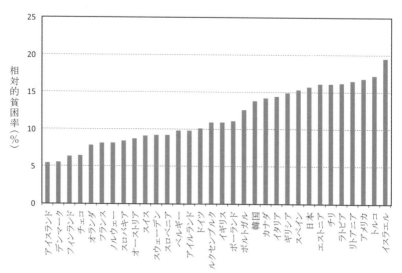

図 7-4　相対的貧困率の国際比較：2015 年
（資料）OECD Factbook 2018 より筆者作成.

低下と経済の発達状況には強い負の相関がある。このため，先進国における経済成長に関しては別の議論があるものの，途上国にとって，絶対的貧困の大幅削減（ターゲット 1.1, 1.2），乳児死亡率の改善（ターゲット 3.2），女性のエンパワーメント（目標 5）のためにも経済成長が重要である。

　一方，新型コロナウィルス感染症は目標 1 の貧困，目標 8 の経済成長，目標 10 の不平等をはじめとするほとんど全ての指標の改善に大きな負の影響をもたらし，貧困や不平等を悪化させた。景気に関しても 2020 年は大幅に悪化させた。2021 年は回復傾向となったが，コロナ前に戻るのは 2022 年，2023 年と予想されている（国連 2021）。

(2) 発展途上国の経済成長の課題

　そこで，成長会計に基づいて，途上国の経済成長にとって何が課題となっているのかを明らかにする。成長会計に基づくと，GDP 成長率を直接的に決定する要因は，資本成長率，労働力成長率，技術進歩率であるため，発展途上国の資本に着目したい。資本には物的資本と健康や教育からなる人的資本がある。物的資本の変化は資本の減耗を除くと投資であるため（$\Delta K = I$），投資率の推移についてみてみたい。図 7-5 が示すように，GDP に対する投資率は，2000 年以降は先進国よりも途上国・新興国の方が顕著に高くなっているが，それ以前は途上国・新興国の方がやや高いものの大きな差が存在しなかった。

　一般的に資本ストックが少ない途上国においては，資本が希少であることや資本がもたらす限界生産性の高さのために，資本の収益率が高くなることで，より多くの資本の流入が期待できる。しかしながら，資本が希少であり資本収益率が高い国においても 2000 年以前は先進国と変わらない投資率であった。理由としては，政治的なリスクや法制度が完備されていなかったために，投資リスクが大きかったことが考えられる。このために，水道，ガス，電力，道路など，様々な途上国のインフラが未整備のままであり，経済成長の足かせになっており，現在に至るまでインフラ整備は途上国の大きな課題となっている。これに加えて，途上国では，急激な都市化が進んだことから，都市に人口が集中

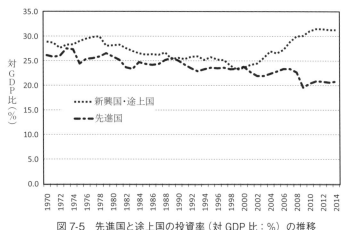

図7-5　先進国と途上国の投資率（対GDP比：%）の推移
（出所）United Nations National Accounts Main Aggregates Database より経済産業省作成.

している。都市への人口の集中に比して，インフラ整備が追い付かないために，産業関連資本，生活関連資本ともに整備が不十分であり，交通渋滞や頻発する停電などが生産性を阻害するだけではなく，災害に弱い都市構造となっている。この点については，本書の第6章でフィリピンの水と衛生の問題を取り上げている。

　SDGsでは，この状況を直視し，目標9に「レジリエントなインフラを構築し，だれもが参画できる持続可能な産業化を促進し，イノベーションを推進する」，目標11「都市や人間の居住地をだれも排除せず安全かつレジリエントで持続可能にする」のターゲット11.2では公共交通機関の拡大を掲げている。しかし，公共交通手段への便利なアクセスが可能なのは，2019年時点では世界の都市住民のわずか半分だけである（国連　2021）。

　レジリエントなインフラ投資のためには，国内外の投資が必要となる。発展途上国では投資の源泉となる貯蓄水準が低いために，国内資本による投資では十分に賄うことができない。このために，外国からの投資が必要となる。先進国から途上国へのインフラ整備の方法としてODA（政府開発援助）が存在するが，近年では官によるODA事業と民による投資事業などが連携して行う新し

い官民協力の方法 PPP（Public Private Partnership）が増加している（Ito 2018）。

　次に人的資本について取り上げたい。人的資本を構成する健康と教育はそれ自体が SDGs の目標 3 と目標 4 として掲げられた主要なゴールであるだけではなく，人的資本の充実は経済成長の源泉となる。経済が健康や教育に正の効果があるだけでなく，健康や教育が経済に正の効果があるため，両者には相乗効果が期待される。健康に関しては主に本書の第 6 章で扱うので，本章では目標 4 の教育について取り上げる。

　目標 4 を達成するための具体的なターゲットとして，ターゲット 4.1 では少女と少年への初等・中等教育の修了，ターゲット 4.5 では教育のジェンダー格差をなくすこと，ターゲット 4.6 では読み書き能力と計算能力を取り上げている。この中から，本章では女性の識字率の推移についてみてみたい。

　教育に関しては，パンデミック以前ですら改善が遅すぎて 2030 年に目標を達成できないことが懸念されていた。さらに新型コロナウィルス感染症は，教育の改善を停滞・悪化させると予測されている。例えば，1.01 億人の子ども（初等教育と前期中等教育の児童・生徒の約 9％）がさらに最低限の識字水準以下に陥ると予測されている（国連 2021）。

　女性の識字率向上はジェンダー格差の解消の意味で重要であるだけではない。女性の教育水準は子どもの衛生状態や教育水準を決定する要因としても重要である。このため，女性の教育水準の正の外部性はより大きいと考えられる。Kremer ら（2009）は，ケニアで実施された成績優秀な女子に対する奨学金給付のプログラムの効果を分析し，女子の成績だけでなく，教員の出勤率や男子の成績への波及効果もあることを実証した。さらに，女性の教育水準が高くなることは，子どもを産む機会費用の上昇をもたらすことで，出生率抑制の効果がある。Black ら（2008）は義務教育制度の変更による教育水準の上昇が 10 代女性の出産を減らすことを実証している。このため，女性に対する教育投資は，高い出生率と低い子どもへの教育投資による低経済成長の状態を解消する手段としても有用である。

　図 7-6 は成人女性の識字率の推移を表したものである。特徴的なのは，東ア

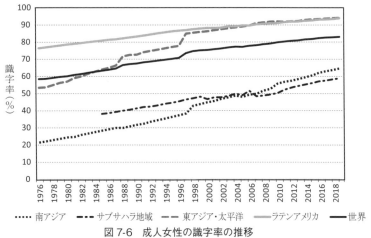

図7-6　成人女性の識字率の推移
（資料）世界銀行：World Development Indicators より筆者作成.

ジア・太平洋の女性の識字率が急速に向上していることであり，1980年代初頭
では世界平均を下回っていたが，急激に上昇し，1990年代後半以降はラテンア
メリカ平均と同様の推移をたどっている。東アジア地域の出生率低下や急激な
経済成長の背景の1つには，女性の識字率の上昇があると考えられる。一方，
サブサハラ・アフリカの伸びは緩やかである。

　以上をまとめると，1人当たりGDPは絶対的貧困や女児死亡率と強い負の相
関があり，特に途上国においてはこの傾向が顕著である。このために，GDPは
少なくとも途上国においては心身の幸福（well-being）と強い関連性があること
が示された。また，GDP成長率を決定する要因として，物的資本と人的資本に
注目した。物的資本に関しては，資本が過少で平均的な資本収益率が高いはず
の途上国でも投資率が先進国とほぼ同様の時期が長期間続いていた。このため，
安定的な投資を呼び込む環境整備が重要である。一方，人的資本に関しては，
健康や教育はそれ自体が開発目標であるだけではなく，経済成長の原動力でも
ある。教育については，東アジア・太平洋地域の女性の識字率が急激に上昇し
ている。このことは，東アジア地域の出生率の低下や高い経済成長率の一因と
なっている。

　しかし，新型コロナウィルス感染症の世界的流行は，SDGs目標4に向けての教育のこの20年間の前進も帳消しにするほどの影響を及ぼした。さらに新型コロナウィルス感染症により，学校教育の修了率の改善も停滞もしくは悪化することが予期される。さらに，地域や貧富の差による教育格差がより顕著になった。

第3節　日本の持続可能な発展

(1) 日本の労働市場におけるジェンダー格差

　SDGsの前身であるMDGsではどちらかというと先進国の役割としては，発展途上国を支援することに主眼が置かれて，先進国自身の問題として顧みられることは少なかった。それに対して，SDGsの多くの目標には先進国自体が取り組むべき課題も多く含まれている。各目標の達成度について，日本が十分に評価される項目も多く存在するが，十分でないと評価されている項目も少なくない。2020年のSDGsの達成度ランキングでは日本は17位であるが，各目標やターゲットで達成度に違いがある。達成が高く評価されている項目としては，目標3（健康），目標9（インフラとイノベーション），目標16（平和で包摂的社会）がある。一方，相対的貧困率や女性国会議員の数，男女の賃金格差，無償労働を行う時間の男女格差については，課題があることが指摘されている。

　日本の相対的貧困率は図7-4で示した通り，先進国のなかではアメリカに次いで高い。また，労働に関するジェンダー格差の多くのターゲットについても，日本では十分でないことが指摘されている。一般的に，SDGsは環境の持続可能性に注目が集まりがちであるが，日本に関しては目標8「すべての人々にとって，持続的で誰も排除しない持続可能な経済成長，完全かつ生産的な雇用，働きがいのある人間らしい仕事を促進」が大きな課題となっている。目標8は主に成長会計での労働に関連する箇所であり，本節では日本の労働問題について，目標8や目標5と関連付けて論じたい。

　世界経済フォーラム（WEF）の Global Gender Gap Report 2022 によると，日本のグローバルジェンダーギャップ指数は世界 146 か国中 116 位であり非常に低く，SDGs のなかでも特に課題となっている。ジェンダー格差に関しては本書の第 5 章で詳しく説明されているので，本節では日本の雇用環境における問題についてのみ取り上げる。

　日本の労働市場における男女格差については，図7-7 に所定内給与の平均額の男女間格差の推移を示した。男性の所定内給与は 1990 年以降，ほぼ一定であるのに対して，女性の所定内給与は 1990 年以降，上昇幅が減少したものの上昇を続けている。しかしながら，現在も女性の給与は男性の給与に比べて 25％以上も低い。日本における女性の社会進出の壁になっていることは数多く存在するが，結婚や育児と仕事の両立可能性が難しいという問題がある。

　そこで，政府は SDGs のターゲット 8.5 に対応して，個人のライフスタイルに合わせた多様な働き方を促進することを目的として，働き方改革を推進した。2016 年には「ニッポン一億総活躍プラン」が閣議決定されて，女性や高齢者の就業促進計画を進めている。これは，①働き方改革，②子育て環境整備，③介

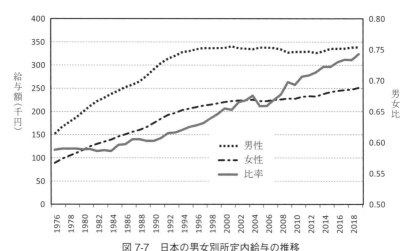

図 7-7　日本の男女別所定内給与の推移
（資料）厚生労働省『賃金構造基本統計調査』より筆者作成.
（注）男女比は，男性の給与額を 1 とした時の女性のそれの比を示す.

護の環境整備，④すべての子どもが希望する教育を受けられる環境の整備を柱
にしている。働き方改革とは日本的雇用慣行を見直す方向による改革である。
働き方改革の柱は①長時間労働の是正，②正規就業と非正規就業の格差を是正
し，同じ仕事であれば同じ賃金を支払うこと（＝同一労働同一賃金），③高齢者
の就業促進である。その結果，2018 年には「働き方改革関連法」が成立した。

　育児と仕事の両立，ワークライフバランス，女性の管理職登用が進まない原
因として，日本的雇用慣行の問題も指摘される。日本的雇用慣行とは，終身雇
用制度，年功序列型賃金，企業別組合から成り立つ。これらは，日本のコーポ
レートガバナンスとも相互補完関係にあり，株主と経営者と労働者が長期的な
関係を構築することが可能となり，日本企業の強みとなったとされた。しかし，
山口（2017）は労働需要が不確実で雇用調整の柔軟性が必要である現在の環境
では，終身雇用制度が機能せず，女性の活躍の妨げとなり，多様な人材を確保
できていないとする。

　さらに，日本の雇用慣行は職務が曖昧で長時間労働の温床となる。松浦
（2020）は，「労働費用＝時間当たり賃金×労働時間×労働者数」に分解して，
労働費用の調整はこれら 3 つのうちどれかを通じて行う必要があるとする。そ
のうえで，日本企業は伝統的に特に正社員の雇用を守るために，労働費用の調
整は主に労働時間と賃金によって行ってきたとする。このため，景気が良いと
きも雇用者数を増やすのではなく労働時間を増やすことで対処した。このこと
が長時間労働の原因の 1 つとなったとする。長時間労働はワークライフバラン
スの妨げとなることで，女性の就業に対して負の効果をもたらした。一方，脇
坂（2018）は日本企業の特徴として「遅い昇進」を挙げたうえで，遅い昇進の
企業でもワークライフバランスを推進することで女性管理職は増え，このよう
なバランスの取れた施策が最適であるとする。

(2)　日本のインフラの持続可能性について

　労働と並ぶ生産要素である物的資本に関しては，かつて日本は他の先進国と
比べて公的総固定資本形成の割合が高く，「土建国家」という批判がなされてき

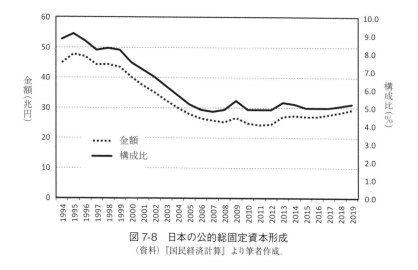

図 7-8　日本の公的総固定資本形成
(資料)『国民経済計算』より筆者作成.

た。**図 7-8** が示すように，このような批判を受けて，小泉政権時代の 2000 年代前半には日本の公的総固定資本形成は金額，構成比ともに急激に低下した。一方，大石（2012）によれば日本の国土の特徴として，①弓状列島と言われる細長い国土による多様な気候をもつ広範囲な国土，②河川が急流である，③地質が複雑で，都市が軟弱地盤上にある，④いつ起こっても不思議でない地震と津波，⑤豪雪や豪雨に見舞われやすい，などが挙げられる。このような国土のもとで，環境に配慮したレジリエントなインフラ整備は今後も必要となる。

　このような国土の下で，社会資本をどのように維持・更新するかという社会資本の持続可能性が問題となる。『国土交通白書 2016』によれば，2033 年には道路橋の 67％，トンネルの 50％，港湾岸壁の 58％が建設後 50 年以上経過し，社会資本の老朽化が進む。維持管理だけではなく，更新投資も必要となる。一方，日本では人口減少や高齢化が避けられないことも事実である。

　人口減少や単身世帯の増加が進むことで，空き家など使用されないストックが増える面もある。総務省の「住宅・土地統計調査」によると，2018 年時点で空き家数は 849 万戸と過去最多となり，全国の住宅の 13.6％を占めている。10 年前の 2008 年時点では空き家数が 757 万戸であったことから，10 年間で 12％

上昇している。⁽⁸⁾空き家問題は既に全国各地で問題となっており、2014 年には「空き家対策特別措置法」が成立した。

　人口減少や高齢化と資本ストックの維持・更新のため、2 つの政策を説明したい。第 1 に、コンパクトシティ構想である。縮減する人口と経済のなかで、かつてと同じようなインフラを維持することは不可能である。そこで、都市のスプロール化を防ぎ、都市中心部への住民移転を促進して、公共投資を都市中心部に集中させる、コンパクトシティによって、インフラを効率的に維持するという考え方がある。山﨑（2011）は集落維持のために個々の事業ごとに永続的な赤字補填を行うのではなく、撤退の費用をそれぞれの事業者が一時的に共同して負担するという発想も必要であるとする。また、林・小川・別所（2010）は公共財供給の平均費用を推定すると、平均費用を最小とする地域人口は 20〜40 万人であるとする。また、岡田・手塚（2011）は、市町村データを用いて 1 人当たり歳出総額と人口規模には U 字型の関係があり、1 人当たり歳出総額を最小とする人口は 20 万人であることを実証している。しかしながら諸富（2018）が指摘するように、住民移転をするときに新しいコミュニティを形成する必要があり、実際には難しい問題もある。

　第 2 に、休眠ストックの活用である。具体的には、空き家問題と所有権が特定できない土地の活用についてである。吉原（2017）は、日本の土地の所有・利用実態を把握する情報基盤が不十分であると主張する。具体的には、全農地面積の約 2 割が相続未登記となっている。未登記であると、災害復興のための用地買収に際して所有者を確定することに時間を要することで、復興事業に支障が出るといった問題がある。

　日本は人口減少と高齢化に直面しており、特に地方ではこの傾向が顕著である。そこで、日本政府は SDGs を原動力として、地域創成を推進すべく、2016 年に総理大臣を本部長、官房長官・外務大臣を副本部長、全閣僚を構成員とする SDGs 推進本部を設置して、『SDGs 実施指針』を策定した。

第4節　持続的な開発のために

（1）経済成長は人々を豊かにするのか

　本節では，はじめに経済成長が真に人々にウェルビーイングをもたらすのかについて，さらに考察するために，「脱成長」論者の主張を取り上げて考察する。そのうえで，経済とSDGsの両立を図る近年の動きとして，ESG投資の流れについても解説する。

　先に第1節では発展途上国において，1人当たりGDPで表される豊かさが絶対的貧困や女児死亡率と負に相関することで，1人当たりGDPが貧困や健康を改善するのに有用であることを示した。一方，先進国の相対的貧困や所得格差と1人当たりGDPの関連性については明確ではない。このため，脱経済成長論者は特に先進国では経済成長が重要ではなく，定常状態を目指すべきであることを主張する。脱経済成長論者は地球資源の有限性を重要視して，経済成長が環境破壊をもたらすことなどを問題視する。[9]

1）「脱経済成長」に対する2つの疑問

「脱経済成長」については以下の2つの疑問がある。第1に，経済成長を批判する論者の多くは定常状態が望ましいとするが，定常状態とはどのような状態であるのか。現在の日本は高齢化が進展し，生産年齢人口が減少している。1人当たりGDPの0％成長であるならば，生産年齢人口当たりのGDP成長率はプラスとなる必要がある。第2に，経済成長を批判する論者は所得分配で問題を解決することを主張する。しかし，パイが大きくなるなかでの分配である場合は，絶対額ではプラスになりうる。しかし，ゼロ成長の場合，ゼロサムゲームに直面することで，誰かの所得が絶対額でマイナスになることが避けられない。相対的なマイナスだけではなく，絶対額でのマイナスを受け入れる決定が現実的であるのか。

　そこで，議論の核心は，GDPが人々の心身の幸福（well-being）を測るのに適切な指標であるかということである。GDPとは，原則として市場取引で生み出

された付加価値の合計である。このため，市場取引されないと，いかに付加価値を生み出したとしても GDP には計測されない。このような一例からも分かるように，GDP の指標としての限界は，長年指摘され続けている。このため，先進国では経済は成長しているにもかかわらず，主観的幸福度はほとんど変化がないという「イースターリンのパラドクス」という現象も観察される。

　Stiglitz ら（2010）は，GDP の問題点として，非市場型の社会的取引，物的資本・自然資本・人的資本のストックとフロー，及び幅広い分布の問題を考慮していないという 3 点を挙げている。第 1 の問題は家事労働を含めた，付加価値がある取引を GDP は考慮していないことである。第 2 の問題としては，環境破壊がその被害を埋め合わせるコストを生ずることによって却って GDP が上昇することがある。例えば，環境破壊によって病気になって治療すると，その支出の分だけ GDP が高くなる。この支出は，環境破壊がなければ必要がない負担である。また，環境破壊によって失われる自然資本や人的資本のストックも GDP は考慮できない。第 3 の問題は，GDP は誰に帰属するかという所得格差の問題を考慮していないことである。

2）GDP に代わる厚生の指標

　このように GDP には限界があることが示された。それでは，GDP に代わる人間の厚生を測定できる指標がありうるのか。本章では①人間開発指数，②主観的幸福度，③ SDGs グローバル指標の 3 つの指標について取り上げる。[10]

　人間開発指数（HDI: Human Development Index）とは，健康長寿，知識へのアクセス，人間らしい生活水準という人間開発の 3 つの基礎次元における長期的な前進を評価する総合指数である。健康長寿は平均寿命，知識へのアクセスは入学年齢の子どもが受けることを期待できる学校教育の年数，生活水準は 2017 年を基準とする国際ドル建て 1 人当たり国民総所得（GNI）を購買力平価（PPP）換算率により換算したものによって測られ，2019 年の日本の HDI は 189 の国と地域のなかで第 19 位である（国際連合開発計画　2020）。HDI は国民の平均寿命や教育，所得を評価する単純ながら包括的な指標であるという評価を確立してきた。しかし，以下の限界がある。第 1 に，環境の視点がなく，環境

から得られる厚生を測定することができない。同時に資源が枯渇することにより厚生が悪化することを考慮していない。第2に，ジェンダー格差や所得分配の観点が弱い。

　それでは環境やジェンダーの視点を重視したSDGsグローバル指標がGDPを超える指標となるのか。国連では途上国と先進国とを問わずに全世界に適用される多くの目標とターゲットからなるSDGsが提案された。しかしながら，スティグリッツらは，人々のGDPを批判する口調は鋭いが，代替案になると舌鋒が鈍るとする（Stiglitz et al. 2018）。そこでは，SDGsは17の目標と169のターゲットから成り立っているが，目標とターゲットがこれほど多くては政策立案の面では実用的でないとする。

　HDIやSDGsに限界があるならば，客観的な指標ではなく，個人の主観を用いて厚生を測ることも考えられる。そこで，幸福度や満足度などの主観的幸福感はGDPの代わりになりうるかについて考える。Steptoeら（2015）は主観的幸福感を用いて，将来の健康状態を予測することができることを示しており，主観的幸福感を厚生の指標として用いるのは一定の意義が認められる。しかしながら，厚生の指標としての主観的幸福感には，以下の2つの限界がある。第1に，主観的幸福感を測る方法としていくつかの方法が存在するが，それぞれの質問によって何を識別できるのかについて十分に明らかになっていない。第2に，行動を決定するときの効用と決定した行動から得られる効用は異なるために，何をもって厚生の指標と見るべきか難しい。例えば，幸福度が高い地域から低い地域への人口流出がしばしば観察される。このことの意味付けを，主観的幸福度を指標とする場合は行う必要がある。このように，GDPに限界があることから，HDIやSDGsをはじめとしたいくつかの代替的な指標が提案されているが，それらの指標にも限界があることがわかる。

(2) 持続可能な投資のためのESG投資

　このように，GDPで測定される経済成長と「真の豊かさ」の乖離が指摘される状況の下で，「人々の幸福＝厚生」を改善することを目的とするような経済成

長の質が注目されてきている。[11]

1）ESG 投資とは何か

　そこで投資についても，単に収益性だけではなく，社会的な意義を意識した投資へと目が向けられるようになってきた。その代表例として，ESG 投資がある。ESG 投資とは，「環境（Environment）」や「社会（Social）」の問題に積極的に取り組み，適切な「企業統治（Governance）」を行う企業へ，優先的に投資を振り向ける投資手法ことである。ESG 投資の起源としては，1920 年の米国や英国で，キリスト教会の資金を運用する際に，酒・たばこ・ギャンブルなど，宗教上の倫理に反するものには投資しないといった考えに基づいて投資を行ったことなどがあるとされる（池田・小川　2019）。

　かつて，フリードマンは企業の目的は利潤を上げて，それを投資家に分配することであり，環境保護や社会問題に取り組むことは政府の仕事であると主張した。また，会社の所有者は株主であり，ステークホルダー（従業員，顧客をはじめとした利害関係者）に対する配慮は不要であるとした。しかし，冷戦の終結以降，「企業の社会的責任」（CSR: Corporate Social Responsibility）という考え方が重視されるようになった。さらに企業の所有者は株主であり，経営者は株主の意向のみを尊重すべきだという考え方から，多様なステークホルダーを考慮した経営を行うべきという考えに移行する経営者が増えてきて，望ましいコーポレートガバナンスとは何かという議論がなされるようになってきた。

　さらに，投資家も自身の利益のみを経営者に要求するのではなく，環境や社会問題に積極的に取り組む企業に対して積極的に投資する動きが強まり，投資先に社会的責任を果たしている企業を選ぶ「社会的責任投資」（SRI: Socially Responsible Investment）という考え方が提起された。SRI の概念を発展させたのが，ESG 投資である。[12]

　ESG は 2006 年に国連の事務総長であったコフィー・アナンが中心になって作成された国連責任投資原則（PRI: Principles for Responsible Investment）というガイドラインが源流である。つまり，PRI とは短期的な利潤や配当を求めるのではなく，適切なガバナンスに基づいて環境や社会に配慮した経営を行う企

業に投資をすることで，持続可能な利益の拡大を図るというものである。ESG
投資家とは PRI に署名した投資家のことをいう。

　日本では，2015 年に GPIF（年金積立金管理運用独立行政法人）が PRI に署
名したことを契機に機関投資家にも PRI 署名者が急増して ESG 投資が広がっ
た。**図 7-9** はグローバルで持続可能な投資の割合の推移を示したものである。日
本は 2016 年では 3.4％とほとんど投資がなかった。その後，急激に投資割合を
増加させて，2020 年には 24.3％に至る。ただし，2020 年でも他の先進国と比べ
て割合は相対的に低くなっている。

2）ESG 投資を巡って

　次に ESG 投資に関するいくつかの論点を取り上げる。はじめに，ESG 投資
の金銭的リターンの有効性である。湯山（2019）は ESG 投資パフォーマンスに
関してはプラスとする研究が多いものの，通常投資と比べて有意差がないとす
る研究や通常投資よりも悪いとする研究も存在するとしたうえで，理由として
対象地域や期間，使用している ESG 投資やパフォーマンスの定義の違い，推定
手法の違いによるとしている。そのうえで，ESG 投資は本来的には長期的な効
果を目指したものであり，今後は長期的な評価を検証する必要があるとする。

　さらに荒尾ら（2020）は ESG 投資の課題として，次の点を指摘する。第 1 に，

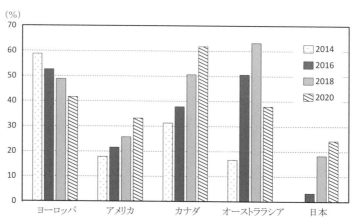

図 7-9　先進国のグローバルで持続可能な投資の割合の推移
（資料）『GLOBAL SUSTAINABLE INVESTMENT REVIEW 2020』より筆者作成.

ESG スコアの有効性である。第 2 に，整備途上にある ESG 情報開示基準である。第 3 に，情報開示量の少なさである。これらの結果，ESG 投資の「真」の評価が十分にできていないとする。例えば，米国カリフォルニア州電力大手 PG&E 社が山火事の責任を追及されて破産申請を行った。PG&E の気候変動リスクが顕現化した事例とも指摘されたが，再生エネルギーを推進していたこともあり，ESG スコアは低くなかった。ESG スコアを機械的に参照しても気候変動リスクを評価できないことがわかる（池田・小川　2019）。

おわりに

　本章では，多岐にわたる SDGs の項目を統一的に把握するための 1 つの軸として，マクロ経済学で用いられる成長会計を使用した。成長会計では技術，物的資本，人的資本，労働が経済成長の要因となっているとする。成長会計を用いて，SDGs の各目標やターゲットはそれ自体が目的であるだけではなく，経済成長の原動力になっていることも明らかにした。そのうえで，人口問題は SDGs の目標に明示的に含まれていないが，古典的にも人口は貧困や環境問題と関係しており，実質的には現在に至るまで SDGs と密接に関連することを明らかにした。また，少なくとも GDP で測る豊かさは途上国の貧困や女児死亡率を改善することも示した。そのうえで，途上国と日本の物的資本，人的資本，労働の現状と課題を SDGs に即して議論した。さらに，新型コロナウィルス感染症は，SDGs の目標である貧困削減，不平等撤廃，経済成長と雇用促進，教育普及に大きな負の影響をもたらし，2030 年までの目標の到達を困難にしていることを論じた。

　一方，GDP が先進国の豊かさや心身の幸福（well-being）の指標としては，完全ではないことを示し，GDP の限界や代替的な指標について検討した。ただし，GDP に代わる明快かつ簡便な指標がないことが，SDGs の目標とターゲットの多さと複雑さからも示唆された。また，投資についても単に短期的な収益性だ

けを目的とするのではなく，長期的な持続可能性を達成するために，社会や環境に配慮すべきだとの発想のもとで，ESG 投資が影響力を強めていることを説明した。

注

(1) 南・稲場（2020）では，先進国は目標の数を減らしたいと考えていたが，途上国のそれぞれの主張を考慮して，17 となった経緯を説明している。

(2) 背景には，1918 年の米騒動，アメリカ合衆国移民法改正による日本人移民の締め出しなどがあった（廣嶋 1980）

(3) ここでは，世界銀行の絶対的貧困の定義である「2011 年の購買力平価（PPP）に基づき，1 日 1.90 ドル未満」で過ごす人の割合を使用している。

(4) 生後 28 日未満の児のことを意味する。

(5) Todd（1976）はソ連の乳児死亡率の上昇した事実からソ連の崩壊を予想した。

(6) 便利なアクセスとは，バス停留所から 500m 以内，鉄道駅から 1,000m 以内に暮らしていることをいう。

(7) このランキングは，ドイツのベルテルスマン財団と持続可能な開発ソリューション・ネットワーク（SDSN）の 2030 年に向けたグローバル目標の進捗状況を把握するための SDGs インデックスとダッシュボードを含む「持続可能な開発報告書（SDR）」による。

(8) 塩見（2011）は，人口減少下の住宅市場や政策について考察を行っている。

(9) 一例をあげると，橘木・広井（2013），佐伯（2017）などがある。

(10) 橘木（2013）はその他として，ノードハウスとトービンが提唱した Measurement of Economic Welfare，日本の経済審議会による NNW（Net National Welfare），英国にある New Economic Foundation が 2006 年に出した Happy Planet Index, OECD が出している Your Better Life Index，ブータンの国民総幸福（Gloss National Happiness）などを紹介している。

(11) もちろん，前項で指摘したように経済成長の質を識別する GDP を超える唯一の指標は未だ存在しない。SDGs の目標が 17，ターゲットが 169 もあり，そのなかにはインプット，アウトプット，アウトカムが混在する状況になっているのは，

厚生を少数の指標で測ることができないためである。

(12) ただし，湯山（2019）は SRI と ESG 投資が相違するという指摘を紹介している。SRI は倫理的な側面を重視することで，投資先のスクリーニングを行うのに対して，ESG 投資は ESG 要素が全企業の課題であることから，全企業が投資対象となるという議論を紹介している。

参考文献

荒尾拓人・清水亮介・小川佳也 (2020)「ESG 投資を巡るわが国の機関投資家の動向について」『BOJ Report & Research Papers』。

池田裕樹・小川佳也 (2019)「ESG 投資の最近の潮流」『日銀レビュー』2019-J-5。

大石久和 (2012)『国土と日本人』中央公論新社。

岡田啓・手塚広一郎 (2011)「人口減少下における社会資本の整備と維持管理」塩見英治・山﨑朗編『人口減少下の制度改革と地域政策』中央大学出版部。

佐伯啓思 (2017)『経済成長主義への訣別』新潮社。

塩見英治 (2011)「人口減少下の住宅市場と政策対応」塩見英治・山﨑朗編『人口減少下の制度改革と地域政策』中央大学出版部。

国土交通省 (2016)『国土交通白書 2016』。

国際連合 (2021)『持続可能な開発目標 (SDGs) 報告 2021』（https://unstats.un.org/sdgs/report/2021/The-Sustainable-Development-Goals-Report-2021.pdf）。

国際連合開発計画 (2020)『人間開発報告書 2020』（https://www.jp.undp.org/content/tokyo/ja/home/library/human_development/hdr2020.html）。

橘木俊詔 (2013)『「幸せ」の経済学』岩波書店。

橘木俊詔・広井良典 (2013)『脱「成長」戦略』岩波書店。

林正義・小川光・別所俊一郎 (2010)『公共経済学』有斐閣。

廣嶋清志 (1980)「現代日本人口政策史小論―人口資質概念をめぐって (1916〜1930 年)」『人口問題研究』154, pp.46-61。

松浦司 (2020)『現代人口経済学』日本評論社。

南博・稲場雅紀 (2020)『SDGs―危機の時代の羅針盤』岩波書店。

諸富徹 (2018)『人口減少時代の都市』中央公論新社。

山口一男 (2017)『働き方の不平等 理論と実証分析』日本経済新聞出版社。

山﨑朗 (2011)「人口減少時代の地域政策」塩見英治・山﨑朗編『人口減少下の制度改

革と地域政策』中央大学出版部。

湯山智教 (2019)「ESG 投資のパフォーマンス評価を巡る現状と課題」*GraSPP-DP-J-19-001*。

吉原祥子 (2017)『人口減少時代の土地問題』中央公論新社。

脇坂明 (2018)『女性労働に関する基礎的研究』日本評論社。

Baird, S., J. Friedman, and N. Schady(2011) "Aggregate Income Shocks and Infant Mortality in Developing World," *The Review of Economics and Statistics,* Vol.93(3), pp.847-856.

Black, S. E., P. J. Devereux, and K.G. Salvanes (2008) "Staying in the Classroom and Out of the Maternity Ward? The Effect of Compulsory Schooling Laws on Teenage Births," *The Economic Journal,* Vol.118, pp.1025-1054.

Duflo, E.(2012) "Women Empowerment and Economic Development," *Journal of Economic Literature,* Vol.50(4), pp.1051-1079.

Ito, S.(2018) "PPP vs ODA Revisited: Key Issues for PPP Infrastructure Development in the Philippines," *The Philippines Review of Economics*, pp.56-86.

Kremer, M., E. Miguel, and R. Thornton(2009) "Incentive to Learn," *The Review of Economics and Statistics*, Vol.91(3), pp.437-456.

Malthus, T. R.(1798) *An Essay on Principal of Population*, London.

Meadows, D. H., D. L. Meadows, J. Randers, and, W.W. Beherns (1972) *The Limits to Growth*, New York: Universe Books.

Piketty, T.(2013) *Le Capital au XXIe siècle, du Seuil.*（ピケティ (2014)『21 世紀の資本』みすず書房）

Stiglitz, J. E., A. Sen, and J. P. Fitoussi (2010) *Measuring Our Lives: Why GDP Doesn't Add UP*, New York: The New Press.（スティグリッツ・セン・フィトゥシ著，福島清彦訳 (2012)『暮らしの質を測る：経済成長率を超える幸福度指数の提案』金融財政事情研究会）

Stiglitz, J. E., J. P. Fitoussi, and P. Durand (eds) (2018) *For Good Measure: Advancing Research on Well-being Metrics Beyond GDP*, OECD.（スティグリッツ・フィトゥシ・デュラン編著 (2020)『GDP を超える幸福の経済学』明石書店）

Steptoe, A., A. Deaton, and A. A. Stone(2015) "Subjective Wellbeing, Health, and Aging,"

Lancet, Vol.385(9968), pp.640-648.

Todd, Emmanuel (1976) *La Chute Finale. Essai sur la décomposition de la sphère soviétique*, Robert Laffont.（エマニュエル・トッド（2013）『最後の転落：ソ連崩壊のシナリオ』藤原書店）

（松浦　司）

第8章　人口・開発と地球環境の持続可能性

はじめに

　私たち人間は，自然から多大な恩恵を受けて生存している。空気，太陽光，風，水，鉱物などの天然資源，数多くの動植物，土壌など，地球上に存在するあらゆるもの全てを，自然界からの贈り物として利用し生活を営んでいるといっても過言ではないだろう。こうした自然から与えられている恵みを，人類の誕生以来，人間の叡智と工夫で様々に活用し，生活をより豊かなものとしてきた。しかしながら，人口の増大や諸産業の急激な発展とともに，今日では，自然から与えられた資源の活用の方法が，時として人智を超えて，自然界の微妙なバランスに反するものとなり，人間の生活基盤に対して，意図しない思わぬ反作用や副作用としての影響を与え始めている。中でも人口の動向は，エネルギーを始めとする資源や自然環境に強大な圧力となり，様々な自然破壊現象となって表れてきている。今日では，こうした自然破壊の進行がやがては，人間の生存そのものを危うくする事態をも想定されようとしている。本章では，SDGs目標の中で特に直接的に人間に関わりの深い，エネルギー，消費と生産，気候変動と環境保全，海と陸の生物多様性と生態系の持続について，地球環境の持続可能性を，世界人口との関わりからみることとする。

第1節　人口・開発とエネルギー

（1）人口の増加とエネルギーの歴史

　エネルギーは，SDGsの5つの重要領域の中で豊かさ（Prosperity）に関わり，目標7「クリーンなエネルギーをすべての人に」で取り組まれている。

　古代から人々は，エネルギーをその時々の用途により，多様に変化させて生活を発展・高度化する役割に利用してきた。約50万年前から「火」をエネルギーとして利用し，火を熾す方法をみつけて，比較的温暖な地域から寒冷地へと人々の移住を可能なものとし，居住空間の拡大である人の移動が起きた。その後，狩猟と採集の生活から人類の最も重要な文化的な進化ともいわれる，定住を基本とする農耕生活へと生活の基盤を転換させた。農耕は，太陽が持つエネルギーを最大限に活用して，植物を栽培し，食料の安定的な確保を可能とするものであった。さらに「火」を利用して金属の加工に活用するなど，その後に続く多くの人々の生活の発展に，多大な影響を与えることになった。

　その一方で人類は，マンパワーである人力本位のエネルギーの利用から牧畜を通じて，家畜エネルギーの利用による耕作作業や作物などの運搬，水力や風力を回転エネルギーに利用した水車，風車の動力への活用，帆船による航行技術の開発など，多様な自然の力を動力として生活に活用すべく様々な工夫に取り組んできた。

　16世紀に入り，木から木炭へそして，火力を増した石炭が主要な熱エネルギーとして登場し，その後，石炭が豊富に産出されたイギリスにおいて，18世紀後半から19世紀前半にかけて産業革命が起こると，工業化の進展とともに世界経済も急速な成長を遂げることとなった。その背景には，石炭エネルギーを活用したエネルギーの大転換があった。中でもワットによる蒸気機関の開発は，水蒸気をエネルギー出力とする，蒸気型紡績機や蒸気船さらには，動力が一段と強い蒸気機関車の実用化へと発展し，運搬技術の向上が工業を中心とした生産力の飛躍的な躍進に大きく寄与することとなった。その後，1859年にアメリ

カにおいて，石油採掘の新たな方法が開発されると，石油の大量生産が可能と
なり，1950年代には，中東などで新たな大油田の発見があり，エネルギーの主
役が石炭から石油へと変わり，新たなエネルギー革命が進行した。また，石油
は燃料として利用されるのみでなく，多様な化学製品の原料としての幅広い用
途を持つその特性から，消費量は大きく増加することとなった。

　1970年代の2度にわたるオイルショックを経験して，化石燃料の安定的な供
給と枯渇が懸念されるようになり，現在では，バイオマス燃料・太陽光・気体・
風力・水力・地熱そして原子力など，化石エネルギーからのエネルギーの多様
化が進んできている。

　このようなエネルギーの歴史の中で，世界の人口はどのように変遷してきた
のかをみると，生活の基本が狩猟生活から農耕生活へと変わり，1400年頃まで
は増減を繰り返してきた。その後の1500年代以降は，長期的にみると増加に転
じ，1600年代以降特に，産業革命期には，工業化の進展により急激な増加基調
となった。

　図8-1により長期的な世界の人口変化と，1次エネルギー消費量の推移をみる
と，世界人口は0年から1600年の間に2億5200万人から2.29倍の5億7800
万人となり，年平均増加率は0.05％と比較的緩慢な状況であった。続く100年
後の1700年には1.18倍の6億8000万人となり年平均増加率も0.16％となった。
イギリスなどの産業革命期を挟む100年後の1800年には，1.40倍の9億5400
万人となり，年平均増加率は0.68％と増加を加速させた。続く1800年から1900
年には，1.71倍の16億3400万人となり，年平均増加率は，0.55％となった。同
時期にあたる1800年から1900年の1次エネルギー消費量も5556Twh（テラワッ
ト時）から2.18倍の1万2128Twhとなり，年平均で0.78％の上昇となった。
2000年には1900年の10.07倍になる12万2073Twhとなり，年平均増加率も
2.34％と大きく増加した。続く2020年までの20年間には，人口は1.27倍の77
億9500万人になり，年平均増加率は1.20％に，同様に，1次エネルギー消費量
は1.42倍の17万3340Twhとなり，年平均増加率は1.77％となった。期間の全
体を通じて，エネルギー消費量の伸びは，人口の増加を大きく上回ることとなっ

202

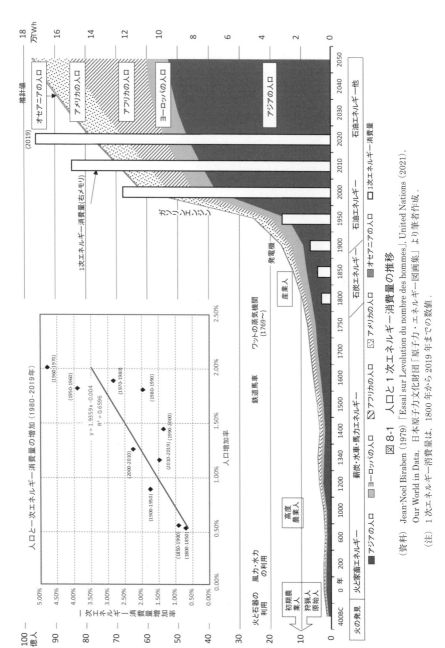

図 8-1　人口と1次エネルギー消費量の推移

（資料）Jean-Noel Biraben (1979)「Essai sur l'evolution du nombre des hommes」, United Nations (2021),
　　　　Our World in Data, 日本原子力文化財団「原子力・エネルギー図面集」より筆者作成.

（注）1次エネルギー消費量は, 1800年から2019年までの数値.

た。

　クズネッツ（Kuznets 1966）によると，イギリスが産業革命を開始する直前の 1750 年から 1960 年の間「ヨーロッパ系地域（ヨーロッパそれ自体と北米，オーストラリア，ニュージーランドなどヨーロッパ系人種が定住した地域）」の人口は，それ以前には，アジア，アフリカなどの「非ヨーロッパ系地域」と同様に，年率 0.1%程度の増加であったが，1750 年以降は，0.91%と他地域の約 2 倍近くの速さで増加し，世界人口に占める割合も 2 割から約 4 割へと大きく増加した。

　このように，産業革命による石炭エネルギーを動力とした工業の発展は，ヨーロッパを中心とした各国における人口の増加とともに，人々を農村から都市へと移動させ，都市化を進展させた。産業革命が最も成功した国といわれるイギリスの人口は，イングランドとウェールズにおいて，1700 年の 548 万人から 1750 年には 1.18 倍の 647 万人に，1801 年には 1.67 倍の 917 万人となった（Rickman 1822）。この間人口の増加とともに，都市部と農村部の人口比率が大きく変化した。1500 年には都市部 7%・農村部 92%であった人口は，1750 年には都市部 23%・農村部 77%となり，その後の 1800 年には都市部 29%・農村部 71%となり，産業革命を挟んだ 300 年で人口は 3.9 倍に，そのうち都市人口割合は，4 倍に増加した。こうした都市化の進展は，程度の差はあるもののオランダ・ベルギー・フランスなど他のヨーロッパ諸国にもみられた（Allen 2011）。

　1800 年から 2019 年の 220 年間における，人口と 1 人当たりエネルギー消費量の増加を相関分析により示すと，期間を通して R^2=0.66 となり，人口の増加と 1 次エネルギー消費量の増加には，一定の相関関係があることが分かる。

(2)　エネルギーと人口・開発

　世界各国の人々が何世紀にもわたり，各種のエネルギーに依存しそれを原動力として生活を営み経済を発展させてきた。発電用の燃料，製造業や輸送業における動力源など，様々なエネルギー源を使って生産能力を向上させ，高い消費型のライフスタイルを定着させた。現在は，世界全体で人口の 10 人に 9 人が

204

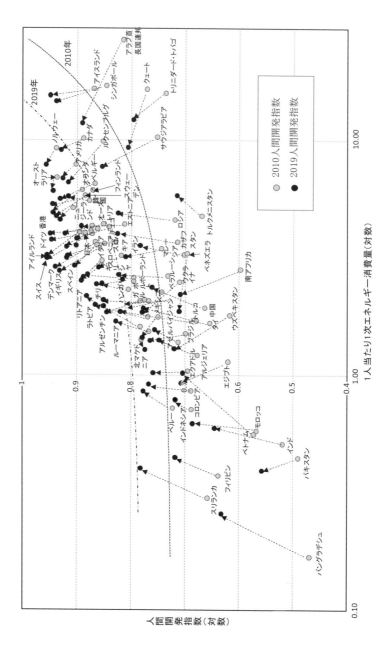

図8-2 1人当たりエネルギー消費量と人間開発指数（2010年・2019年）

（資料） IEA, World Energy Outlook 2020, UNDP「Human Development Report 2019」により筆者作成．

生活するのに必要な電気を利用できる状態にあるが，その一方で農村部に暮らす人々の15％が未だに電気の供給を受けていない状況にある。地域別にみると，電気を使用できない人の75％，5億7000万人は，サハラ以南のアフリカの人々であり，こうした地域のうち特に農村部においては，未だ人口の8割の人々が電気を利用できない環境の下で，日常の生活を送っている（IEA 2020）。

　また，WHOの資料によると，開発途上国での2016年における家庭での汚染燃料依存人口割合は87％，同汚染に起因する死亡率は人口10万人に対して61と，世界平均の51よりも高い値となっている。

　電気を始めとするエネルギー利用が，人々の日常生活にどのような影響を与えてきているのかを，1人当たりエネルギー消費量と国連の人間開発指数（HDI：Human Development Index）により，2010年と2019年とを比較して図8-2に示した。

　人間開発指数は3つの水準指標から構成されている。「健康水準指標」は，平均寿命によって示され，「教育水準指標」は25歳以上の成人における学校教育の年数と学校に入学した子どもの教育予測年数により，「生活水準指標」は1人当たりの国民総所得により示されている。これらを総合指数化して，国際比較を可能にしたものが人間開発指数である。この10年間の比較において，ここに示した中で大多数の先進国が，1人当たりのエネルギーの消費量を減少させるとともに，人間開発指数を向上させた。また開発途上国の多くは，エネルギー消費量を増加させながら人間開発指数を向上させる傾向を示している。人間開発指数の向上には，電気を中心としたエネルギーの効果的な活用により，子どもたちの勉強や家庭における電化製品の利用に伴う，生活の質の高度化などにより，健康・教育水準の向上とともに，生活水準全体のレベルアップが背景にあるものと考えられる。

(3)　世界の人口・GDP・エネルギー消費・二酸化炭素排出量の推移比較

　世界の地域と国別に人口の増加が，1人当たりのGDPの増加・エネルギーの増加へと連鎖する様子をまとめたのが表8-1である。表にはエネルギーの消費

表8-1　人口・1人当たりの GDP・1人当たり最終エネルギー消費量・
1人当たり CO_2 排出量増加の国際比較

	(1)	(2)	(3)	(4)	(5)	(6)	(7)	(8)
	平均人口増加年率(%)		GDP年平均増加年率(%)		エネルギー消費平均増加年率(%)		CO_2排出量増加年率(%)	
	1971-1990	1990-2018	1971-1990	1990-2018	1971-1990	1990-2018	1971-1990	1990-2018
北米	0.98	0.98	2.22	1.50	0.10	-0.35	-0.33	-0.74
アメリカ	0.97	0.96	2.24	1.50	0.01	-0.41	-0.32	-0.84
カナダ	1.22	1.05	2.02	1.52	0.90	0.18	-0.18	0.24
中南米	2.19	1.35	1.36	1.26	1.28	0.70	1.10	0.80
メキシコ	2.44	1.46	1.79	1.04	3.19	-0.10	2.88	0.33
ブラジル	2.26	1.22	2.38	1.18	1.45	1.35	1.88	1.44
チリ	1.54	1.22	1.01	3.40	1.01	2.45	0.24	2.64
ペルー	2.51	1.33	-1.32	3.23	-2.10	2.12	-1.35	2.40
ヨーロッパ	0.64	0.31	2.25	1.43	1.51	-0.61	0.75	-1.28
ヨーロッパOECD	0.62	0.48	2.17	1.37	0.84	-0.26	-0.26	-0.95
イギリス	0.12	0.54	2.34	1.48	-0.19	-1.10	-0.98	-2.11
ドイツ	0.07	0.15	2.51	1.37	0.66	-0.69	-0.26	-1.24
フランス	0.55	0.50	5.60	1.06	1.25	-0.15	-1.67	-1.01
イタリア	0.25	0.23	2.91	0.49	1.48	-0.13	1.30	-0.81
欧州非OECD	0.69	0.04	2.89	1.00	2.36	-0.99	2.05	-1.60
ロシア	0.64	-1.00	2.82	0.82	—	-0.43	—	-1.08
ウクライナ	0.48	-0.54	2.83	-1.06	—	-2.95	—	-3.93
アフリカ	2.80	2.55	0.22	1.12	0.99	0.24	1.31	0.48
中東	3.56	2.28	-0.81	1.36	4.80	2.25	4.78	1.98
アジア	1.94	1.21	3.16	3.19	2.08	2.46	2.51	3.17
中国	1.59	0.73	6.07	8.84	2.69	3.99	3.64	4.62
日本	0.83	0.09	3.66	0.89	1.80	-0.19	1.03	0.00
台湾	1.63	0.52	7.36	4.04	6.78	2.51	5.36	2.64
韓国	1.41	0.66	8.07	4.36	7.85	3.36	6.63	3.15
シンガポール	1.96	2.22	5.98	3.50	5.82	2.07	5.18	0.60
ブルネイ	3.45	1.82	-0.57	-0.59	8.95	0.91	9.56	0.20
インドネシア	2.28	1.41	4.04	3.34	3.24	1.67	6.71	3.75
マレーシア	2.58	2.02	4.25	3.57	4.13	3.34	4.98	3.23
フィリピン	2.77	1.97	0.90	2.53	0.58	0.69	-0.51	2.75
タイ	2.12	0.73	5.25	3.39	3.89	3.51	6.58	3.32
インド	2.29	1.58	2.07	4.67	1.43	2.40	3.61	3.80
ベトナム	2.26	1.22	2.50	5.55	-0.64	4.38	-1.89	8.41
オセアニア	1.35	1.36	1.62	1.65	1.43	8.85	1.28	0.10
オーストラリア	1.49	1.37	1.66	1.65	1.25	0.05	1.20	0.12
ニュージーランド	0.82	1.34	1.09	1.56	2.56	0.33	1.74	-0.20
OECD36	0.93	0.70	2.34	1.38	0.66	-0.11	-0.10	-0.49
非OECD	2.05	1.44	1.89	3.09	1.71	1.24	1.90	1.55
EU27	0.51	0.22	2.37	1.47	—	-0.24	—	-0.98
ユーロ圏19	0.39	0.34	2.49	1.25	—	-0.23	—	-0.92
旧ソ連15	0.88	0.11	2.68	0.81	2.37	-1.07	2.06	-1.68
APEC20	1.55	0.85	2.30	2.28	—	1.05	—	1.19
ASEAN10	2.30	1.39	3.68	3.56	—	—	—	—
世界	1.80	1.31	1.61	1.49	0.64	0.45	0.21	0.45

（資料）　エネルギー・経済統計要覧（2021）により筆者作成.
　（注）　網掛けは，世界平均以上を示す.

に伴う二酸化炭素（以下 CO_2 という）排出量の増減率も示してある。

　表に示したように，1971 年から 2018 年までの 50 年間で，人口の増加率が世界平均に比べて通算して高かったのが，中南米・アフリカ・中東地域と南西アジアの国々であった。これらの地域・国々は，開発途上国が多く，GDP の年平均増加率と最終エネルギー消費増加率が高く，それに比例して CO_2 排出量も増加傾向となっている。北米，ヨーロッパ地域とアジア地域の中では，中国，日本，台湾，韓国の人口増加率は世界平均以下となったが，GDP とエネルギー増加率は，日本の 1990〜2018 年を除くと世界平均を上回り，CO_2 の排出量も同様の増加となっている。CO_2 排出量増加率は，北米とヨーロッパ OECD 諸国はマイナスとなり，日本は 1990〜2018 年においてゼロとなった。ヨーロッパ諸国は概して，環境保全に対する国民の意識が高く，CO_2 排出削減に対する産業の技術効果の進展も相まって，1990 年以降は，全体で CO_2 排出量増加率がマイナスを示している。

　こうした先進国と開発途上国のエネルギー消費量，CO_2 排出量の動きは，工業化の進展時期の差によるものである。自動車を始めとする工業生産活動からの CO_2 排出量の増加は，過去には先進国にも共通する現象であったが，先進国では人々の CO_2 排出に対する抑制意識が高まるとともに，工業活動における CO_2 の排出規制と排出抑制技術の向上，合わせて国民所得の上昇につれて，経済のウエイトが工業主体からサービス・商業へと移行していく過程で，エネルギー消費の増加率も低下し，CO_2 排出量も減少することとなった。こうした傾向は，経済の発展に伴い GDP を生み出すために必要なエネルギーの減少により，環境汚染が減少するという，クズネッツが提唱した「環境クズネッツ曲線」に合致するともいえる。先進国が辿ってきた経過と同じように，近年では開発途上国における所得水準の上昇に伴い，自家用車などに代表される工業化の進行が，エネルギー消費量の拡大へと繋がり，CO_2 排出量の増加へと連鎖している傾向がみられる。

第2節　消費と生産の人間生活への影響

（1）高まる資源需要

　20世紀には，あらゆるマテリアル・フットプリント（Material Footprint：消費された天然資源量）が劇的に増加した。SDGsの目標12では地球資源に関し「サプライチェーンと消費チェーンについて，社会包摂や環境保護」の観点から問題提起をしている。21世紀になった現在も資源需要の増大傾向は継続され，建設関連の材料，金属や鉱物，化石燃料，バイオマスなどの幅広い分野における消費量は，引き続き増加の一途を辿っている。こうした原材料を使い例えば，一般的な乗用車を1台生産するのには，重量ベースでみると鉱物である鉄鉱石を材料とした鋼が55％，アルミニウムと鉄が15％，プラスチックや複合素材が10％，ゴムが5％，その他14％が必要となり，多くの原材料が使われている（Juniper 2018）。また，世界的に利用が拡大しているスマートフォンやパソコンなどのIT関連商品も同様に，多量の材料を用いて生産されている。

　表8-2に，人口1人当たりの主要な原材料と，エネルギー源の消費量の推移を示した。世界全体ではこの20年間で，特に鉱物，鉱石，非金属が1.6倍，石

表8-2　1人当たり原材料消費量の推移：2000〜2017年

	世界	日本		中国		インド	
	①	①	②	①	②	①	②
化石燃料・石油	1.14	0.89	1.84	3.21	1.20	1.89	0.27
天然ガス	1.22	1.64	1.83	0.47	0.32	1.59	0.08
石炭	1.43	1.29	0.74	27.92	1.42	2.21	0.27
バイオマス	1.20	0.83	0.22	0.55	0.50	1.08	0.34
鉱物	1.56	0.52	0.49	1.68	1.59	1.97	0.19
鉱石	1.56	0.86	0.41	5.29	1.21	1.95	0.06
非金属	1.56	0.52	0.49	2.88	1.59	1.97	0.19
作物・木材	1.20	0.83	0.27	1.25	0.62	1.08	0.42
分類不能	1.39	0.72	0.50	11.97	1.13	1.51	0.22

（資料）　SDGsインジケータ12.2により筆者作成．
　（注）　①2000年＝1とした2017年の消費量，②世界の2000〜2017年平均に対する比を示す．
　　　　網掛けは，世界平均より高い数値を示す．

炭が 1.4 倍と旺盛な消費意欲がみられる。中でも，経済成長が著しい人口大国の中国は，石炭消費が 28 倍となり，同国と並ぶ人口大国のインドを始めとする開発途上国は，今後も活発な資源需要が続くものと考えられる。その一方では，採掘などにより自然のシステムに多大な圧力をかけ，多方面にわたる環境問題を惹起することとなる。我々が日常的に使用し使い捨てているもののすべては，天然資源から得られている。紙の原料となる木材のように，自然の循環により補充が得られるものは僅かであり，鉱物に代表されるように，その大多数は，再生が不可能でかつ有限な物質である。さらには，原料から製品にする過程においては，大量のエネルギーや水を使用し，この間に大量の CO_2 を排出するとともに，多様な産業廃棄物を発生させている。再利用に回る廃棄物が限定されている現在，世界的に需要が急激に増加している原材料資源の利用そのものに対する見直しを迫られているのが実状である。

(2) 食品廃棄物の現状

　SDGs 目標 12 の中で，食品は「人間にとり極めて身近で日常欠かせない存在であり，2030 年までに 1 人当たりの食品ロスを半減させる」としている。国際連合環境計画（UNEP: United Nations Environment Programme）のレポート「Food Waste Index Report 2021」によると，2019 年に生み出された食品廃棄物は，世界全体において推定 9 億 3100 万トンに達している。このうちの 5 億 6900 万トン（61%）は，家庭からの廃棄物であり，次いで 2 億 4400 万トン（26%）は，フードサービス業によるものとなり，1 億 1800 万トン（13%）は，食品小売業から廃棄された。これらの食品廃棄物は食料生産量の 17% に相当するとも指摘されている。

　地域別に廃棄量をみると，人口の多いアジア地域が世界の 56.2% と最も多く，次いでアフリカ地域が 21.5%，ヨーロッパが 8.2% となっている。また，地域により廃棄される過程に特徴があり，アフリカは家庭からの廃棄物が 71.8% を占めているのに対して，フードサービスは 18.1% と最も低く，北アメリカは，家庭とフードサービスがそれぞれ 40% 台となり，フードサービスからの割合が世

界で最も高い結果となった。アジアは家庭からの廃棄が57.7%と最も低く，フードサービス業からが28.3%，食品小売業のものが13.9%となった。地域により，日常の食生活習慣の違いが，食品廃棄の発生源にも表れている。

　一方では2020年には，世界人口78億人のうち10人に1人，約8億1100万人の人々が飢えに苦しんでいると国際連合食糧農業機関（FAO: Food and Agriculture Organization of the United Nations 2021）が伝えている。こうした状況下先進国では，まだ食べられる食品を含めて，多量の食品が毎日廃棄されている。他方，開発途上国においては，気候変動による作物の不作や国内や周辺国との紛争，貧困などが重なり深刻な食糧不足が進行している。憂慮すべき地球規模における食の不均衡状態が発生している。

　図8-3により地域別1人当たりの食品廃棄量とTFR（合計特殊出生率）を比較すると，相関率は低いがTFRが低く人口転換が終わり，少子化傾向にあるヨーロッパ地域を始めとする先進諸国では，1人当たりの廃棄量が少ない。逆にTFRの値が高く，人口転換の途上にあるアフリカ地域を中心とした開発途上

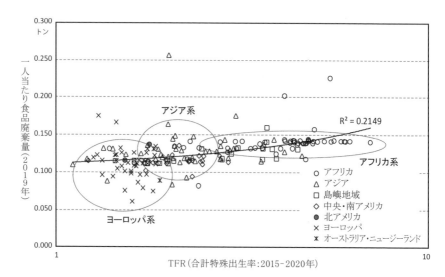

図 8-3　1人当たり年間食品廃棄量と TFR（合計特殊出生率）の比較
（資料）　UN：Food Waste Index, Population Data Base により筆者作成．

国では，1人当たりの廃棄量が多い傾向がみられ，その中間に位置するのがアジアと中南米地域である。今後，開発途上国の経済発展とともに，食習慣も変化することが考えられ，若者を中心とした食育教育が一段と重要性を増すものと思われる。

(3) 持続可能な消費・生産形態への取り組み

2019年現在，SDGs目標12「持続可能な消費・生産形態」に取り組んでいる国は，SDGsインジケータによると国連加盟国193か国中の158か国となっている。

私たちが日常の生活を送る上においては，水や食料とともに，電気などのエネルギー，鉱物資源により作られた住宅や電化製品を始めとする多くの生産物や資源を消費している。食料は，消費期限や賞味期限が過ぎると一部は家畜の飼料などに利用されるものの大部分は廃棄されている。また，電化製品を始めとする工業製品の多くは，使い捨てにされ保証期限が経過して，故障すると廃棄されるのが一般的である。ここでは電子製品と穀物，水産資源の持続可能性についてみることとする。

1) 電子製品生産の持続可能性

SDGsターゲット12.2に「天然資源の有効活用」を掲げている。多種類の鉱物資源を生産段階で多量に使用している電子製品の廃棄物について，2010年から2019年までの10年間，世界における1人当たりの廃棄量とリサイクル量の推移を，SDGsインジケータ12.4によりみると，廃棄量は5.30kgから1.37倍の7.28kgに増加した。同期間のリサイクル量は0.83kgから1.53倍の1.27kgとなっている。

2019年の1人当たり廃棄量を地域別にみると，オーストラリア・ニュージーランドが21.27kgと最も多く世界平均の2.9倍であった。次いでヨーロッパ・北アメリカが17.78kgとなった。国別に10年間の推移をみると，日本は17.91kgから20.36kg（1.14倍）となり，世界平均の5.30kgから7.28kg（1.37倍）を大きく上回っている。人口大国であるインドが0.91kgから2.39kg（2.63倍）に，

212

中国が3.63kgから7.23kg（2倍）に増加し，1人当たりの廃棄量は2019年の世界平均7.28kgより少ないものの，この10年間の伸びは，インドとともに，高い数値を示している。

2019年のリサイクル率は，世界平均で17.5%となりこの10年間，ほぼ一定している。リサイクル率が最も高い地域は，ヨーロッパ・北アメリカで31.81%，次いで東・南西アジアが12.48%となっている。1人当たり廃棄量の多いオーストラリア・ニュージーランドは9%と世界平均のほぼ半分程度となり，人口大国の中国は15.75%，インドは1.32%，日本は22.16%となっている。生産に使用する資源に限りがあると見込まれている現在，リサイクル率を如何に上昇させるかが，生産技術力の向上とともに求められる。

2）穀物生産と水産資源の持続可能性

SDGsターゲット12.8に「持続可能な開発と自然との調和」が掲げられている。1961年から2018年までの60年間について，人口増加率と食料の基本となる穀物生産量増加率，ならびに農地面積増加率について，それぞれを年平均比較で**表8-3**に示した。

1970年代以降，人口増加率はそれ以前の2%台の増加から1%台へと下降基調を辿り，1980年代からは，1人当たりの穀物生産量増加率も1%を割り込み，農地面積増減率も2000年以降はマイナスとなった。このような傾向をみると，人口は幾何級数的に増加するが，食料生産は土地資源に制約されるため算術級

表8-3　人口・1人当たり穀物生産量・農地面積増減率
（単位: %）

	人口年平均増加率	1人当たり穀物生産量年平均増加率	農地面積年平均増減率
1961〜1970年	2.02	1.60	0.24
1970〜1980	1.88	1.06	0.22
1980〜1990	1.80	0.71	0.28
1990〜2000	1.44	0.50	0.17
2000〜2010	1.25	0.85	-0.17
2010〜2018	1.16	1.30	-0.12
1961〜2018	1.60	0.98	0.11

（資料）　UN Population Data Base, World Development Indicators より筆者作成．

数的にしか増加しないという，マルサス的法則が 2000 年までは続いたが，2000
年以降は農地面積増加率がマイナスに転じていることから，この傾向が継続さ
れれば，長期的には土地資源の制約面からも，穀物生産の持続可能性に不透明
感が表れ始めてくる可能性がある。

　穀物と並び食料として重要な水産資源の持続可能性はどうであろうか。SDGs
目標 14 には「海の豊かさを守る」ことを掲げている。

　FAO の漁業統計（Fishers statistics）によると，2019 年の世界の漁獲量は 2 億
1400 万トンであった。このうちの 29％，6200 万トンを中国一国が占めている。
中国は，この 10 年間の漁獲量が 2.63 倍に増加した。同じ期間で，アメリカ（北
米・南米・カリブ）はマイナス 58％，ヨーロッパが同 53％，オセアニアが同
37％，中国を除くアジアが同 30％，アフリカが同 21％となり，中国は一国で
世界各地の漁獲量を上回り，人口とともに漁獲量でも世界一の国となっている。
中国の 2010〜2019 年の 10 年間の推移をその前の 10 年間と比較すると，全体の
漁獲量のうち海域漁獲量が 11.1％から 32.5％へ，プラス 21.4 ポイントと大幅に
増加した。次いで内陸の養殖が 0.1％から 17.5％となり，プラス 17.4％ポイン
ト，海域の養殖がマイナス 28.2％ポイント，内陸河川等の漁獲量がマイナス
10.4％ポイントとなった。

　日本においても農林水産省の第 94 次統計水産の部データによると，2018 年
までの 5 年間で漁業生産量全体はマイナス 7.3％ポイントとなり，特に海域漁業
の生産量はマイナス 9.5％ポイントとなった。

　さらに，漁業の分野で懸念されているのは，IUU（Illegal, Unreported and
Unregulated）漁業である。IUU 漁業は，「違法・無報告・無規制」で行われて
いる漁業で，世界自然保護基金日本（WWFJAPAN :World Wide Fund for Nature
JAPAN）の「確かな管理，豊かな資源 :IUU 漁業の現状と解決策（2017）」レ
ポートでは，毎年 IUU 漁業による違法な漁獲は，1100〜2600 万トン，100〜235
億米ドルになっていると推計されている。大切な自然資源として，合法的に実
施されることを前提としたバランスの取れた漁獲行為は，高たんぱくで低糖質
の漁業資源を始めとする水産資源全体の永続的な確保を基本として，多数の人

間の生存にも影響を及ぼす重要なファクターであり，国際管理体制の下での秩序ある漁業の実施が望まれる。

　穀物や水産資源を始めとする持続可能な食料システムへの移行は，日常の食料を植物主体とし，肉と魚の消費を抑え，食品の多様性をより重視し，より健康的な食生活を行うこと，さらには持続的かつ効率的な食品の供給と消費にともなう，廃棄物の大幅な削減を実現することである。こうしたシステムへの移行により，多様な食品及び食料システムから得られる潜在的な栄養面での便益と，食料の安定供給を含めた食料安全保障を，あらゆる次元で確保しながら，需要主導型の圧力を世界的に低減させる必要性を認識するものとなり，地球に生存していく次世代への大切な生活基盤要素のバトンタッチが，実現可能となる。

第3節　気候変動と環境保全

(1) 世界の気温変化と二酸化炭素排出

　地球の環境は，日々変化している。変化の要因は，火山の噴火や地震などの地球内部の自然活動に起因するものと，地球に生活している私たち人類が引き起こすものなど多様な要素が混合している。特に，近年注目され対応に迫られているのが，長年にわたり人間の活動が関わって蓄積され，地球環境の破壊をもたらしているといわれている，気候変動の主要因となる温暖化であり，SDGsでは目標13に「気候変動に具体的な対策」を求めている。温暖化の要因は，3つの主要な温室効果ガスすなわち，CO_2，メタン，亜酸化窒素の増加といわれており，米国海洋大気局（NOAA：National Oceanic and Atmospheric Administration）などにより，世界各地において観測が続けられている。近年，この温室効果ガスの濃度が増加したことに伴い，地球温暖化が進み，それによって地球規模での環境の変化，異常気象や生物多様性の低下が起こっていると考えられている。ガスのうち大気中のメタンは，化石燃料の開発や使用，湿地での有機物の崩壊，家畜農業の副産物などを主因として生成される。増加の要因は，石油やガスな

どの熱源のみではなく，近年では特に湿地や人間が関わりを持つ家畜などの生物学的供給源によるものの可能性も高いことが示されている。

　気候変動に関する政府間パネル（IPCC: Intergovernmental Panel on Climate Change）は，2021 年 8 月に異常気象と地球温暖化の相関関係を科学的な見地により示す第 6 次評価報告書を発表した。この報告書では，人間の影響が大気，海と土地を暖めたことを明示し，それが原因となり大気，海，雪氷圏さらには生物圏へと広範囲にわたり，かつ速い速度で変化をもたらしたことを指摘している。こうした気候システム全般にわたる変化と規模は，今まで何世紀にわたって前例が無く，人為的に引き起こされた気候の変化は，地球全体のすべての地域ですでに多くの天候と気候に極端な影響を及ぼしている。さらに IPCC は 2022 年 4 月に，温室効果ガスの削減対策などに関する報告書を公表し，世界全体の平均気温の上昇を，産業革命以前に比べて 1.5℃ に抑えるには，世界全体の温室効果ガスの排出量を 2025 年には減少に転じさせ，その後大幅に削減する必要があるとしている。また，国連開発計画（UNDP: United Nations Development Programme）が 2022 年 2 月に発表した報告書では，人口の増加が中程度の場合，世界規模で 2020 年から 2100 年の間に，発展途上国を中心に，累積で 4000 万人が気候変動に関連して死亡するという予測を明らかにしている。

　図 8-4 に世界の平均気温の変化と主要国・地域の CO_2 排出状況を示した。世界の平均気温は，気象庁の世界天候データツールの約 2,500 観測地点のうち，最も長い期間となる，1983 年から 2019 年までの気温月別統計値が継続して観測可能な地点，566ヵ所について，地域別の気温を把握しその変化を集計してある。その結果，世界の平均気温は，1983〜1992 年の平均 18.9℃ から年々上昇し，2013〜2019 年には，平均 19.8℃ となり 0.9℃ 上昇していることが明らかとなった。地域別には，ヨーロッパ／中東地域がプラス 1.3℃ と最も高く，次いで北アメリカ地域が同 1.2℃，アジア／シベリア地域が同 1.0℃ であった。また，国際エネルギー機関（IEA: International Energy Agency）によると 2019 年における CO_2 の排出総量は，世界全体で 336 億 2200 万トンとなりこの約 50 年間で 2.4 倍となっている。国別では，中国が最も多く全体の 29.4% を占める 98 億 7700

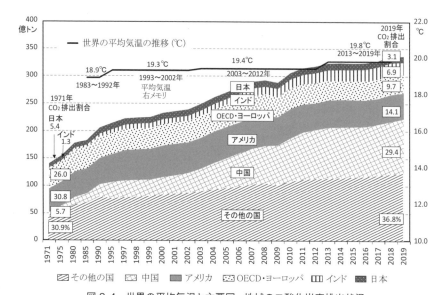

図 8-4　世界の平均気温と主要国・地域の二酸化炭素排出状況

（資料）　IEA（2019）「CO2 emissions from fuelcombustion」，気象庁「世界の天候データツール（Climat View 月別統計値）により筆者作成．

万トンの排出量となり，この 50 年間に 12.5 倍となった。このうちの 50% 以上を電気・発電業で排出している。また，原料別では，79.5% が石炭からであり，世界平均の 44.0% を大きく上回る状況にある。CO_2 の削減への世界的な取り組みは，先進各国とともに中国を含めた，開発途上国の一層の取り組み強化が必要となる。

(2)　気候変動と気候災害の人間への影響

　世界気象機関（WMO: World Meteorological Organization）が 2021 年に発表した 1970～2019 年における大災害レポートによると，災害件数 2 万 2000 件，死亡者数 461 万人，被害額は 4.92 兆米ドル（2018 年価格）に達している。このうち，気候変動に伴うものは，1 万 1000 件，206 万人の死亡と 3.64 兆米ドルの被害額としている。図8-5 には，1970～2019 年における気象変動に伴う災害死亡者数と人口 1 人当たり GDP の関係を示した。気候変動による災害は，国におけ

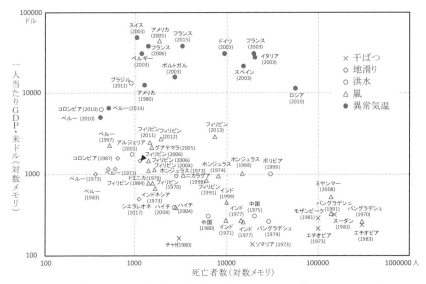

図 8-5 気候変動による災害死亡者数と 1 人当たり GDP の比較：1970〜2019 年
（資料） WMO（2021），IMF DATA BASE により筆者作成．
（注） GDP は，災害発生の当年，または近接年による．

る GDP の多寡にかかわらず世界全体を巻き込んで発生していることが明らかで
ある。

　また同レポートでは，地域の国別に死亡者数の最多 10 か国を示している。こ
の 50 年間における災害は，1 人当たり GDP が 1 万ドル未満の開発途上国に多
く発生している。また所得の高い先進諸国においては，近年になり異常気温に
より多数の死亡者を出している。世界における地域別の最多 10 か国の中で，最
も多く災害に遭遇した国は，南西太平洋地域のフィリピンで，嵐が 8 回，地滑
りが 1 回と計 9 回にわたり大災害に見舞われ，合計 2 万 3000 人の死亡者を出し
ている。

　世界の地域別に，気候変動による大災害の状況を**表8-4**に示した。各地域に
より大災害の種類は異なるが，先進国と開発途上国を問わず世界全体が災害に
見舞われ，人的，物的，経済的に大きな損害が発生している。

　この他の災害として，アフリカと中東・西アジア地域においては，サバクト

218

ビバッタによる農作物への被害が発生し，FAO（国際食糧機関）では，3700万人に食料不安の恐れがあると警告している。

　以上のように，気候の変動による災害の多発は，形態を問わず地域や国を超えて，私たちの社会全体を揺るがす大きな脅威となっている。

表 8-4　地域別の主要な大災害の発生と被害状況：1970～2019 年

＜アフリカ地域＞
・1965件の大災害が発生し385億米ドルの損害額となった。
・特に干ばつによる被災が多く，1983年にはエチオピアで30万人，スーダンで15万人，1973年にもエチオピアで10万人，1981年にはモザンビークでも10万人と，他の国と併せて69万人の死亡者を出し，これらは天候による災害死亡者の89%に達する災害となった。

＜アジア地域＞
・3454件の大災害が発生し，97万人が被災して，1.2兆米ドルの被害が発生した。
・特に嵐と洪水による被災が多く，嵐によりバングラデシュでは，1970年に30万人，1985年に1万5000人，1991年に14万人が死亡，さらに1970年には洪水により，2万9000人が死亡，アジアの死亡者数の50%以上を占めることとなった。
・ミャンマー，インドも嵐により，中国では洪水により多数の死亡者を出している。

＜南米地域＞
・869件の大災害が発生し，100.9億米ドルの損害が発生した。
・トップ10以外の災害による死亡者数は報告されていないが，洪水，地滑り，極端な気温により死亡者が出ている。
・洪水により1999年に，ボリビアで3万人が，2010年にコロンビアで418人，2011年にブラジルで900人が死亡した。地滑りでは，ペルーで1971年に600人，1973年に500人，1983年に364人が死亡，1987年にコロンビアでも640人が死亡した。

＜北米・中米・カリブ海地域＞
・1977件の大災害が発生し，7万5000人が死亡，1.7兆米ドルの被害となり，この50年間で10倍となった。
・特に，気候変動に伴う嵐，・地滑り・洪水が発生し，嵐によるものが生命の71%，経済的損失の78%が関連付けられる。
・嵐により，ホンジュラスで1974年に8000人，1998年に1万5000人が死亡した。ドミニカで1979年に1400人，ニカラグアで1998年に3000人，ハイチで2004年に3000人，アメリカで2005年に2000人，グアテマラで1500人が死亡した。
・アメリカでは，1980年に極端な気温により1300人が死亡している。

＜南西太平洋地域＞
・1407件の大災害が発生し，6万5000人が死亡し，1637億米ドルの損害が発生した。
・嵐が45%，洪水が39%被害額に，さらに嵐により死亡も71%関連付けられる。
・特にフィリピンでは，1970年以降，8回の嵐に遭い合わせて2万4000人が死亡し，さらに2006年に地滑りで1100人が死亡した。

＜ヨーロッパ地域＞
・1672件の大災害があり，15万9000人の死亡と4800億米ドルの被害があった。
・大災害による被害は，洪水と嵐が70%を占めた。
・特に2003年以降，異常気温により13万人の死亡者が出ている。国別には2003年に，イタリアで2万人，フランスで1万9000人，スペインで1万5000人，ドイツで9000人，ポルトガルで3000人，ベルギーとスイスでそれぞれ1000人，2006年にフランスで，1000人，2010年にロシアで5万6000人，2015年にフランスで3000人が死亡している。

（資料）WMO（2021）により筆者作成．

(3) 主要各国・地域の CO_2 排出状況と削減目標

　2021 年 4 月のアメリカ主催の気候サミットに続き，G20 サミット（金融・世界経済に関する首脳会合）が 10 月にイタリアで，続いて気候変動枠組条約 COP（締約国会議：Conference of the Parties）26 がイギリスで開催され，アメリカ，日本を始めとする主要各国は，相次ぎ地球温暖化ガスの新たな削減目標を表明した。2020 年現在，世界人口の 51%，2019 年の CO_2 排出量の 70% を占めている主要各国・地域がどのような目標を表明しているのかを表 8-5 に示した。これらの国を含めて，世界全体が CO_2 の削減実現に向けての取り組みの真価が問われることとなる。中でもアメリカとカナダは，1 人当たりの排出量は世界平均の 3.5 倍に達している。この両国とともに日本，EU 諸国，イギリスの各国は，2050 年にカーボンニュートラル達成を表明した。排出量が 29.4% と最も多い中国は，2060 年にロシアと共に達成するとしており，インドは，2070 年の達成を表明した。COP26 では，石炭火力発電について「段階的に削減の努力を加速する」ことが決定され，平均気温については，「世界の平均気温の上昇を，産業革

表 8-5　主要各国・地域の CO_2 排出状況と GHG 削減目標

国・地域	中期目標	基準年の CO_2 排出状況				長期目標	2019年の CO_2 排出状況			2020年人口(千人)
		中期目標基準年	排出量(百万トン)	世界に占める割合(%)	1人当たりの排出量(トン)		排出量(百万トン)	世界に占める割合(%)	1人当たりの排出量(トン)	
アメリカ	・2015年に△26～28%(2005年比)→2030年に△50～52%(2005年比)	2005	5,703.2	21.1	19.3	2050年にカーボンニュートラル達成	4,744.5	14.1	14.3	331,003
日本	・2030年に△26%(2013年比)→2030年度に△46%(2013年比)	2013	1,226.6	3.8	9.6		1,056.2	3.1	8.4	126,476
EU	・2030年に△55%(1990年比)	1990	3,467.0	16.9	8.3		2639.0	7.9	5.9	445,252
イギリス	・2030年に△68%(1990年比)→2035年に△78%(1990年比)	1990	549.0	2.7	9.6		342.2	1.0	5.0	67,886
カナダ	・2030年に△30%(2005年比)→2030年に△40～45%(2005年比)	2005	538.9	2.0	16.8		571.0	1.5	15.1	37,742
中国	・2030年にGDP当たりCO2排出量で△65%以上(2005年比)・2030年までにCO2排出量をピークアウトさせる	2005	5407.0	20.0	4.0	2060年にカーボンニュートラル達成	9,876.5	29.4	6.8	1,447,470
インド	・2030年にGDP当たり排出量で△33～△35%(2005年比)	2005	1,075.0	4.0	0.9	2070年までにカーボンニュートラル達成	2,310.0	6.9	1.7	1,380,004
ロシア	・2030年に△30%(1990年比)	1990	2174.0	10.6	14.7	2060年にカーボンニュートラル達成	1,640.3	4.9	11.2	145,934

（資料）　IEA DATABASE，日本エネルギー研究所「EDMC2021」により筆者作成．
　（注）　ロシアの長期目標は，2021 年 10 月 13 日に自国で開催した「エネルギー問題国際フォーラム」における大統領発言による．

命以前よりも 1.5℃の上昇に抑える努力を追求することに取り組む」ことが確認された。特に CO_2 排出削減への取り組みについては，開発途上国を含めて各国がそれぞれ個別事情を抱えていて，排出削減への道のりは平坦ではない。CO_2 排出抑制の技術を持つ先進各国から，開発途上国への技術移転や資金援助などの積極的な支援が今回の会議でも強く求められることとなった。

　そうした中で EU は 2021 年 7 月に新たな気候変動対策案を発表した。「温室効果ガスを 2050 年までにゼロとする目標を掲げ，2030 年までには 1990 年比55%削減するための，具体的な実現政策を検討」し，欧州議会に諮ることとした。この内容は，エネルギーについて，全て低炭素・脱炭素にすることを基調にしている。中でも 2035 年までに，輸入車を含む新車の CO_2 排出をゼロとし，ハイブリッド車も含み事実上ガソリン車は禁止となる。わが国の自動車産業にも，大きな影響を与えることが予想される。

(4) 気候変動による環境変化と安全保障

　IPCC の「海洋・雪氷圏特別報告書」（2019）によると 1902～2010 年の間に，世界の海面水位は 0.16m 上昇した。これは，グリーンランドと南極の氷床が減少する速度が増大したことによる。2100 年には，1986～2005 年の平均海面推移に対して最大で 0.84m 上昇すると予測されている。この結果，島嶼地域を含めて 3 億人以上の人々が洪水の危険にさらされることになると警告されている（Kulp 2019）。さらに，IPCC の「第 6 次報告書」（2021）では，海面水位は，1901～2018 年に約 0.20m 上昇したとし，水位の上昇が続いていることを伝えている。

　アメリカの気候・安全保障センター・戦略リスク評議会研究所（NSMIP）は2020 年の「地球規模の気候変動に対する安全保障上の脅威評価」レポートにおいて，地球温暖化シナリオの短期的および中長期的シナリオの下で，世界の様々な地域における気候変動の影響と，国家，地域，および世界の安全保障に与える影響について包括的な分析を行っている。

　この中で，資源不足，異常気象，海面上昇などの気候変動の影響と，それら

に伴う人間の移住，難民の発生，健康の危機，国家の社会政治的脆弱さ，などの社会的な緊張との相関関係を強調している。地域別の脅威について見ると，「アフリカ」は，農村部における生活の窮乏，病気の蔓延，資源ストレス，強制移住の増加が指摘されている。「中東（西アジア）と中央アジア」は，危険なレベルの温度上昇と干ばつの発生，「欧州とロシア」は，極端な気象の激化，海面上昇，永久凍土の溶解と，近隣諸国や国内からの移住や難民の増加が懸念されている。「インド・アジア太平洋地域」は，水などの資源不足，降雨パターンの変化に伴う災害，海面上昇による沿岸地域を中心とした洪水の発生，「北米・極地地域」では，嵐や熱波による山火事の発生，「中南米・カリブ海地域」では，降雨パターンの変化と干ばつ，水不足の増加に脅威があり，そうした地域からの人々の移住の増加を指摘している。特に全地域について，海面上昇の脅威は乗り越えられない課題となり，極端な暑さと食料や水の不足により，最悪の影響を受けた地域からの多くの人口移動，難民の流出が起こる可能性が高く，世界的な緊張の高まりを脅威として捉えている。

　温暖化による地球規模の気候変動は，環境への悪影響とともに，紛争や暴力の増加要因として，安全保障上の負の要因となることを述べている。さらには，国内における人の移動とともに，難民を含めた国境を越えた人々の大規模な移動への懸念は，国際的な解決を必要とする紛争へと発展する可能性をはらんでいることに注意を要する。また，こうした気候変動に起因した大規模な災害発生に伴う，混乱への対応や救助作業のために，軍の本来業務である国防任務が手薄になることも，安全保障上の大きな脅威となることを指摘している。

第 4 節　地球の生物多様性と生態系の持続可能性

(1)　生物多様性と生態系
1)　生物多様性
SDGs の目標 14 に「海の豊かさ」，15 に「陸の豊かさ」を守ることを掲げて

いる。1992年6月に国連環境開発会議（UNCED: United Nations Conference on Environment and Development）により加盟のための署名が開始され，翌年の5月にわが国も締約国となり，12月に発動された生物多様性条約では，多様性のレベルに「種の多様性」，「生態系の多様性」，「遺伝子の多様性」の3つがあるとしている。人間を取り巻く自然には，森や林，里山，河川，沼地や湿原，海岸の干潟や岩場，砂浜，海草，海中のサンゴ礁などに，多様な生態系が存在している。また，それぞれの生態系には，動植物から菌類などに至るまで，いろいろな生物種が存在し，同じ種であっても遺伝子が異なることにより，色や形態などにおいて，多様性を有している。40億年という長い地球の歴史の中で，生物は様々な環境の変化に適応して進化し，その数は現在3000万種ともいわれている。こうした多様な生物が存在する生物圏全体の豊かな個性とつながりを「生物多様性」と呼んでいる。

「種の多様性」は，1000万種以上とも見積もられている多様な生物種を指す言葉である。その共通する特徴から分類，体系化する手法を，18世紀にスウェーデンの博物・分類学者，リンネ（Carl von Linné）が発案し現在においても採用されている。種の増加と多様性が増えた背景には，地球環境の変化があり，それとは逆に絶滅し未発見のまま消滅する種も存在するものと考えられている。

「生態系の多様性」は，「水域」と「陸域」に分けて考えることが出来る。「水域」は，海洋，河川と湖沼，汽水域に分類され，これらの分類域の中でも例えば海洋のように，海中（深海や大陸棚など），サンゴ礁，干潟など多岐かつ広範囲にわたるものがある。また，「陸域」は，森林，草原，耕地，砂漠に大きく分類される。特に植物については，気象条件や地域環境により影響が異なり，気候（気温，雨量）と生息する場所の標高により，大きく影響を受けることから気候区分と生物群系が定められている。

「遺伝子の多様性」は，同一の種の中にあっても遺伝子の違いによりみられる多様性をいい，長期間にわたり世代を超えて生存している間に，地理的な要因や生息環境の変化により，異なる遺伝子が受け継がれることや，突然変異が子孫に受け継がれる場合がある。世界各地で発生している近隣外来種との交雑や

農作物の遺伝子操作など，種の保全や品種改良の側面もあり，今後に多様な影響が懸念されることから環境問題の大きな課題となっている。

2) 生態系サービスの価値

われわれ人間は，生物多様性のめぐみを最大限に享受し，生活している。植物を始めとする生き物が生み出す大気と水などの生活基盤，多くの食材など日常生活を送るための基礎，独特の地域性により生まれた生活文化や風土・伝統，そしてマングローブやサンゴ礁などが津波など自然災害を軽減していること。さらには森林などによる，山火事や土砂崩落などの山地災害からの軽減をみることができる。こうした様々な自然の恩恵により，人間本来の生命とともに，生活そのものが守られている。

アメリカの環境経済学者，コスタンザ（Costanza 2014）は，生物多様性から人間が受ける生態系サービスの経済的な価値を試算している。その17項目には，大気成分や気候の調整，自然災害や水の流れの調整など，生態系サービスの種類と例が挙げられている。2014年のレポートでは，生態系の価値は，125〜145兆ドル（2007年米ドル）と推計されている。こうした自然から与えられた価値の活用が，私たち人間に委ねられている。

古代，社会を支える森林資源というエネルギー基盤の喪失が，ギリシャ国家全体の衰退を招く一因となったといわれ，現代においても人口増加に伴い，森林面積の減少が世界各地で進行している。図8-6には，1990〜2020年の30年間で森林面積が2%以上減少した国について，1950年以降の70年間の年平均人口増加率と，1990年からの30年間の森林面積推移率とを比較してある。

人口の増加と森林面積の間には強い相関はみられないが，特に人口の増加率が2%を超える国々のうち，アフリカとアジアの主として開発途上の国々は，森林面積の減少が大きいことが明らかである。森林は，人間の生活に光合成や有機物の分解を通じて，二酸化炭素と酸素のバランスを調整して気温や湿度を調節し，保水機能による自然災害の緩衝機能と飲料水や農業用水の提供，さらには豊かな土壌の提供，動植物の育成環境などに欠くことのできない数多くの調整機能を有している。ひとたび，無秩序な森林伐採が行われると，回復には長

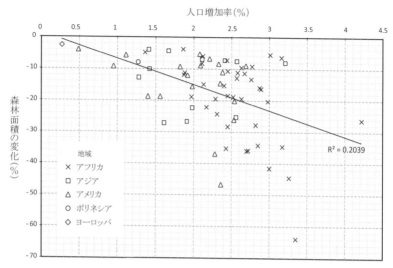

図 8-6　人口増加率（1950～2020 年）と森林面積の変化（1990～2020 年）の比較
（資料）FAO (2020) Data, UN Population Data により筆者作成 .

期間の時間がかかるといわれている。世界全体において，現在有している森林
を，今以上減少させないこと，さらには荒廃した森林の手入れと長期的な計画
に基づく植林事業の実施など，地道な努力が求められている。

(2) 絶滅危惧生物種と人間の関わり

　野性の動植物は，我々人類の生活基盤である生態系の基礎となり，資源とし
て利用されるとともに，生活に欠くことができない大切な存在である。なぜ野
生動植物，中でも絶滅危惧種を守る必要があるのか。SDGs では，我々が現在
住んでいる世界を「One Earth」として捉え，人間（People）が中心になり，社
会・環境・経済をコンセプトとして，豊かさ（Prosperity），地球（Planet），平
和（Peace），パートナーシップ（Partnership）と人間を合わせた 5P を推進の重
要領域としている。この人間を取り巻く地球の領域のすべてに，野生動植物が
関わりを持っていることから，SDGs 目標 15 の中に「野生動植物の保護」に関
する目標を設定している。野生動植物と人間との共存を模索する動きは，過去

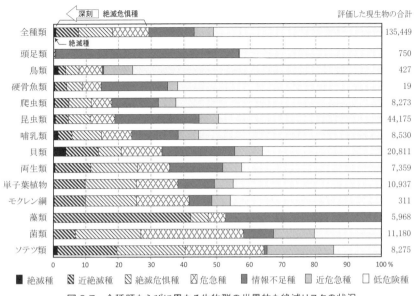

図 8-7　全種類ならびに異なる生物群の世界的な絶滅リスクの状況
（資料）IUCN List version 2021-1 Table 3 より筆者作成 .

から続く長期的な課題となっている。

　1973 年に採択されたワシントン条約は，正式名称を「絶滅のおそれのある野生動植物の種の国際取引に関する条約（CITES: Convention on International Trade in Endangered Species of Wild Fauna and Flora）」という。この条約は，開発による生息地の破壊，捕獲，採集や気候変動による様々なリスク要因の中で，輸出入当事国の協力による国際取引の規制の実施などにより，野生動植物種の絶滅防止と種の保全を図ることを目的としている。1975 年に発効し，わが国は同年に締結している。また，1992 年にわが国は「絶滅のおそれのある野生動植物の種の保存に関する法律」を制定した。

　国際自然保護連合（IUCN: International Union for Conservation of Nature and Natural Resources ）により，絶滅の危機に瀕している生物種（絶滅危惧種）のリストが作成されている。動物種と植物種別に作成され，種に対する危機要因として，最も大きな要因は，人間が行う農業と林業でありこの 2 業種の影響と

226

都市化の影響を合わせるとその脅威は70％を超える（Juniper 2018）。農業生産の拡大は，集約化に伴う大規模プラント化や農地，牧畜などの放牧地の開発により，多くの土地を開墾するために，自然林を始めとする森林の破壊を進行させている。人間が関わるこうした状況は，生物多様性を保持していく観点からは大きな脅威となっている。

　図8-7に動植物種13種について，種別に絶滅危惧リスクの状況を示した。2021年現在に評価した現生物の合計は13万5000種であり，情報不足種が多い中で，絶滅種が全種で0.72％確認されている。中でも貝類が3.78％と最も多く，鳥類の1.47％，哺乳類の1.46％，ソテツ類の1.29％，がそれぞれ既に絶滅したとされている。近絶滅種と絶滅危惧種及び危急種の3つのカテゴリーは，特に絶滅の危機が高いとされている。全体の中では28.56％が絶滅の危機の割合が高い種となっているが，その中でもソテツ類の63.02％，菌類の58.08％，藻類の52.63％，モクレン綱類の41.36％が特に高くなっている。

(3)　人間・動植物とプラスチック汚染

　私たちのエネルギー源が，石油を中心とした生活になってから200年以上が経過した。石油は，エネルギー以外にも利用価値が沢山あり，中でもプラスチックとしての活用は，人間生活を一変させるものとなった。ギリシャ語のプラスティコス（成形・成形することが可能）から命名されたように，包装材料やボトルなどの使い捨ての製品から，衣類，家具，建材，自動車部品など長期に使用する製品に至るまで，多様な用途に現在も使用されている。第二次大戦後に訪れた全世界における経済成長期の大量消費社会に，プラスチックの急速な普及が合致していたともいえる。1950年から2019年までの70年間におけるプラスチックの累積生産量は，92億3300万トンに達し，世界人口で1人当たり1.2トンとなり，この10年間で1.4倍となっている。

　プラスチックで一番問題なのは，使用後の処理，特に廃棄である。2015年には，全世界で推定6300万トンのプラスチック廃棄物が発生しその9％がリサイクルされ，12％が焼却，79％が埋め立てや自然環境に蓄積されている（Geyer

2017)。これらの廃棄物の中で埋め立てや自然環境に蓄積されたものから，地震に伴う津波やハリケーン，大雨による洪水などにより，陸地から川へそして海へと流出して，長期間にわたり漂いながら太陽光の紫外線や波により砕かれて細片化，サイズが5mm未満の粒子となるマイクロプラスチック（MPs: microplastics）へと変容を遂げている。こうした物質は，土壌や海水の汚染とともに，人間が日常で扱う食べ物，特にシーフード，海塩，飲料水への混入や，海洋生物の胃腸管などからの検出も報告されている。特に最近では，人の胎盤でラマン微小分光法によって，初めてマイクロプラスチックが検出されている。特に，マイクロプラスチックが，母体，胎児および羊膜のすべての胎盤部分で発見されたこと，そしてマイクロプラスチックは，内分泌攪乱物質として作用する物質を持ち運び，人間の健康に長期的な影響を及ぼす可能性があることが指摘されている（Ragusa 2021）。

　自然界では，鳥類やクジラなどの哺乳類，魚類によるプラスチック類の誤食による被害が伝えられている。食物連鎖の頂点に立っている私たち人類の体内に食物を通して，細分解されたプラスチックが入り長期的にとどまり，自身とともに，将来を担う子孫にも多大な影響を与える恐れのある状況が現在，起きつつあることを認識し，対応を急ぐ必要がある。

おわりに

　私たち人間は，地球に生存する生物の中の一つの種として，今日まで繁栄を謳歌してきた。われわれの生存の背景には，一定のバランスがとれた，多くの自然のシステムからの恩恵があったことを忘れてはならない。例えば，生存に欠くことが出来ない酸素は，植物によって光のエネルギーが葉の細胞に吸収される過程において，二酸化炭素と水を吸収し，光合成により成長の栄養素を作り，その副産物として酸素が放出され，それを人間が呼吸して体内に取り入れているのである。森林や湿地，草原などは，酸素の供給源であるとともに，保

228

水や土壌，さらにはそこに生存している多くの動植物により，人間の生存条件
である健康保持のための役割を果たしている。人間がこうした自然界に生存す
るもの全てを保護するのは，当然の責務である。

　長期にわたる人口の増加とともに，人間の生活圏には巨大都市が増加してい
る。都市の大型化は今後も続き，特に開発途上国の多くでは住居，水道，下水，
交通，電気の供給などのインフラと生活の質の維持向上が難しい課題となる。
政府と居住者（国民）に大きなストレスをかけるとともに，周辺の自然環境に
も多大な影響を与えることとなる。一方では，すでに都市化が進んだ国々を中
心に，人口が減少する中で自然環境の保護と都市インフラの維持という課題が
重くのしかかる時代が間近に到来するものと予想されている。

　IPCC の 2022 年の報告では，「気候の変化による人の移住パターンの変化など
により，社会経済や政治体制にも大きな影響を与え，猛烈な対立が起こる」こ
とを懸念している。

　先進国，開発途上国を問わず，私たち地球に生存する人類が SDGs の理念の
実現に向けて自然環境を回復し，自然の動植物を保護し，共存して，将来にバ
トンを受け継いでいけるのか，叡智と行動が今まさに試されている。

参考文献

Allen, R. C. (2011) "A Very Short Introduction," *Global Economic History,* Oxford University Press, pp21-26.

Costanza, R. et al. (2014) "Changes in the Global Value of Ecosystem Services," *Global Environmental Change,* Vol.26, pp.152-158.

European Commission (2021) 14.7.2021, COM (2021)556 final, pp.1-35.

Geyer, R. (2017) "Production, Use, and Fate of All Plastics Ever Made," *Science Advances,* Vol.3(7), pp.1-6.

IEA (2020) *World Energy Outlook 2020*.

IPCC (2019) "The Ocean and Cryosphere in a Changing Climate," SPM1-SPM15.

IPCC (2021) "Climate Change 21: The Physical Science Basis," SPM5-7.

IPCC (2022) "Climate Change 2022: Mitigation of Climate Change," SPM13-18.

Juniper, Tony (2018) *How Our Planet Really Works*, p.87, 167.（千葉喜久枝訳（2020）『地球環境のしくみとはたらき図鑑』創元社）

Kulp, S. et al. (2019) "New Elevation Data Triple Estimates of Global Vulnerability to Sea-Level Rise and Coastal Flooding," *Nature Communications*, No.4844, pp1-4.

Kuznets, S. (1966) *Modern Economic Growth*, New Haven and London: Yale University Press.

NSMIP (2020) "A Security Threat Assessment of Global Climate Change," The Center for Climate and Security, an institute of the Council on Strategic Risks Report, pp.6-75.

Ragusa, A. et al. (2021) "Plasticenta: First Evidence of Microplastics in Human Placenta," *Environment International*, Vol.146, 106274, pp.1-8.

Rickman, J. (1822) "Abstract of Population Act 1821," An ACT for Taking an Account of the Population of GREAT BRITAIN, and of the Increase or Diminution thereof, p.xxix, (http://www.visionofbritain.org.uk/census/GB1821PRE/2, 2022年7月30日閲覧).

UN Climate Change Conference UK (2021) "COP26: The Negotiations Explained," UK Government, pp.3-8.

UNDP (2019) *Human Development Report 2019*.

UNDP (2022) *New Threats to Human Security in the Anthropocene: Demanding Greater Solidarity*, p.53.

UNEP (2021) *FOOD WAST INDEX REPORT 2021*.

WMO (2021) "World Meteorological Organization," WMO-No126, pp.18-47.

WWFJAPAN (2017) 『確かな管理，豊かな資源—IUU 漁業の現状と解決策』.

（永井保男）

第9章　人権と人権指標としてのSDGs指標

はじめに

　期限内に達成すべき目標・ターゲットを設定し，その進捗度を定められた指標によって計測する「開発目標アプローチ」は，21世紀の国際開発政策において，最も革新的な発明の一つである。このアプローチは，ミレニアム開発目標（MDGs）において初めて採用され，現在進行中の持続可能な開発目標（SDGs）にも継承されている。

　2015年9月に国連サミットで加盟国の全会一致で採択された「持続可能な開発のための2030アジェンダ」に記載されているSDGsの17の目標と169のターゲットは，MDGsの下で達成出来なかった8つの開発目標の単なる継続ではなく，環境との共存，人権，平和と安全を一つの枠組みに統一した，歴史上，最も包括的で野心的な国際開発アジェンダである。MDGsに掲げられていた8つの開発目標は，2012年に開かれたRio+20環境会議を経て，地球との共生を目指して「持続可能な開発」と再定義され，国連憲章で定義されるそれ以外の国連の目的，すなわち人権や平和・安全とも統合されて，今日のSDGsの17の開発目標に至っている。その進捗度の計測も，非常に大掛かりであり，MDGsが8つの目標とそれに付随する21のターゲットの進捗度を60の指標で計測していたのに対し，SDGsでは17の目標，169のターゲットの進捗度を231のグローバル指標で計測している。それに加えて，SDGsでは「一人も取り残さない」という標語が掲げられ，細分化されたデータの収集も求められている。これは，国際開発の恩恵が全ての人々に平等に行き渡らなかったMDGs時代の反省に立

ち，貧困層や脆弱な状況にある人々の進捗状況を別途，計測しようとする試み
であるが，結果，SDGsは各国政府に対して，これまで求められてこなかった
水準の膨大なデータ収集・処理能力を要求している。

　国際開発において，「社会の発展の進捗状況をどのように計測すべきか？」と
いう問いは，1930年代，アメリカにおいて国民経済計算の仕組みが考案され，
1944年のブレトンウッズ会議において各国の経済成長を測定する主要なツール
と位置付けられて以降，多くの論争を経て今日に至っている（Alexis 2017）。
1990年代には，人間開発指標が考案され，経済だけでなく，健康や教育など，
より多角的な指標による社会の発展の計測が可能になった（UNDP 1990）。2000
年以降のMDGsにおいてもこのアプローチは継承され，貧困，教育，ジェン
ダー，健康，安全な水と衛生など8つの目標と21のターゲットの進捗状況が，
多種多様な60の指標で計測された。現在のSDGsでは，17の目標とそれに付
随する169のターゲットがあり，それをはるかに超える数の多種多様な指標で
の進捗状況の計測が要求されている。

　人権分野においても，指標を通じて進捗状況を評価しようという動きは徐々
に広がって来た。学術分野では，1980年代までに，アムネスティ・インターナ
ショナルのデータを利用した各国の拷問の実施状況の研究，軍事政権と市民的・
政治的権利抑圧の研究，さらには人権の遵守とアメリカ政府の対外援助先研究
など，数量的な指標を利用した人権分野の研究が既に行われていた（Cingranelli
and Pasquarello 1985, Henderson 1982, Lippman 1979）。また，よりシステマ
ティックな人権指標の収集が始まり，Political Terror ScaleやCIRI Human Rights
Data Projectなど，多くの研究者に利用可能な人権データベースが誕生した。
1993年のウィーン宣言をきっかけに，人権分野における国際社会の役割が拡大
すると，国際機関でも，各国の人権状況の監視に，人権指標を活用しようとい
う動きが本格化する。国連人権高等弁務官事務所（OHCHR）は，2000年代半
ばより人権指標の研究を始め，2012年には，人権指標の基本的な枠組みを示し
た "Human Rights Indicators: A Guide to Measurement and Implementation" 刊行
し，指標による人権状況の監視を後押しした（OHCHR 2012）。

　国連システムの長い歴史において，開発と人権は，長らく，異なるプロジェクトとして扱われてきた。しかし，両者は密接に関連しており，本来，相互補完的である（OHCHR 2004）。2015年の「持続可能な開発のための2030アジェンダ」の採択によって，開発と人権は，本来あるべき単一のアジェンダの下に置かれる事になり，独立して発展してきた2つの指標も，また，その関連性が注目されている。

　本章では，SDGsの17の目標と169のターゲットの進捗状況を測定する231のSDGs指標を人権および人権指標の視点から考察する。また近年，急速に蓄積している人口データを利用した比較人権法の実証研究が，人権指標としてのSDGs指標を理解する上でどのように貢献するのかについて論ずる。以下は次のように構成されている。第1節では，2015年に採択された「持続可能な開発のための2030アジェンダ」において，人権に対する配慮がどのように言及されているのかを概観する。第2節では，その2年後に採択されたSDGs指標の枠組みについて概観し，その後，SDGs指標とその収集・処理プロセスにおける人権と人権指標の役割を，データへの人権に基づくアプローチ，SDGs指標と既存の人権監視メカニズムの補完関係，人権指標としてのSDGs指標の3つに分けて説明する。人権指標としてのSDGs指標を再検討する事は，SDGs指標から除外されている指標の役割に焦点を当て，SDGs指標の進捗に必要な法制度や具体的な政策を検討する事に繋がる。第3節では，そのような再検討に人口データを利用した比較人権法の実証研究がどのように貢献できるのかを，健康権とそれに関連するSDGs目標に焦点を当てて論じ，総括する。

第1節　SDGs策定過程における人権への配慮

　開発と人権は，密接に関連しており，本来，相互補完的である。それは開発目標であるSDGsにおいても変わらない。デンマーク人権研究所の報告書によれば，SDGsで扱われる169のターゲットのうち，156のターゲットが，何らか

の形で，現在ある国際人権法と関係があるとされる（DIHR 2017）。MDGs の恩恵が，一部の地域や人々に集中し，それを最も必要とする人々に行き渡らなかった事は，国際機関，アカデミア，市民社会などから批判を浴びてきた。その反省から，SDGs は，MDGs に比べ，各所に明らかな人権への配慮が見られる。

　第一に，前文において，SDGs は，このアジェンダにおける人権の位置づけについて言及しており，"Right(s)" および "Human Right(s)" という言葉は，前文で 30 回記載されている。前文では，人権を「目指すべき世界像のうちの 1 つ」と位置付けており，「世界人権宣言」，「国際人権諸条約」，「開発の権利に関する宣言」といった具体的な人権宣言や条約に対する直接言及も見られる。

　第二に，人権への言及は，前文だけに留まらない。目標の本文では人権に関する言及は見られないものの，ターゲットにおいては見受けられる。ターゲット 4.7 は，「2030 年までに，持続可能な開発と持続可能なライフスタイル，人権，ジェンダー平等，平和と非暴力の文化，グローバル市民，および文化的多様性と文化が持続可能な開発にもたらす貢献の理解などの教育を通じて，すべての学習者が持続可能な開発を推進するための知識とスキルを獲得するようにする」と謳い，人権教育の必要性を訴えている。また，目標 16 では，人権の基礎となる法の支配を謳い，「16.3 国家及び国際的なレベルでの法の支配を促進し，すべての人々に司法への平等なアクセスを提供する」，「16.a 国内法規及び国際協定に従い，情報への公共アクセスを確保し，基本的自由を保障する」，「16.b 持続可能な開発のための差別的ではない法規および政策を推進し，実施する」など，人権及び人権を守るための制度の構築をターゲットに定めている。

　第三に，各目標・ターゲットに書かれている文言において人権に対する配慮が各所に見られる。例えば，「MDGs Target 1.A：1990 年から 2015 年までに，1 日 1 ドル（後に 1.25 ドル）未満で生活する人々の割合を半減させる」と記載されているのに対し，「SDGs Target 1.1：2030 年までに，現在 1 日 1.25 ドル未満で生活する人々と定義されている極度の貧困をあらゆる場所で終わらせる」と書かれている。また，「MDGs Target 4.A：1990 年から 2015 年までに，5 歳未満の幼児の死亡率を 3 分の 2 引き下げる」に対し「SDGs Target 3.2：すべての国

が新生児死亡率を少なくとも出生 1,000 対 12 以下まで減らし，5 歳未満児死亡率を少なくとも出生 1,000 対 25 以下まで減らすことを目指し，2030 年までに，新生児及び 5 歳未満児の予防可能な死亡を根絶する」と書かれている。これらに共通するのは，貧困および予防可能な子どもの死亡の存在はあってはならぬことという人権重視の姿勢である。

　このように 2015 年に採択された「持続可能な開発のための 2030 アジェンダ」には，人権に対する数多くの配慮がなされている。次節では，その 2 年後に採択された SDGs 指標について概観し，アジェンダに反映された人権の精神をさらに SDGs 指標に反映させる 3 つのアプローチについて述べる。

第 2 節　　人権の視点からの SDGs 指標の再検討

　2015 年の国連総会では，17 の目標と 169 のターゲットについて合意したものの，具体的な指標についてはその数すら未定であった。その後，国連統計委員会や SDGs 指標に関する機関間専門家グループ（IAEG-SDGs）での議論を経て，2017 年の国連総会において 232 の「グローバル指標」（重複を含めれば，244）で，SDGs の目標とターゲットの進捗状況を把握する現在の枠組みが採択された。その後，この指標の包括的な見直しが行われ，現在の 231 のグローバル指標（重複を含めれば，247）の枠組みに至っている。

　SDGs の目標・ターゲットは極めて多元的であり，多くの目標・ターゲットは，複数の指標をもって計測すべきものである。一方，指標は，具体的であり，かつ測定可能なものでなくてはならず，また，実用面からグローバル指標として採用される指標数には限度がある。SDGs の普遍性を前提とするのであれば，それらの指標は，各国間で比較可能になるよう，共通の手法で計測される事が望ましい（DIHR 2017）。このような要求は，SDGs 指標を策定する上で大きな制約となっている。

　SDGs 指標の数を制限したとしても，SDGs の「フォローアップとレビュー」

はデータの細分化を求めている。これは多くの国にとって大きなチャレンジである。そのため，SDGs ターゲット 17.18 は，「2020 年までに，後発開発途上国及び小島嶼開発途上国を含む開発途上国に対する能力構築支援を強化し，所得，性別，年齢，人種，民族，居住資格，障害，地理的位置及びその他各国事情に関連する特性別の質が高く，タイムリーかつ信頼性のある細分化されたデータの入手可能性を向上させる」と定めており，「17.18.1 公的統計の基本原則に従い，ターゲットに関する場合に，各国レベルで完全に詳細集計されて作成された SDG 指標の割合」，「17.18.2 公的統計の基本原則に準じた国家統計法のある国の数」，「17.18.3 十分な資金提供とともに実施されている国家統計計画を持つ国の数（資金源別）」の 3 指標によりその進捗度が計測されている。SDGs 指標の収集・処理，それ自体もまた，SDGs 指標が進捗状況を計測すべき目標の 1 つと位置付けられているのである。

このように SDGs 指標のためのデータ収集と処理は，これまで多くの国が経験した事のない一大プロジェクトである。2000 年代中盤より人権指標の研究を進めてきた OHCHR は，SDGs 採択後，SDGs 指標における人権の役割についてのいくつかの報告書を刊行した（OHCHR 2020）。本節では以下，それらを参考に，SDGs 指標とその収集・処理プロセスにおける人権及び人権指標の役割について論ずる。まず初めに，データ収集・処理プロセスにおける「データへの人権に基づくアプローチ（Human Rights-Based Approach to Data（HRBAD）」を紹介し，人権を守りつつ SDGs の進捗度を測定するための 6 つの基本原則について説明する。次に，既存の国際的・国内的な人権監視メカニズムが提供する定性的・定量的なデータが，どのように SDGs のグローバル指標を補完するかについて論ずる。最後に人権指標の中に SDGs 指標を位置付ける OHCHR の試みについて説明する。

（1）データへの人権に基づくアプローチ

OHCHR によって刊行された「データへの人権に基づくアプローチ」は，SDGs 指標の収集・処理に関して 6 つの基本原則を提示している（OHCHR 2018）。こ

れは，2014年に国連総会で採択された「公的統計の基本原則」とも一貫している（UNGA 2014）。

　データへの人権に基づくアプローチは次の原則を満たさなければならない。第一に，多様なステークホルダーの参加である。脆弱な人口グループを含む全てのステークホルダーの活発で自由な討論がデータ収集・処理の全てのプロセスで行われる事は，指標の信頼性と関連性を改善する事に繋がる。第二に細分化である。指標は，できる限り，国際人権法に記載された差別法の下で禁止されている差別を監視できるよう細分化されなくてはならない。そうする事は，特定の脆弱な集団が直面している困難を可視化し，不平等の根源を突き止める手助けになる。第三に，アイデンティティの自己認識である。宗教的信念，性的指向，人種・民族性など，個人の属するアイデンティティに基づいた細分化に使用される分類は，参加型アプローチを通して開発される必要がある。特に脆弱な集団に所属する人達の自尊心を傷つけたり，新たな差別を生み出したり，既存の差別を強化したりしないよう細心の注意を払って行われる必要がある。第四に，透明性も重要である。正確な統計へのアクセスを通じた事実の共有は，民主主義社会における自由な討論の根幹をなすものであり，社会の発展のための健全な討論を促進する事に繋がる。使用言語やデジタルアクセスによる格差を縮小するため，国連公用語を超えて，多言語，かつ様々な形式で，迅速に配布される事が望ましい。第五に，指標の収集プロセスで集められる個人情報に配慮する必要がある。個人情報は，厳重に機密保持され，関係者の同意がない場合に他の目的に使われない事が重要である。また，データの保護は，例えば，国内人権機関のような独立した機関によって監督され，被害者の救済と補償の両方を行える事が望ましい。第六に説明責任である。データ収集・処理プロセスにおける説明責任と共に，説明責任のためのデータ収集を進めていく事が求められる。

　このような原則に配慮したデータ収集・処理の一例としてOHCHRが例に挙げたのは，2015年の国勢調査におけるメキシコの取り組みである。メキシコの調査では，人口の21.5％が自分を先住民族であると認識し，先住民族の少女は

平均して 5.1 年間学校で過ごし，これは先住民族の少年より 1.1 年，少女の全国平均よりも 3.9 年少ないことが示された。適切なプロセスを経て収集されたこのようなデータは，特定の集団（この場合は，先住民族の少女）が直面している困難を可視化し，不平等の根源を突き止める事に役立つ。

(2) 人権監視メカニズムと SDGs 指標

　グローバル指標で計測できる指標数には限りがあり，それを補完するような，国家・地方自治体レベルの指標およびデータ収集・処理のイニシアティブの必要性は広く認知されている。国連では 2017 年から「国連世界データフォーラム」を定期的に開催して，SDGs におけるデータ収集・処理の問題に対処するため，関連分野の専門家，利用者，市民社会など，多種多様なステークホルダー達の協力関係を強化する場として利用している。2017 年 1 月には最初の世界データフォーラムが開催され，「持続可能な開発データのケープタウン行動計画」が採択された。

　すでに存在する国際的および国内的な人権監視メカニズムは，グローバル指標を補完し，報告と監視を通じて，SDGs 指標では測定されない定量的・定性的な情報を提供し，SDGs の目標やターゲットの達成度を別の角度から測定する手助けになる。このような枠組みの中には，国連人権理事会による普遍的定期的審査（UPR），条約機関による審査，特別手続きだけでなく，国際労働機関（ILO）による審査も含まれる。実際，SDGs 指標 8.8.2 では「国際労働機関（ILO）による国際文書及び国内の法律に基づく，労働権利（結社及び団体交渉の自由）における国内コンプライアンスのレベル（性別，移住状況別）」の計測が義務付けられている。これは SDGs 指標の中で，唯一，国際人権法の下での監視枠組みとの連携が示唆された指標であり，既存の人権監視メカニズムとの相互作用が期待される。

　また，政府から独立した国内人権機関（NHRI）も，SDGs のフォローアップとレビュー，そして国家モニタリングにおいて重要な役割を果たすと考えられ，指標 16.a.1 では「パリ原則に準拠した独立した国立人権機関の存在の有無」を

その達成度を測る指標に選定している。現在，国内人権機関は世界で84機関存在するが，日本においては，人権機関設置法案が2012年に廃案になって以降，具体的な進展は見られない。それにも関わらず，国内人権機関は，SDGsのモニタリングにおいて，データへの人権に基づくアプローチが適切に実行されているかを監視する役割を果たし，SDGsのグローバル指標，国家・地方自治体レベルの指標，既存の人権監視メカニズムが提供する情報との調整に大きな役割を果たすと考えられている。

(3) 人権指標としてのSDGs指標

　デンマーク人権研究所の研究では，169のターゲットの大半（159）だけでなく，SDGsに採用されたグローバル指標においても，47％は人権と直接関連のある指標であり，13％が間接的に関連のある指標であるとしている（Feiring and Hassler 2016）。これらを目標別に分析してみると，一般に，MDGsから継承している貧困（目標1），健康（目標3），教育（目標4），ジェンダー（目標5）の4つで人権と直接関係ある指標が多く採用され（約80％），環境関連指標（目標7も含む）では，人権と関係のある指標の採用が少ない（約20％）傾向がある。

　国際人権法の下，各国政府は人権を尊重し，保護し，充足する義務を負っている。OHCHRが提案した人権指標の枠組みは，各国政府のこれらの義務に対するコミットメント，努力，成果を測定するための3つのタイプの人権指標を提案している（OHCHR 2012）。第一に「構造的指標（Structural Indicators）」は，法的文書の批准と導入，および人権の促進に必要と思われる制度の存在を通して，国家の人権に対する「コミットメント」を計測する。第二に「プロセス指標（Process Indicators）」は，国家が人権に関する施策等を実施および執行する際の国家の「努力」を評価する。プロセス指標は，国民（人権の権利保持者）だけでなく，国家（人権の義務保持者）が実際に行った行動に焦点を当てる。保健分野においては，「専門技能者の立ち会いの下での出産の割合」，「実施された予防接種の数」などがこれに当たる。第三に「アウトカム指標（Outcome

Indicators)」は，人々が実際に享受している人権，すなわち，国家のコミットメントや努力の「結果」に焦点を当てる。このような三重構造により，人権規範の受容，国家による具体的な計画策定，それを実現するための政策努力，その結果としての人権アウトカムの改善といった各段階における人権状況の改善を監視している。

　デンマーク人権センターは，人権に直接関連する SDGs 指標 113 指標のうち，構造指標は 5 つ，プロセス指標は 30 しか含まれておらず，大半がアウトカム指標である事を指摘している。アウトカム指標は，実際に人々が享受している人権を計測するものであるから，人間ではなく，環境の質を計測しようとする SDGs 指標には含まれにくい。そのため，上記のように，人権と直接関連のある指標の採用率は，人間開発に関連する SDGs 指標においては高く，環境に関連する SDGs 指標（目標 7 も含む）においては低くなる傾向が見られるのである。

　SDGs 指標では，各国のデータ収集・処理能力に配慮して，いわゆる「グローバル指標」に採用される指標数に制限を課している。そのため，人権指標としては，構造指標，プロセス指標，アウトカム指標，3 つ全ての面で計測される事が望ましいとしても，全ての人権指標を採用する事はできない。実際，（重複を認めたとしても）247 の指標で 169 のターゲットを測定している訳だから，1 ターゲットあたり，平均 1.46 指標になる。複数の指標候補の中から一つの指標を選択する場合，どうしてもアウトカム指標が優先される傾向がある。例えば，ターゲット 8.7 は「強制労働を根絶し，現代の奴隷制，人身売買を終らせるための緊急かつ効果的な措置の実施，最悪な形態の児童労働の禁止及び撲滅を確実に行う。2025 年までに児童兵士の募集と使用を含むあらゆる形態の児童労働を撲滅する」と定めている。この前半の部分は「緊急かつ効果的な措置の実施，最悪な形態の児童労働の禁止」と書かれていて，これは構造指標で本来計測されるべきものである。実際，OHCHR の Human Rights Indicator Table では，「労働基準に関する意識向上プログラムの期間と適用範囲」，「最悪の形態の児童労働，家事労働，移民の労働，人身売買を含む強制労働排除のための策定期間と

適用範囲」の二つの構造指標を提案している。しかし，このターゲットに対応する SDGs 指標は，「児童労働者（5〜17 歳）の割合と数」のみであり，単一のアウトカム指標で計測されている。

アウトカム指標がターゲットの進捗度の一部しか計測できていないケースも散見される。例えば，ターゲット 3.5 は「薬物乱用やアルコールの有害な摂取を含む，物質乱用の防止・治療を強化する」としているが，このターゲットは，指標 3.5.2「15 歳以上の人口 1 人当たり年間純アルコール消費量（ℓ）」によって測られるのみで，薬物乱用は一切計測されていない。

また，指標の中には，客観的でなく，主観的に進捗度が測定される指標も含まれている。「10.3.1/16.b.1　過去 12 か月に国際人権法の下に禁止されている差別又は嫌がらせを感じたと報告した人口の割合」は，主観的な基準で測られ，OHCHR の Human Rights Indicator Table では，(a)「差別の禁止・平等の権利」にはアウトカム指標として，(b)「到達可能な最高水準の身体および精神の健康を享受する権利（健康権）」にはプロセス指標として含まれている。(a) では，この指標は，被害者が自己認識できる差別のみを捉えており，例えば，集団レベルで統計的に計測されるが自己認識されない差別を計測できていない。一方で (b) では，「医療施設や必須医薬品のアクセシビリティ」におけるプロセス指標として，医療アクセスに関して特定の集団への差別的な取り扱いが無い事を測定する意図で採用されているものの，これらの指標では，医療や医薬品アクセス以外の差別も同時に計測してしまう。

このように人権指標から見た場合の SDGs 指標は，構造指標やプロセス指標の一部を特に軽視している点，および，アウトカム指標ですらも，ターゲットの全ての側面の計測に失敗している点で問題である。しかし，SDGs 指標が，ターゲットの計測に必要な全ての指標を計測できないからと言って，指標を過度に追加すれば，各国にデータ収集・処理に関し更なる負担を強いてしまう事になる。

SDGs のグローバル指標をこれ以上増やすことなく，我々はこの情報をどのように実際の人権・開発政策に活かす事ができるだろうか。次節では，人口保

健統計と密接に関係のある健康権とそれに関連する SDGs 指標に絞り，人口データを利用した比較人権法の実証研究の成果が，人権指標としての SDGs 指標の考え方と実際の人権・開発政策をどのように橋渡しできるのかについて，いくつかの研究をベースに論じる。

第3節　人権指標としての SDGs 指標
——健康権の例を中心に——

(1) 健康権と SDGs 指標

　SDGs 目標 3 は，「あらゆる年齢のすべての人々の健康的な生活を確保し，促進する」のテーマのもと，保健・福祉分野に関する 13 のターゲットと 25 の指標が関連付けられている。**表 9-1** は，それらを前節で紹介した構造指標，プロセス指標，アウトカム指標に分類したものである。この表から明らかなように，目標 3 の 28 指標のうち，11 指標がプロセス指標，17 指標がアウトカム指標である。

　表 9-2 は，OHCHR の Human Rights Indicator Table において提案されている「到達可能な最高水準の身体および精神の健康を享受する権利（健康権）」に関する人権指標の中に，それに関連する SDGs 指標を位置付けた表である（OHCHR 2021）。国連経済社会理事会の下に設置された社会権規約履行のための組織である社会権規約委員会の一般的意見 14 は，健康権の範疇を「時宜に適いかつ適切な医療だけでなく，安全な飲み水，十分な衛生，安全な食料，栄養及び住居の十分な供給，健康的な職業及び環境条件，並びに健康に関連する教育及び情報（性と生殖に関する健康を含む）へのアクセスのような，健康の基礎となる決定要素に対しても及ぶ包括的な権利」と解釈する。この表では，健康権をそれに基づきさらに細分化し，①性と生殖に関する健康，②乳幼児死亡率と小児医療，③自然と職場環境，④疾病予防，治療，管理，⑤医療施設や必須医薬品へのアクセスの 5 つのサブカテゴリーごとに構造指標，プロセス指標，アウトカム指標をリスト化している。

　まず，構造指標である。構造指標の根幹となるのは，健康権の保障と実現のための法制度の整備であり，これは全てのサブカテゴリーで共通である。OHCHRの枠組みでは，法的権利としての健康権は，「健康権に関連する国際人権条約の批准」，「憲法またはその他の最高法規における健康権の発効日と適用範囲」，「健康権を実施するための国内法の発効日および適用範囲」の 3 つのレベルで計測される。健康権は，世界人権宣言第 25 条や世界保健機関憲章前文のみでなく，法的拘束力を持つ主要な国際人権条約である社会権規約第 12 条においても認知され，2021 年現在，172 の国がこの条約を批准している。また，今日では 55 か

表 9-1　目標 3 に関連する SDGs 指標と人権指標から見た分類

ターゲット	プロセス指標	アウトカム指標
3.1	3.1.2 専門技能者の立ち会いの下での出産の割合	3.1.1 妊産婦死亡率
3.2		3.2.1 5 歳未満児死亡率
		3.2.2 新生児死亡率
3.3	3.3.5 「顧みられない熱帯病」(NTDs) に対して介入を必要としている人々の数	3.3.1 非感染者 1,000 人当たりの新規 HIV 感染者数 (性別、年齢及び主要層別)
		3.3.2 10 万人当たりの結核感染者数
		3.3.3 1,000 人当たりのマラリア感染者数
		3.3.4 10 万人当たりの B 型肝炎感染者数
3.4		3.4.1 心血管疾患、癌、糖尿病、又は慢性の呼吸器系疾患の死亡率
		3.4.2 自殺率
3.5	3.5.1 物質使用障害に対する治療介入 (薬理学的、心理社会的、リハビリ及びアフターケア・サービス) の適用範囲	3.5.2 15 歳以上の人口 1 人当たり年間純アルコール消費量 (ℓ)
3.6		3.6.1 道路交通事故による死亡率
3.7	3.7.1 近代的手法によって、家族計画についての自らの要望が満たされている出産可能年齢 (15〜49 歳) にある女性の割合	3.7.2 女性 1,000 人当たりの思春期 (10〜14 歳；15〜19 歳) の出生率
3.8	3.8.1 必要不可欠な保健サービスによってカバーされる対象人口の割合	
	3.8.2 家計の支出又は所得に占める健康関連支出が大きい人口の割合	
3.9		3.9.1 家庭内及び外部の大気汚染による死亡
		3.9.2 安全ではない水、安全ではない公衆衛生及び衛生知識不足 (安全ではない WASH (基本的な水と衛生) にさらされていること) による死亡率
		3.9.3 意図的ではない汚染による死亡率
3.a		3.a.1 15 歳以上の現在の喫煙率 (年齢調整されたもの)
3.b	3.b.1 各国の国家計画に含まれる全てのワクチンによってカバーされている対象人口の割合	
	3.b.2 薬学研究や基礎的保健部門への純 ODA の合計値	
	3.b.3 持続可能な水準で、関連必須医薬品コアセットが入手可能かつその価格が手頃である保健施設の割合	
3.c	3.c.1 医療従事者の密度と分布	
3.d	3.d.1 国際保健規則 (IHR) キャパシティと健康危機への備え	3.d.2 選択抗菌薬耐性菌による血流感染の割合

(資料)　OHCHR (2021) に基づき筆者作成.

国がその国の憲法で健康権を謳っている（Matsuura 2016）。憲法は，国権の最高法規であり，その最高法規において，特定の人権を認知する事は，一般にその権利への強いコミットメントを意味する。その国の憲法や批准した国際人権法上の健康権の理念は，立法を通じて，その国の医療制度を形作り国民の基礎的医療サービスへのアクセスを保障している。

　国際法および国内法における健康権の保障と実現のための法制度に加えて，

表 9-2　OHCHR による「到達可能な最高水準の身体および精神の健康を享受する権利（健康権）」に関する人権指標テーブルと SDGs 指標

	指標のサブカテゴリー				
	性と生殖に関する健康	乳幼児死亡率小児医療	自然・職場環境	疾病予防、治療、管理	医療施設や必須医薬品へのアクセス
構造指標	・健康権に関する国際人権条約の批准／憲法またはその他の最高法規における健康権の発効日と適用範囲 ・女性器切除禁止法を含む，健康権を実施するための国内法の発効日および適用範囲 ・健康権の促進・保護に関与している登録済みおよび/またはアクティブなNGOの数（人口10万人あたり）[16.9.1] [17.19.2]				
	・人工妊娠中絶と出生前診断に関する国の政策の期間と適用範囲 [5.6.2]	・子どもの健康と栄養に関する国の政策の期間と適用範囲	・子どもの健康と栄養／身体的および精神的健康/障害者に対する／医薬品に対する]国の政策の期間と適用範囲 [12.4.1]		
プロセス指標	・国内人権機関、人権オンブズパーソン，またはその他のメカニズムによって調査および裁定された健康権に関する苦情の割合と、政府が効果的に対応した割合 [3.b.2] [1.a.2] [7.a.1] [7.b.1]				
	・出産前ケアのカバーされた割合 ・医学的な妊娠中絶の出生に占める割合 ・女性器切除、レイプおよびその他の暴力のうち、政府によって効果的に対応された割合 [3.1.2] [3.7.1] [5.3.2] [5.3.1]	・健康・栄養について教育を受けた学童の割合 ・報告期間中の定期健康診断プログラムの下でカバーされた子どもの割合 ・生後6か月間母乳のみで育てられた乳児の割合 ・公的栄養補助食品プログラムの対象となる子どもの割合 [3.b.1]	・水源劣化に関する裁判事件数 ・改善を受けた有害な環境下で居住または働く人口・世帯割合 ・国内法に基づく自然・職場環境に関連する起訴件数 ・道路交通法違反で取り消された運転免許証の割合 [3.d.1] [6.1.1] [6.2.1] [6.a.1] [7.1.2] [9.4.1] [11.6.2] [12.4.2]	・専門治療下にある者のうち、薬物、化学物質、精神活性物質などを使用して治療を受けている人口の割合 ・報告期間中に調査されたメンタルヘルス施設の割合 [3.5.1] [3.3.5]	・PHCと医療に対する一人当たり政府支出 ・対象グループ別の医療相談拒否率（差別検査調査） ・支援機器を利用できる障害者の割合 ・必須医薬品に対する公的支出のうち、国際援助によって賄われた割合 [3.b.3] [3.c.1] [3.8.1] [3.8.2] [10.3.1 / 16.b.1]
アウトカム指標	・低体重出生の割合 ・周産期死亡率 [3.1.1] [5.6.1]	[2.1.1] [2.2.1] [2.2.2] [3.2.1] [3.2.2] [3.7.2]	[3.9.1] [3.9.2] [3.9.3] [3.6.1] [11.5.1/ 13.1.1]	・平均寿命（または1歳児平均余命）、健康寿命 [3.3.2] [3.3.3] [3.3.4] [3.4.1] [3.4.2] [3.5.2] [3.a.1] [3.d.2]	

（資料）OHCHR（2021）より筆者作成.
　（注）　該当する SDGs グローバル指標のあるものについては，[　]内にその指標番号のみを記載した．PHC =プライマリー・ヘルス・ケア.

OHCHR は「10 万人あたりの NGO の数」と「国勢調査および（出生届が 100%
登録され，死亡届が 80%登録された）人口動態統計の有無」を構造指標に位置
付けている。今日，NGO は，政府の行動を監視し，政府が人権の原則に従って
適切に行動するよう圧力をかけ，各国の人権を擁護・促進する上で大きな役割
を果たし，健康権実現のために欠かせないインフラの 1 つと位置付けられてい
る。また，国勢調査および人口動態統計制度の構築は，SDGs 指標 16.9.1 に位
置付けられている。特に，目標 3 関連の SDGs 指標のうち，アウトカム指標に
含まれる指標の多くは，年齢別死因別死亡率で計測されており，人口動態統計
を通して得られる正確な死亡統計はその進捗状況を把握する上で不可欠である。

　これらの構造指標は，最後の 1 つを除き SDGs 指標には含まれていない。一
方で，Backman らによる 194 か国の医療制度と健康権の研究はこれらの指標の
収集に取り組んでいる（Backman et al. 2008）。この研究は，1 時点における計
測値ではあるものの，健康権に関する国際人権法の批准状況，憲法における健
康権の導入，健康権を保障するための国内法の整備，人口動態統計制度などの
構造指標を含む 72 指標を収集している。

　次に，プロセス指標とアウトカム指標に目を向けると，両指標を系統立てて
有しているのは，SDGs 目標 3 の 13 ターゲット中，3.1，3.5，3.7 のみである。
ターゲット 3.1 は「妊産婦の死亡率を出生 10 万人当たり 70 人未満に削減する」
と定め，プロセス指標に「3.1.2 専門技能者の立ち会いの下での出産の割合」を，
アウトカム指標に「3.1.1 妊産婦死亡率」を置く。ターゲット 3.5 は，「薬物乱用
やアルコールの有害な摂取を含む，物質乱用の防止・治療を強化する」と定め，
プロセス指標に「3.5.1 物質使用障害に対する治療介入の適用範囲」を置いてい
るが，アウトカム指標は「3.5.2 15 歳以上の 1 人当たり年間純アルコール消費
量」のみで計測され薬物乱用に関する指標はない。ターゲット 3.7 は，「性と生
殖に関する保健サービスを全ての人々が利用できるようにする」と定め，プロ
セス指標に「3.7.1 近代的手法によって，家族計画についての自らの要望が満た
されている出産可能年齢（15〜49 歳）にある女性の割合」を，アウトカム指標
に「女性 1,000 人当たりの思春期（10〜14 歳；15〜19 歳）の出生率」を置く。

　それ以外のターゲットは，以下の２つに分類される。①プロセス指標あるいはアウトカム指標のいずれかしか有しないもの（3.2, 3.4, 3.6, 3.8, 3.9, 3.a, 3.b, 3.c），②両指標間に関係のないもの（3.3, 3.d）である。①に分類されるターゲット中，プロセス指標のみで計測されているのは，3.8，3.b，3.c の三つである。これらは「3.8.1 必要不可欠な保健サービスによってカバーされる対象人口の割合」，「3.8.2 家計の支出又は所得に占める健康関連支出が大きい人口の割合」，「3.b.1 各国の国家計画に含まれる全てのワクチンによってカバーされている対象人口の割合」，「3.b.2 薬学研究や基礎的保健部門への純 ODA の合計値」，「3.b.3 持続可能な水準で，関連必須医薬品コアセットが入手可能かつその価格が手頃である保健施設の割合」，「3.c.1 医療従事者の密度と分布」で計測されている。

　このように健康権および目標３関連の SDGs 指標においても，前節で指摘した問題，すなわち，①構造指標の全部およびプロセス指標の一部が SDGs 指標から除外されている点，②アウトカム指標ですらターゲットの全ての側面の包括的な計測に失敗している点が確認できる。

(2) 法的権利としての健康権が健康指標に与える影響について

　人権には，法的権利としての側面だけでなく，道徳的権利としての側面もある。法的権利としての人権は，国際人権法や憲法により規定され，法的な拘束力を持つ。その一方で，道徳的権利としての人権は，たとえ，それが法的拘束力を持たないとしても，実際に何をすべきかに関する示唆を，国家や人々に与える強力な倫理的宣言である（Sen 2009）。「健康権が人権に含まれるほど重要である」と認める事は，健康権によって含意される健康が，社会の発展にとって不可欠な価値を持ち，社会の発展を成し遂げる上で，達成するべき代理目標であると宣言する事に等しい。SDGs もまた，社会の発展を成し遂げるためには，17 の目標と 169 のターゲットを達成しなくてはならないとする倫理的宣言と考える事ができる。

　しかし，このような倫理的宣言としての解釈には落とし穴がある。そこに含まれない目標やターゲットが軽視されてしまう事である。SDGs の達成度を限

られた指標で計測すれば，そこに含まれない指標は，どうしても軽視されてしまう。このような視点に立つと，SDGs指標における構造指標の欠如は，構造指標に含まれる指標の軽視に繋がる。誤解を恐れずに言えば，開発分野の専門家は，一般的に，アウトカム指標が計測を試みている「結果」の改善を重視する傾向があり，人権分野の専門家達ほどには，構造指標やプロセス指標が計測を試みている「コミットメント」や「努力」に対して関心を示さない傾向にある。この事は，長らく，開発と人権が別々のプロジェクトとして扱われてきた要因でもある。

　近年，急速に発展した人口データを利用した比較人権法の実証研究は，このような道徳的権利としての人権の見方に一石を投じるものである。この分野の研究者は，人権を，それによって暗示されるアウトカムを改善するための法的・道徳的道具と見なす。例えば，憲法上の健康権や健康権を認知した国際人権条約の批准は，法的にも，道徳的にも，政府の行動を拘束し，健康権で暗示される人々の健康を改善するための政策を政府に実施させる事に繋がる（Matsuura 2014）。この視点によれば，たとえ，構造指標やプロセス指標のいくつかがSDGs指標に含まれなかったとしても，それらの指標はSDGs指標に含まれるアウトカム指標を改善するための「道具」としての価値を依然として有する事になる。その意味で，人口データを利用した比較人権法の実証研究のアプローチは，人権指標としてのSDGs指標と非常に親和的であり，SDGs指標に含まれていない構造指標やいくつかのプロセス指標の役割に焦点を当てる。

　既に説明したように表9-2のHuman Rights Indicator Tableには，「健康権に関連する国際人権条約の批准」，「憲法またはその他の最高法規における健康権の発効日と適用範囲」が構造指標として含まれている。これらの構造指標が，実際にSDGs指標に含まれるアウトカム指標を改善しているかについては157か国の国別パネルデータを用いたエビデンスがある。筆者は，憲法上の健康権の導入および健康権を認知している国際人権条約の批准が，その直後の「3.1.1 妊産婦死亡率」，「3.2.1 5歳未満児死亡率」，「3.2.2 新生児死亡率」の減少とどのような関連にあるのかを，1970～2007年までのパネルデータを使って検証した

（Matsuura 2019）。その結果，健康権に関する条文が憲法に導入されると，その後の新生児死亡率，5歳未満児死亡率がそれぞれ4.1％と4.0％減少する事が分かった。一方で，妊産婦死亡率の減少との関連はなかった。一方，健康権を認知している国際人権条約の批准は，3つのアウトカム指標全てと関連がなかった。この事は，憲法上での健康権の認知は，子どもの死亡率を改善するが，国際人権条約の批准ではそれと同じ改善効果は期待できない事を示している。

　この研究の結果は，アメリカ合衆国50州の長期パネルデータを使用した研究やラテンアメリカ15ヵ国における個票データを使用したマルチレベルデザインの研究によって補完される（Matsuura 2015, 2016）。それらの研究は，このような改善効果が，社会的に脆弱なグループ（それぞれ，アメリカの50州における非白人の乳児死亡率や南米15か国における貧困の母親から生まれた乳児の死亡）に集中している事を示している。また，別の研究の結果は，健康権およびその他の社会権が，政府の予算規模や予算配分に影響を与えず，あくまで公的医療支出の総量ではなく配分を通じて健康改善に影響を及ぼしていると示唆している（Chilton and Versteeg 2017, Matsuura 2016）。憲法上の健康権の導入が，政府の予算配分に影響せず，健康改善に結び付いている事は，健康権が異なるセクター間の資源配分を歪める事無く，公的医療支出内での配分を社会的弱者を利するように変える事によって（教育や環境への公的支出を犠牲にする事なしに）社会的弱者の健康状態を改善している事を示唆している。この事は憲法上の健康権の導入が，他のセクターにおける政府支出の削減を通じて，SDGsに記載されているその他の目標の達成に妨げにならない事を意味している。

　残念ながら，妊産婦死亡率，5歳未満児死亡率，新生児死亡率など，比較的長期に渡る国際統計が入手可能なもの以外で，パネルデータを利用して，憲法上の健康権の導入と目標3関連のSDGs指標を分析する事は不可能である。これは，多くの国で憲法上の健康権が導入されたのが1990年以前であるのに対し，それ以外の目標3関連SDGs指標の測定は1990年以降に始まったものが多いからである。従って，これらの指標を使い，国別パネルデータのwithin-country variationを利用して，憲法上の健康権「導入」の指標改善効果を推定す

る事は難しい。

　一方で，クロスセクションデータを使えば，現行憲法における健康権の「存在」と各 SDGs 指標との相関を確認する事はできる。現在まで，世界保健機関は，指標 3.5.1 を除く全ての目標 3 に関連する指標に関して，入手可能な限りのデータを公表している。それらの指標の平均値を憲法上の権利のある国とない国別に計算したところ，2 つのプロセス指標を除く全ての指標で，憲法上の健康権のある国とない国の間に統計的に有意な差は検出されなかった。その 2 つのプロセス指標というのは，3.b.2 と 3.c である。憲法上の健康権のある国は，そうでない国より，「薬学研究や基礎的保健部門への純 ODA の合計値（3.b.2）」の受け取りが少なく，「1,000 人あたりの医師数（3.c）」が多い傾向にある事が確認された。その理由に関しては推測でしかないが，健康権のある国では，政府がより薬学研究や基礎的保健部門へ自ら支出するため，他国から ODA による支援を受ける必要のない事，その国の政府が健康権実現のため医師の供給を積極的に増やす事で医療アクセスの改善を試みている事などが考えられる。この結果は，健康権の「結果」を測定するアウトカム指標より，政府の「努力」を測定するプロセス指標の方が健康権の影響が観測されやすい事の表れかもしれない。

　しかし，憲法上の健康権のある国は，ない国よりも，5 歳未満児死亡率，新生児死亡率が低い傾向にあるものの統計的に有意な差はなかったという結果は，明らかにパネルデータを使用した先の研究のエビデンスと矛盾する。この原因はいくつか考えられるが，一つには，それぞれの指標のばらつきを説明する健康権以外の変数の異質性をうまく制御出来ていない事が考えられる。この分析は単純な平均値の比較であるが，パネルデータの分析では，国別固定効果を利用して各国特有な事情を制御する等，健康権とアウトカムの関係に影響を与える国家間の違いを様々な変数で制御している。クロスセクションデータでも，制御変数を追加する事で，そのような違いをある程度制御する事は可能であるが，十分に制御する事は難しい。

　いずれにせよ，SDGs 指標のうち，妊産婦死亡率，5 歳未満児死亡率，新生児

死亡率を除く指標と健康権の関連をより説得的に検討するためには，より良い識別戦略が必要となる。

人口データを利用した比較人権法の実証研究の蓄積は，まだ初期段階であり，国際人権法や憲法上の健康権と SDGs 指標の関係を検討するにはより詳細な分析が必要となる。本稿では，「構造指標とプロセス指標の関連」と「構造指標とアウトカム指標の関連」を別々に分析したが，Matsuura（2016）のように媒介分析を用いれば，構造指標のアウトカム指標への直接的な影響とプロセス指標を介したアウトカム指標への影響を同じモデルの中で識別する事も可能になる。その場合，ターゲットを横断したプロセス指標とアウトカム指標の様々な組み合わせを可能な限り考慮する必要がある。例えば，憲法上の健康権の存在は，5歳未満児死亡率（3.2.1），新生児死亡率（3.2.2）を改善する。その改善の一部は，ワクチンによってカバーされている対象人口の割合（3.b.1）を通じて達成されるだろうし，必要不可欠な保健サービスによってカバーされる対象人口の割合（3.8.1）や医療従事者の密度と分布（3.c.1）を通じて達成されるかもしれない，またそれ以外の経路を通じて達成される場合もある。このように媒介分析を用いた，構造指標，プロセス指標，アウトカム指標の関連を構造的に理解しようとする試みは，因果関係のパスが想定される全てのプロセス指標とアウトカム指標の組み合わせを考えた上で行われる事が望ましい。

また，本項では，「健康権に関連する国際人権条約の批准」および「憲法またはその他の最高法規における健康権」の分析に焦点を当てたが，それ以外の構造指標「健康権を実施するための国内法」，「人口 10 万人あたりの NGO の数」，「国勢調査および人口動態統計の有無」に焦点を当てた分析も今後期待される。また，目標 3 以外の健康権に関連するプロセス指標およびアウトカム指標（2.2.2，5.3.1，5.3.2，6.1.1，6.2.1，6.a.1，7.1.2，9.4.1，10.3.1/16.b.1，11.5.1/13.1.1，11.6.2，12.4.2）との関連の研究も今後の課題である。

おわりに

　本章では，SDGs の進捗状況を計測するための SDGs のグローバル指標を人権および人権指標の視点から考察した。開発と人権は表裏一体であり，社会の発展にとってどちらも不可欠なものである。両者は，保健分野だけでなく，多くの分野で密接に関連しており，また相互に補完的である。SDGs の下，両者は単一のアジェンダの下に置かれ，今後，これまで以上の連携が求められる。人口学は，これまで様々な開発指標を計測する上で，また開発政策の実践においても主要な役割を果たしてきた。一方で，人権とはそれほど多く接点を持ってこなかった。「性と生殖に関する健康と権利」（リプロダクティブ・ヘルス／ライツ）はその数少ない例外である。

　SDGs が，開発と人権を単一のアジェンダに置いた事で，人口学は再び，人権分野と関わる機会を得た。本章で見てきたように，人権は，SDGs 指標の収集・処理プロセスを改善し，SDGs 指標では測定できない定性的・定量的データを提供する。また人権指標として SDGs 指標を見る事で，そこに除外されている指標の存在とそれらの指標の SDGs 指標との関係を明らかにする。過去 10 年間，急速に発展してきた，人口データを利用した比較人権法への実証研究のアプローチは，構造指標とそれ以外の 2 つの指標との関連を明確にし，国際人権法の批准状況や憲法上の人権など，SDGs 指標に含まれない指標の役割に焦点を当てる。この分野の研究の蓄積はまだ十分とは言い難いものの，いくつかの実証研究は，憲法上の健康権が，子どもの死亡率を改善するのに有用である事を示しており，憲法上の健康権の導入が SDGs の達成に有益である事を示している。SDGs 達成のために，国際人権法や憲法を通して人権を認知し，それを実現するために法制度を整える事は，その国の人権の監視，促進および保護のプロセスを改善する事に繋がる。SDGs の進捗と人権の改善の間で正のサイクルを生み出す事が，2030 年までの残りの 10 年に期待される。そのプロセス

において，長年，開発指標の測定に貢献してきた人口学の持つ知見が，人権の
進捗状況の計測に活かされる事を期待している。

参考文献

Alexis, P. A. (2017) *Social Welfare Meter: Assessing Material Wealth, Human Development and Well-Being Using GDP Metrics and its Counterparts,* Jackson: Omega Publishers.

Backman, G., P. Hunt, R. Khosla, C. Jaramillo-Strouss, B. M. Fikre, C. Rumble, D. Pevalin, D. A. Páez, M. A. Pineda, A. Frisancho, D. Tarco, M. Motlagh, D. Farcasanu, and C. Vladescu. (2008) "Health Systems and the Right to Health: an Assessment of 194 Countries," *Lancet*, Vol.372(9655), pp.2047-2085.

Chilton, A. and M. Versteeg (2017) "Rights Without Resources: The Impact of Constitutional Social Rights on Social Spending," *Journal of Law and Economics,* Vol.60(4), pp.713-748.

Cingranelli, D. L. and T. E. Pasquarello (1985) "Human Rights Practices and the Distribution of U. S. Foreign Aid to Latin American Countries," *American Journal of Political Science,* Vol.29(3), pp.539-563.

DIHR (2017) *Human Rights and Data,* Copenhagen: Danish Institute for Human Rights.

Feiring, B. and A. Hassler (2016) *Human Rights in Follow-up and Review of the 2030 Agenda for Sustainable Development*, Copenhagen: Danish Institute for Human Rights.

Henderson, C. W. (1982) "Military Regimes and Rights in Developing Countries: A Comparative Perspective," *Human Rights Quarterly*, Vol.4(1), pp.110-123.

Lippman, M. (1979) "The Protection of Universal Human Rights: The Problem of Torture," *Universal Human Rights*, Vol.1(4), pp.25-55.

Matsuura, H. (2014) "Does the Constitutional Right to Health Matter? A Review of Current Evidence," *CESifo DICE Report,* Vol.12(2), pp.35-41.

Matsuura, H. (2015) "State Constitutional Commitment to Health and Health Care and Population Health Outcomes: Evidence from Historical US Data," *American Journal of Public Health,* 105:e1-e7.

Matsuura, H. (2016) "Constitutional Social and Environmental Human Rights and Child Health Outcomes in Latin America," *UNU-WIDER Working Paper,* No.168/2016.

Matsuura, H. (2019) "Exploring the Association between the Constitutional Right to Health and Reproductive Health Outcomes in 157 Countries," *Sexual and Reproductive Health Matters*, Vol.27(1), pp.168-180.

OHCHR (2004) *Human Rights and Poverty Reduction: A Conceptual Framework*, Geneva: United Nations.

OHCHR (2012) *Human Rights Indicators: A Guide to Measurement and Implementation*, Geneva: United Nations.

OHCHR (2018) *A Human Rights-Based Approach to Data: Leaving no one Behind in the 2030 Agenda for Sustainable Development*, Geneva: United Nations.

OHCHR (2020) *Human Rights and the 2030 Agenda for Sustainable Development*, Geneva: United Nations.

OHCHR (2021) *Human Rights Indicators Tables, Updated with the Sustainable Development Goals Indicators*, Geneva: United Nations.

Sen, A. K. (2009) *The Idea of Justice*, Cambridge: Harvard University Press.

UNDP (1990) *Human Development Report*, New York: Oxford University Press.

UNGA (2014) *Fundamental Principles of Official Statistics*, New York: United Nations (https://unstats.un.org/unsd/dnss/hb/E-fundamental%20principles_A4-WEB.pdf).

（松浦広明）

索　引

編著者略歴

佐藤 龍三郎（さとう・りゅうざぶろう）

一九五二年　長崎県生まれ。
国立社会保障・人口問題研究所国際関係部長、早稲田大学政治経済学部非常勤講師を経て、現在、中央大学経済研究所客員研究員、跡見学園女子大学兼任講師。
主著『世界の人口開発問題』『ポスト人口転換期の日本』『移民・外国人と日本社会』（いずれも共編著、原書房）ほか。

松浦 司（まつうら・つかさ）

一九七七年　福井県生まれ。
早稲田大学政治経済学部卒業、京都大学経済学研究科博士課程学修認定退学。中央大学経済学部准教授。博士（経済学）。
主著『現代人口経済学』（二〇二〇年、日本評論社）ほか。

人口学ライブラリー　23

ＳＤＧｓの人口学

●

2023 年 3 月 20 日　発行

編著者…………佐藤 龍三郎, 松浦 司

発行者…………成瀬雅人

発行所…………株式会社原書房

〒 160-0022 東京都新宿区新宿 1-25-13
電話・代表 03 (3354) 0685
http://www.harashobo.co.jp
振替・00150-6-151594

印刷・製本…………株式会社ルナテック

©Ryuzaburo Sato 2023　©Tsukasa Matsuura 2023

ISBN978-4-562-09224-6, Printed in Japan